AF816749

LOTHAR THÜRMER

Bürokratie und Effizienz staatlichen Handelns

Volkswirtschaftliche Schriften

Herausgegeben von Prof. Dr. Dr. h. c. J. Broermann, Berlin

Heft 338

Bürokratie und Effizienz staatlichen Handelns

Der Beitrag der Ökonomischen Theorie der Politik zur Erklärung des Verhaltens demokratisch gesteuerter Verwaltungen

Von

Dr. Lothar Thürmer

DUNCKER & HUMBLOT / BERLIN

CIP-Kurztitelaufnahme der Deutschen Bibliothek

Thürmer, Lothar:
Bürokratie und Effizienz staatlichen Handelns: d. Beitr. d. ökonom. Theorie d. Politik zur Erklärung d. Verhaltens demokrat. gesteuerter Verwaltungen / von Lothar Thürmer. — Berlin: Duncker und Humblot, 1984.
(Volkswirtschaftliche Schriften; 338)
ISBN 3-428-05543-8

NE: GT

Alle Rechte vorbehalten
© 1984 Duncker & Humblot, Berlin 41
Gedruckt 1984 bei Berliner Buchdruckerei Union GmbH., Berlin 61
Printed in Germany

ISBN 3 428 05543 8

Meinen Eltern

Vorwort

Die vorliegende Studie, die sich mit alternativen Ansätzen für eine theoretische Effizienzanalyse staatsbürokratischen Verhaltens in westlichen Demokratien beschäftigt, entstand während meiner Tätigkeit als Assistent am Institut für Volkswirtschaftslehre der Universität Augsburg. Sie wurde im wesentlichen im Frühjahr 1982 abgeschlossen. Die nach diesem Zeitpunkt veröffentlichte Literatur konnte nur noch sporadisch berücksichtigt werden.

Dieses Buch habe ich meinen Eltern gewidmet. Sie haben meinen akademischen Werdegang stets mit ihrer rückhaltlosen Unterstützung, mit ihrer unerschöpflichen Liebe begleitet. Ihnen gilt mein allerherzlichster Dank.

Auch meinem verehrten Lehrer, Professor Dr. Horst Hanusch, bin ich zu besonderem Dank verpflichtet. Seine wohlwollende Unterstützung und auch sein menschlicher Beistand haben mich immer wieder ermutigt und mir geholfen, so manche Schwierigkeit zu überwinden. Darüber hinaus hat er meiner Arbeit äußerst stimulierende Anregungen vermittelt, indem er mich sowohl bei der wissenschaftlichen Vorbereitung und organisatorischen Durchführung des internationalen Symposiums „Anatomy of Government Deficiencies" als auch an der programmatischen Konzeption für den Kopenhagener Kongreß des International Institute of Public Finance („Public Finance and the Quest for Efficiency") mitwirken ließ.

Mein Dank gebührt ferner meinen geschätzten Kollegen Dr. Jürgen Hofmann und Dr. Klaus-Norbert Münch für ihre wertvollen Hinweise. Auch Frau Elke Behlau, die das endgültige Manuskript mit großer Sorgfalt getippt hat, schulde ich Dank.

Schließlich habe ich auch der Rotary Foundation zu danken. Sie hat mir durch ein Stipendium einen Studienaufenthalt an der University of California in Los Angeles ermöglicht.

Augsburg, im Sommer 1983

Lothar Thürmer

Inhaltsverzeichnis

Dritter Teil

Die Effizienz staatlicher Bürokratien im Lichte angebotsbezogener Ansätze

Vierter Teil

Effizienzbetrachtungen für öffentliche Verwaltungen mit Hilfe integrierter Ansätze

Einführung

Seit jeher wird die wirtschaftswissenschaftliche Diskussion von der Frage nach der Leistungsfähigkeit und den Mängeln alternativer gesellschaftlicher Entscheidungsmechanismen beeinflußt. Während traditionellerweise das Marktsystem, alles in allem, im Vordergrund der Betrachtung stand, hat sich das wissenschaftliche wie politische Interesse im Verlauf der beiden letzten Jahrzehnte, nicht zuletzt bedingt durch eine stetig steigende Zahl von öffentlich Bediensteten sowie durch einen ständig zunehmenden Einfluß des Staates in westlichen Demokratien, mit wachsender Intensität dem öffentlichen Sektor zugewendet. Insbesondere über die allokativen und distributiven Wirkungen staatlichen Handelns, die am umfassendsten in der finanzwissenschaftlich geprägten Verteilungs-[1] und Effizienzforschung[2] thematisiert werden, ist eine Diskussion auf breiter Front in Gang gekommen.

Wissenschaftlicher Impetus und intellektuelles Potential konzentrierten sich dabei in einem ersten Stadium zunächst auf die Entwicklung einer Theorie der Marktmängel[3] sowie von gesamtgesellschaftlichen Evaluationsverfahren.[4] Nicht selten wurden in dieser Phase der wissenschaftlichen Beschäftigung mit dem öffentlichen Sektor Aufgaben, die der Markt im Lichte der Theorie der Marktmängel nur unvollkommen zu bewältigen imstande ist und die gleichzeitig mit Hilfe der Evaluationsverfahren als „bewältigenswert“ qualifiziert werden, vorschnell und ohne ausreichende kritische Reflexion normativ dem politisch-administrativen Steuerungssystem überantwortet.[5] Implicite wurde damit

---

1 Vgl. *H. Hanusch,* Verteilung öffentlicher Leistungen. Eine Studie zur personalen Inzidenz, Göttingen 1976. Siehe in diesem Zusammenhang auch *H. Lampert,* Sozialpolitik, Berlin u. a. 1980.

2 Siehe *H. Hanusch,* (Hg.), Reform öffentlicher Leistungen. Beiträge zur Entstaatlichung, Baden-Baden 1978 und ders., (Hg.), Anatomy of Government Deficiencies, Berlin u. a. 1983.

3 Vgl. *H. Hanusch,* Theorie des öffentlichen Gutes. Allokative und distributive Aspekte, Göttingen 1972.

4 Vgl. anstelle vieler anderer *J. Hofmann,* Erweiterte Nutzen-Kosten-Analyse. Zur Bewertung und Auswahl öffentlicher Projekte, Göttingen 1981.

5 Siehe beispielsweise *R. H. Haveman,* The Economics of the Public Sector, New York u. a. 1970, S. 31 ff. Zur Kritik an dieser Vorgehensweise vgl. *K.-E. Schenk,* Marktversagen und Bürokratieversagen, in: E. Boettcher, P. Herder-Dorneich und K.-E. Schenk, (Hg.), Neue Politische Ökonomie als Ordnungstheorie, Tübingen 1980, S. 192 ff. und *R. Windisch,* Staatseingriffe in marktwirtschaftliche Ordnungen, in: E. Streißler und C. Watrin, (Hg.), Zur Theorie marktwirtschaftlicher Ordnungen, Tübingen 1980, S. 315.

unterstellt, daß im öffentlichen Sektor entweder keinerlei Defekte existieren oder daß ein mögliches Staatsversagen in jedem Falle geringer ausfällt als das korrespondierende Versagen alternativer Lenkungssysteme.

Erst in neuerer Zeit finden die Stimmen all derjenigen zunehmende Beachtung, die die Einseitigkeit und Problemverdrängung einer derart verkürzten Argumentation kritisieren. Vor allen Dingen zwei Richtungen stellen in diesem zweiten Stadium einer theoretischen Durchdringung des öffentlichen Sektors die für die normative Begründung staatlichen Handelns zentrale Annahme der überlegenen Effizienz des politisch-administrativen Systems in Frage und erheben sie selbst zum Untersuchungsgegenstand.

Eine Richtung hebt hervor, daß die A-priori-Verengung der institutionalen Analyse auf Markt und Staat durch nichts gerechtfertigt sei.[6] Vielmehr gebe es Aufgaben, die von freiwilligen Vereinigungen beziehungsweise Selbstorganisationen in einer gegenüber den beiden anderen institutionalen Alternativen effizienten Weise erfüllt werden könnten.[7] Dieser Ansatz soll hier jedoch nicht weiter verfolgt werden.

Gestützt auf die Ergebnisse einer Vielzahl von empirischen Untersuchungen, die — bei aller gebotenen Vorsicht — die Vermutung nahelegen, daß sich privatwirtschaftliche Organisationen kostengünstiger und produktionseffizienter als öffentliche Einrichtungen verhalten,[8] übt

---

6 Zur Kritik an der das wirtschaftswissenschaftliche Denken prägenden „dualen Weltsicht" sowie an der damit implizierten Vernachlässigung alternativer Steuerungsmechanismen siehe *K. Gretschmann*, Steuerungsprobleme der Staatswirtschaft, Berlin 1981.

7 Vgl. *H. Hanusch*, Markt- und Bürokratieversagen als Problem der Selbsthilfeförderung, in: E. Dülfer und W. Hamm, (Hg.), Die Genossenschaften zwischen Mitgliederpartizipation, Verbundbildung und Bürokratietendenz, Göttingen 1983, S. 57 ff. Zu den Möglichkeiten und Grenzen der Selbstorganisation siehe auch *C. Badelt*, Sozioökonomie der Selbstorganisation. Beispiele zur Bürgerselbsthilfe und ihre wirtschaftliche Bedeutung, Frankfurt/New York 1980, *A. Clayre*, (Hg.), The Political Economy of Cooperation and Participation: A Third Sector, Oxford 1980 und *B. A. Weisbrod*, (Hg.), The Voluntary Nonprofit Sector. An Economic Analysis, Lexington, Toronto 1977.

8 Einen guten Überblick über die zahlreichen empirischen Studien vermittelt *J. T. Bennett* und *M. H. Johnson*, Tax Reduction Without Sacrifice: Private-Sector Production of Public Services, in: Public Finance Quarterly, Vol. 8 (1980), S. 373 ff., *C. B. Blankart*, Privatisierung öffentlicher Dienstleistungen. Beurteilungs- und Entscheidungsprobleme, in: Wirtschaftswissenschaftliches Studium, 9. Jg. (1980), S. 307 ff., ders., Bureaucratic Problems in Public Choice: Why Do Public Goods Still Remain Public?, in: K. W. Roskamp, (Hg.), Public Choice and Public Finance, Proceedings of the 34th Congress of the International Institute of Public Finance in Hamburg 1978, Paris 1980, S. 156 ff., ders., Ökonomie der öffentlichen Unternehmen. Eine institutionelle Analyse der Staatswirtschaft, München 1980, S. 152 ff. sowie *T. E. Borcherding, W. W. Pommerehne* und *F. Schneider*, Comparing the

die andere Richtung, die auch die vorliegende Studie beflügelt, Kritik an der Fiktion eines vollkommen funktionierenden politisch-administrativen Steuerungs- und Kontrollsystems. Sie verfolgt das Ziel, als Pendant zur ausgefeilten Theorie der Marktmängel eine positive Theorie der „Staatsmängel" für westliche Demokratien zu entwickeln.[9]

Bislang sind jedoch allenfalls vage Konturen einer in sich geschlossenen Theorie der „Staatsmängel" erkennbar.[10] Dies mag, den Außenstehenden ebenso wie den „Experten", verwundern, herrscht doch an einschlägigen Beiträgen wahrhaft kein Mangel. Man kann sogar, bereits heute, von einer Inflation der Literatur über mögliche Defizienzen staatlichen Handelns sprechen. Dennoch: Zwischen dem Wachstum der Zahl von Veröffentlichungen und der Zunahme an Erkenntnis wird die Kluft immer größer. Dies hat, unseres Erachtens, hauptsächlich drei Ursachen.

Zum einen liegen den die Nachfrageseite in den Vordergrund rückenden Publikationen, deren Zahl Legion ist, meist derart begrenzte Fragestellungen sowie derart rigorose Annahmen zugrunde, daß ihr Beitrag zur Formulierung einer allgemeinen Theorie notwendigerweise marginal bleiben muß.

Ferner ist trotz der enormen Bedeutung der Interaktion zwischen den öffentlichen Verwaltungen und der Regierung im Budgetierungsprozeß für die Effizienz staatlichen Handelns nicht nur die Zahl der Beiträge, die sich schwerpunktmäßig mit diesem angebotsorientierten Aspekt des politisch-administrativen Steuerungsprozesses auseinandersetzen, als eher gering zu veranschlagen. Vielmehr muß auch der in eben diesen Beiträgen zum Ausdruck kommende Stand der Forschung als vergleichsweise fragmentarisch und rudimentär sowie als die Weiterentwicklung geradezu provozierend charakterisiert werden.

Efficiency of Private and Public Production: The Evidence from Five Countries, in: D. Bös, R. A. Musgrave und J. Wiseman, (Hg.), Public Production. Zeitschrift für Nationalökonomie, Supplementum 2, Wien/New York 1982, S. 127 ff.

[9] Vgl. *J. M. Buchanan*, The Achievement and the Limits of Public Choice in Diagnosing Government Failure and in Offering Bases for Constructive Reform, in: H. Hanusch, (Hg.), Anatomy of Government Deficiencies, S. 15 ff., *H. Hanusch*, Public Finance and the Quest for Efficiency, Paper presented at the 38th Congress of the International Institute of Public Finance, Copenhagen, August 23 - 26, 1982 sowie *H. C. Recktenwald*, The Public Waste Syndrome. A Comprehensive Theory of State Failures, Paper presented at the 38th Congress of the International Institute of Public Finance, Copenhagen, August 23 - 26, 1982.

[10] Vgl. *C. Wolf, Jr.*, „Non-Market Failure" Revisited: The Anatomy and Physiology of Government Deficiencies, in: H. Hanusch, (Hg.), Anatomy of Government Deficiencies, S. 27 ff.

Der unserer Ansicht nach wichtigste Grund für die begrenzte Leistungsfähigkeit vorliegender Ansätze zur theoretischen Durchdringung möglicher Mängel staatswirtschaftlichen Handelns liegt schließlich darin, daß Angebots- und Nachfrageelemente bislang weitgehend isoliert betrachtet werden und folglich relativ unverbunden nebeneinander stehen.[11] Nachfragebezogene Ansätze vernachlässigen demnach die Angebotsseite, während angebotsorientierte Betrachtungen von Vorgängen abstrahieren, die sich im Bereich der Nachfrage abspielen.

Für die vorliegende Studie, die sich die Aufgabe setzt, Elemente für eine theoretische Effizienzanalyse staatsbürokratischen Verhaltens in westlichen Demokratien zu entwickeln, legt eine derartige Einschätzung des Forschungsstandes eine dreifache Zielsetzung nahe. In einem ersten Schritt wollen wir aus dem umfangreichen Schrifttum, das mit Hilfe des ökonomischen Instrumentariums die Funktionsfähigkeit demokratischer Entscheidungssysteme untersucht, relevante Unterscheidungskriterien herausfiltern, deren unterschiedliche Kombination die Formulierung von alternativen Nachfrageansätzen, denen unseres Erachtens eine zentrale Bedeutung zukommt, ermöglichen soll. Wir wollen uns also nicht so sehr mit einzelnen Argumenten kursorisch und im Detail verhaftet, wie anderswo, auseinandersetzen, sondern sie vielmehr systematisch und straff ordnen und zu zentralen Modellansätzen zusammenfassen. Aus eben diesem Grund müssen wir auf die Aufarbeitung von wissenschaftlichen Kontroversen auf „Nebenkriegsschauplätzen" verzichten. Da das zentrale Anliegen darin bestehen soll, das aufgeblähte Schrifttum inhaltlich auf die wesentlichen Argumentationslinien zu reduzieren, wollen wir die Ansätze nicht miteinander vergleichen oder im einzelnen kritisch würdigen. Statt dessen wollen wir uns auf den Hauptansatzpunkt der Kritik beschränken, der gleichermaßen für alle nachfragebezogenen Ansätze zur Bestimmung der Effizienz staatsbürokratischen Handelns gilt.

Sodann wollen wir in einem zweiten Schritt die Grundzüge der ökonomischen Bürokratietheorie herausarbeiten und in zwei Angebots-

---

11 Vgl. auch *C. B. Blankart*, Ökonomie der öffentlichen Unternehmen, S. 118 f. Zu ersten Versuchen, Angebots- und Nachfrageaspekte lose miteinander zu verknüpfen und gleichzeitig in die Analyse einzubeziehen, vgl. insbesondere *M. P. Fiorina* und *R. G. Noll*, Voters, Bureaucrats and Legislators. A Rational Choice Perspective on the Growth of Bureaucracy, in: Journal of Public Economics, Vol. 9 (1978), S. 239 ff., dies., Voters, Legislators and Bureaucracy: Institutional Design in the Public Sector, in: American Economic Review, Papers and Proceedings, Vol. 68 (1978), S. 256 ff., *H. Hanusch*, Inefficiencies in the Public Sector: Aspects of Demand and Supply, in: H. Hanusch, (Hg.), Anatomy of Government Deficiencies, S. 1 ff. und *H. Hanusch* und *K.-H. Weiss*, Politökonomisches Gleichgewicht und Ineffizienz im öffentlichen Sektor. Ein makrotheoretischer Modellansatz, unveröffentlichtes Manuskript, Augsburg 1982.

ansätzen zusammenfassen. Da sie sich gegenüber der Demokratietheorie noch in ihrem Anfangsstadium befindet,[12] wollen wir die ökonomische Bürokratieforschung einer etwas eingehenderen Kritik unterziehen und sie punktuell fortentwickeln.

Schließlich soll, in einem dritten Schritt, ein bescheidener Beitrag zur Weiterentwicklung einer positiven Theorie der Staatsmängel geleistet werden, indem wir bislang weitgehend nebeneinander stehende Angebots- und Nachfrageaspekte miteinander verknüpfen. Im Lichte zweier „integrierter" Ansätze, die auf Bausteine sowohl der Angebots- als auch der Nachfrageansätze zurückgreifen, sollen mögliche Insuffizienzen staatlichen Handelns abgeleitet werden.

Ihrer Zielsetzung entsprechend soll die Untersuchung den folgenden Gang nehmen. Im ersten Teil sollen die Grundlagen für eine ökonomische Analyse der Effizienz staatsbürokratischen Handelns herausgearbeitet werden. Insbesondere wollen wir dabei zum einen den verwendeten methodischen Ansatz und die Implikationen einer Übertragung des mikroökonomischen Instrumentariums auf politisch-administrative Steuerungsprozesse erörtern. Zum anderen soll die Struktur eines auf Tauschinteraktionen beruhenden Verhaltensmodelles für öffentliche Verwaltungen, das die für die Nachfrage nach und das Angebot von öffentlichen Leistungen wesentlichen Steuerungsvorgänge skizziert, entwickelt werden.

Hieran anschließend wollen wir im zweiten Teil drei nachfrageorientierte Modellansätze zur Bestimmung der Effizienz „passiver" staatlicher Bürokratien formulieren, denen unterschiedliche Annahmen über die Verhaltensmotivation und den Informationsstand der für die Bereitstellung öffentlicher Leistungen relevanten Akteure sowie über die institutionalen Charakteristika der Tauschinteraktion zwischen eben diesen Akteuren zugrunde liegen. Im dritten Kapitel wird unterstellt, alle Akteure seien vollkommen informiert und Parteien seien ausschließlich an der Besetzung von Regierungsämtern interessiert. Demgegenüber soll im vierten Kapitel untersucht werden, welche Effizienzimplikationen von einer begrenzten Informationsbeschaffungs- und -verarbeitungskapazität der Staatsbürger und der Parteien unter sonst „optimalen" Bedingungen für öffentliche Verwaltungen ausgehen. Da-

[12] Vgl. beispielsweise *F. Lehner*, Einführung in die Neue Politische Ökonomie, Königstein, Ts. 1981, S. 113. Die ökonomische Bürokratieforschung ist *F. Meyer-Krahmer*, Politische Entscheidungsprozesse und Ökonomische Theorie der Politik, Frankfurt/New York 1979, S. 96 zufolge gar „über einige grundsätzliche Aspekte ... bisher nicht hinausgekommen". Vgl. ähnlich *R. Dinkel*, Der Zusammenhang zwischen der ökonomischen und politischen Entwicklung in einer Demokratie. Eine Untersuchung mit Hilfe der Ökonomischen Theorie der Politik, Berlin 1977, S. 17.

bei wollen wir insbesondere auch auf den Einfluß von Interessengruppen auf politische Parteien sowie auf das bürokratische Angebotsverhalten bei einer Verbändedominanz im politischen Prozeß eingehen. Schließlich sollen im fünften Kapitel nicht länger die Beschränkungen, die politischen Führungskräften von Wählern und Interessengruppen auferlegt werden, sondern die autonomen Handlungsspielräume politischer Akteure und die damit verbundenen Effizienzeffekte im Mittelpunkt stehen.

Im dritten Teil sollen angebotsbezogene Effizienzbetrachtungen für „aktive“ staatliche Bürokratien angestellt werden, denen eine „passive“ Nachfrageseite gegenübersteht. Zunächst wird im sechsten Kapitel unterstellt, bürokratische Führungskräfte würden, im Rahmen der ihnen offenstehenden Möglichkeiten, ihr Budget oder die Höhe ihres Leistungsangebotes maximieren. Den Überlegungen im siebten Kapitel liegt hingegen die Annahme zugrunde, Verwaltungsangehörige seien an ineffizienten Produktionsverfahren bei der Bereitstellung öffentlicher Leistungen interessiert. Schließlich entwickeln wir die ökonomische Bürokratieforschung punktuell weiter, indem wir die Effizienzeffekte untersuchen, die von öffentlichen Verwaltungen ausgehen, deren Management Nutzen sowohl aus der Budgethöhe als auch aus der Bequemlichkeit des Amtes zieht.

Während in den beiden vorangegangenen Teilen die Nachfrage das Angebot oder das Angebot die Nachfrage dominiert, sollen im vierten Teil Interaktionen zwischen einer aktiven Angebots- und einer aktiven Nachfrageseite in ihrer Bedeutung für die staatswirtschaftliche Effizienz diskutiert werden. Zu diesem Zweck entwickeln wir zwei integrierte Modellansätze, die angebots- und nachfragebezogene Überlegungen zusammenführen. Gegenstand des achten Kapitels ist die Interdependenz zwischen dem staatsbürokratischen Angebotsverhalten auf der einen Seite und dem Umfang der von der Regierung zur Durchsetzung bürokratischer Effizienz ergriffenen Maßnahmen auf der anderen Seite. Im neunten Kapitel werden Effizienzwirkungen der Interaktion zwischen Interessengruppen und öffentlichen Verwaltungen thematisiert. Die Argumentation im vierten Teil stützt sich auf einige Plausibilitätsüberlegungen und grafische Darstellungen. Angesichts des Neulandes, das mit den beiden integrierten Modellansätzen beschritten wird, sind die gewählte Vorgehensweise sowie der damit involvierte Verzicht auf eine durchgehende mathematisch-formale Modellformulierung unseres Erachtens durchaus legitim.

Erster Teil

Grundlagen für eine ökonomische Analyse der staatsbürokratischen Effizienz

Erstes Kapitel

Untersuchungsgegenstand und methodischer Ansatz

A. Öffentliche Verwaltungen und Ökonomische Theorie der Politik

Staatliche Bürokratien beziehungsweise öffentliche Verwaltungen[1] — beide Begriffe werden, der Konvention folgend, synonym verwendet — seien im folgenden definiert als öffentliche Organisationen, deren Leistungsangebote (zu einem überwiegenden Teil) über Budgetzuweisungen finanziert werden. Gebühren und Marktpreise haben, folglich, (fast) keine Bedeutung.[2]

Die meisten öffentlichen Verwaltungen lassen sich durch zwei weitere Eigenschaften kennzeichnen. Zum einen besteht in aller Regel kein

1 Da eine weitgehend akzeptierte Begriffsdefinition fehlt — vgl. *G. Busino*, Für eine Verbesserung der Theorien über die Verwaltung, in: Cahiers Vilfredo Pareto. Revue européene des sciences sociales, Nr. 47, T. 17 (1979), S. 85 ff. —, kann es kaum verwundern, daß alternative Bürokratiekonzeptionen existieren, in deren Mittelpunkt allerdings meist die hierarchische Entscheidungsstruktur steht. Vgl. *M. Albrow*, Bürokratie, München 1972, *M. Crozier*, The Bureaucratic Phenomenon, Chicago 1964, *A. Downs*, Inside Bureaucracy, Boston 1967, *G. Tullock*, The Politics of Bureaucracy, Washington, D. C. 1965, *L. von Mises*, Bureaucracy, London 1945 und *M. Weber*, Wirtschaft und Gesellschaft. Grundriß der verstehenden Soziologie, 5., revidierte Aufl., besorgt von J. Winckelmann, Studienausgabe 1972, S. 125 ff.

2 Siehe auch *P. M. Jackson*, The Political Economy of Bureaucracy, Oxford 1982, S. 122. Öffentliche Unternehmen hingegen finanzieren sich zu einem Großteil über Preise und Gebühren selbst. Vgl. *J. Müller* und *I. Vogelsang*, Ist eine Effizienzsteigerung der öffentlichen Verwaltung durch Anwendung des Instrumentariums der amerikanischen „Public Utility Regulation" möglich?, in: E. Helmstädter, (Hg.), Neuere Entwicklungen in den Wirtschaftswissenschaften, Schriften des Vereins für Socialpolitik, N. F., Bd. 98, Berlin 1978, S. 776. Vgl. grundlegend zur Finanzierung öffentlicher Unternehmen *K.-N. Münch*, Kollektive Güter und Gebühren. Elemente einer Gebührentheorie für Kollektivgüter, Göttingen 1976 und ders., Gebühren als Mittel zur Lösung staatlicher Finanzprobleme, in: H. Hanusch, (Hg.), Reform öffentlicher Leistungen. Beiträge zur Entstaatlichung, S. 43 ff. Siehe auch *D. Bös*, Economic Theory of Public Enterprise, Berlin u. a. 1981.

stringenter Zusammenhang zwischen der Effizienz des bürokratischen Leistungsangebotes auf der einen Seite und den individuellen Einkommenspositionen der Verwaltungsangehörigen auf der anderen Seite. Zum anderen haben viele staatliche Bürokratien beim Angebot öffentlicher Leistungen eine Monopolstellung inne.[3] Wir sehen deshalb davon ab, diese beiden Wesensmerkmale in die Arbeitsdefinition für öffentliche Verwaltungen einzubeziehen, weil sie unseres Erachtens, ungeachtet ihrer empirischen Relevanz, keinen konstitutiven Charakter haben. Im Prinzip können staatliche Bürokratien nämlich einem mehr oder weniger intensiven Wettbewerbsdruck ausgesetzt sein und effizienzkompatible Anreiz- und Sanktionsmechanismen aufweisen.

Zahlreiche Forschungsrichtungen beschäftigen sich mit dem Verhalten und mit der Effizienz öffentlicher Verwaltungen.[4] Die vorliegende Arbeit verwendet und beschränkt sich auf den Ansatz der Ökonomischen Theorie der Politik.[5] Unseres Erachtens zeichnet er sich durch

---

[3] Vgl. auch *J. M. Buchanan* und *M. R. Flowers*, The Public Finances. An Introductory Textbook, 4. Aufl., Homewood, Ill. 1975, S. 152 und *W. A. Niskanen*, Bureaucracy and Representative Government, Chicago 1971, S. 15.

[4] Siehe insbesondere *H. Häußermann*, Die Politik der Bürokratie. Einführung in die Soziologie der staatlichen Verwaltung, Frankfurt/New York 1977, *E. Kamenka* und *M. Krygier*, (Hg.), Bureaucracy, The Career of a Concept, London 1979, *R. Mayntz*, Soziologie der öffentlichen Verwaltung, Heidelberg 1978, *B. G. Peters*, The Politics of Bureaucracy. A Comparative Perspective, New York/London 1978, *G. Schmid* und *H. Treiber*, Bürokratie und Politik, Zur Struktur und Funktion der Ministerialbürokratie in der Bundesrepublik Deutschland, Stuttgart 1975 und *H. Uthoff* und *W. Deetz*, (Hg.), Bürokratische Politik, Stuttgart 1980.

[5] Einen ersten Überblick über Methode und Anwendungsbereich der Ökonomischen Theorie der Politik, die häufig auch als Neue Politische Ökonomie, Theorie des ökonomischen Staatsversagens oder Public Choice bezeichnet wird, vermitteln *R. Abrams*, Foundations of Political Analysis. An Introduction to the Theory of Collective Choice, New York 1980, *P. Bernholz*, Grundlagen der Politischen Ökonomie, 2. Bd., Tübingen 1975, *J. M. Buchanan* und *R. D. Tollison*, (Hg.), Theory of Public Choice. Political Applications of Economics, Ann Arbor 1972, *B. S. Frey*, Moderne Politische Ökonomie. Die Beziehungen zwischen Wirtschaft und Politik, München/Zürich 1977, ders., Politisch-ökonomische Modelle: Übersicht und Stand der Forschung, in: E. Helmstädter, (Hg.), Neuere Entwicklungen in den Wirtschaftswissenschaften, S. 503 ff., ders., Ökonomische Theorie der Politik, in: Handwörterbuch der Wirtschaftswissenschaft, 5. Bd., Stuttgart u. a. 1980, S. 658 ff., ders., Theorie demokratischer Wirtschaftspolitik, München 1981, *N. Frohlich* und *J. A. Oppenheimer*, Modern Political Economy, Englewood Cliffs, New Jersey 1978, *H. Hanusch*, (Hg.), Anatomy of Government Deficiencies, *P. Herder-Dorneich*, Problemgeschichte zur ökonomischen Theorie der Demokratie, in: E. Helmstädter, (Hg.), Neuere Entwicklungen in den Wirtschaftswissenschaften, S. 487 ff., *P. Herder-Dorneich* und *M. Groser*, Ökonomische Theorie des politischen Wettbewerbs, Göttingen 1977, *H. U. Hilles*, Ökonomische Theorie der Politik, in: O. W. Gabriel, (Hg.), Grundkurs politische Theorie, Köln/Wien 1978, S. 109 ff., *C. Hillinger* und *M. J. Holler*, (Hg.), Ökonomische Theorie der Politik. Eine Einführung, München 1979, *G. Kirsch*, Ökonomische Theorie der Politik, Tübingen 1974, *F. Lehner*, Einführung in die Neue Politische Ökonomie, *F. Meyer-Krahmer*, Politische Entscheidungsprozesse und Ökono-

Problemadäquanz und Leistungsfähigkeit in bezug auf eine Effizienzanalyse für öffentliche Verwaltungen aus.[6]

Die Ökonomische Theorie der Politik überträgt die Problemsicht und das Instrumentarium der Wirtschaftstheorie, insbesondere der mikroökonomischen Theorie, auf politisch-administrative Steuerungsprozesse.[7] Als Konsequenz ergeben sich drei wesentliche Charakteristika des gewählten Ansatzes, nämlich

— der methodologische Individualismus als Analysemethode,[8]

— die Rationalität und die Eigennutzorientierung der Akteure als Verhaltenshypothese[9] sowie

---

mische Theorie der Politik, *D. C. Mueller*, Public Choice: A Survey, in: Journal of Economic Literature, Vol. 14 (1976), S. 395 ff., ders., Public Choice, New York 1979, *H. C. Recktenwald*, Ursachen für Unwirtschaftlichkeit im Staatsbereich, Elemente einer Theorie des ökonomischen Staats„versagens", in: H. Hanusch, (Hg.), Reform öffentlicher Leistungen. Beiträge zur Entstaatlichung, S. 15 ff., *W. H. Riker* und *P. C. Ordeshook*, An Introduction to Positive Political Theory, Englewood Cliffs 1973, *H. van den Doel*, Democracy and Welfare Economics, Cambridge u. a. 1979 und *H. P. Widmaier*, (Hg.), Politische Ökonomie des Wohlfahrtsstaates. Eine kritische Darstellung der Neuen Politischen Ökonomie, Frankfurt am Main 1974.

6 Auf eine Diskussion der Stärken und Schwächen anderer Ansätze, die sich mit dem Verhalten öffentlicher Verwaltungen auseinandersetzen, wird hier verzichtet. Vgl. in diesem Zusammenhang aber die extreme Auffassung von *J. M. Buchanan*, What Should Economists Do?, Indianapolis 1979, S. 131 f., derzufolge die orthodoxen Politik- und Verwaltungswissenschaften schlicht theorielos sind.

7 Vgl. exemplarisch *J. M. Buchanan*, From Private Preferences to Public Philosophy: The Development of Public Choice, in: The Institute of Economic Affairs, (Hg.), The Economics of Politics, London 1978, S. 3, *B. S. Frey*, Moderne Politische Ökonomie. Die Beziehungen zwischen Wirtschaft und Politik, S. 91 und *C. K. Rowley*, Market ‚Failure' and Government ‚Failure', in: The Institute of Economic Affairs, (Hg.), The Economics of Politics, S. 37. Siehe aber auch *H. U. Hilles*, Ökonomische Theorie der Politik, S. 135 ff., *M. Stadler*, Politische Ökonomie. Ein institutioneller Ansatz, Frankfurt am Main 1981 und *P. Whiteley*, Public Choice: A Dissenting View, in: The Institute of Economic Affairs, (Hg.), The Economics of Politics, S. 150 ff. zu einer grundsätzlichen Kritik an der Anwendung des Instrumentariums der Wirtschaftswissenschaften für eine Analyse politisch-administrativer Prozesse.

8 Vgl. *F. Lehner*, Politisches Verhalten als sozialer Tausch. Eine sozialpsychologische Studie zur utilitaristischen Theorie politischen Verhaltens, Bern/Frankfurt am Main 1973, S. 14 und *L. F. Weschler*, Public Choice: Methodological Individualism in Politics, in: Public Administration Review, Vol. 42 (1982), S. 289. Siehe aber auch *D. J. Wolfson*, The Quest for Public Sector Efficiency in Less Developed Countries — Musings on Method —, Paper presented at the 38th Congress of the International Institute of Public Finance, Copenhagen, August 23 - 26, 1982, der den methodologischen Individualismus als ökonomische Analysemethode entschieden ablehnt.

9 Ob die Annahme der individuellen Eigennutzorientierung zeitlich und räumlich uneingeschränkt die Wirklichkeit abbildet, oder ob sie lediglich für westliche Industrieländer in der Gegenwart zu fruchtbareren Erkenntnissen als alternative Verhaltensannahmen führt, sei dahingestellt. Vgl. hierzu *H. C. Recktenwald*, Potential Welfare Losses in the Public Sector — Anatomy of the Nature and Causes, in: H. Hanusch, (Hg.), Anatomy of Government Defi-

— der Tausch als dominantes Interaktionsmuster.[10]

Während die beiden zuerst genannten Kennzeichen im Anschluß hieran kurz skizziert werden, bleibt die Erläuterung des Tausches als Strukturelement für ein Verhaltensmodell staatlicher Bürokratien dem zweiten Kapitel vorbehalten.

B. Implikationen des methodologischen Individualismus

Für den Verlauf der Untersuchung hat der methodologische Individualismus zwei weitreichende Konsequenzen.[11] Er legt (1) die relevanten Entscheidungs- und Handlungsträger fest, und er hat (2) Auswirkungen auf das Referenzmaß[12] zur Beurteilung der (In-)Effizienz staatlichen Handelns.

Ad (1): Der methodologische Individualismus basiert auf der Vorstellung, „daß alle sozialen Phänomene, insbesondere das Funktionieren der sozialen Institutionen, immer als das Resultat der Entscheidungen, Handlungen, Einstellungen usf. menschlicher Individuen verstanden werden sollten und daß wir nie mit einer Erklärung aufgrund sogenannter ‚Kollektive' (Staaten, Nationen, Rassen usf.) zufrieden sein dürfen"[13]. Für unsere Studie folgt hieraus, daß kollektive Entscheidungen im Prinzip als Resultante individueller Kalküle verstanden wer-

ciencies, S. 44 ff. versus *W. Noll*, Comment to H. C. Recktenwald, Potential Welfare Losses in the Public Sector — Anatomy of the Nature and Causes, Paper presented at the International Symposium „Anatomy of Government Deficiencies", Dießen am Ammersee, July 22 - 25, 1980.

10 Vgl. *G. Kirsch*, Ökonomische Theorie der Politik, S. 8 und *D. MacRae, Jr.*, Normative Assumptions in the Study of Public Choice, in: Public Choice, Vol. 16 (Fall 1973), S. 36.

11 Zur Kontroverse um den methodologischen Individualismus vgl. *G. C. Homans*, Grundfragen soziologischer Theorie, Opladen 1972, *K.-D. Opp*, Individualistische Sozialwissenschaft. Arbeitsweise und Probleme individualistisch und kollektivistisch orientierter Sozialwissenschaften, Stuttgart 1979, *K. Popper*, Die Zielsetzung der Erfahrungswissenschaft, in: H. Albert, (Hg.), Theorie und Realität, 2. Aufl., Tübingen 1972, S. 29 ff., *J. W. Watkins*, The Alleged Inadequacy of Methodological Individualism, in: Journal of Philosophy, Vol. 55 (1958), S. 390 ff. und ders., Methodological Individualism: A Reply, in: J. O'Neill, (Hg.), Modes of Individualism and Collectivism, London 1973, S. 179 ff.

12 Zu welch großen Konfusionen ein nicht expliziertes Referenzmaß führen kann, wird aus der Kritik von Samuels an Buchanan/Wagner nur zu deutlich. Vgl. *J. M. Buchanan* und *R. E. Wagner*, Democracy in Deficit. The Political Legacy of Lord Keynes, New York u. a. 1977 und *W. J. Samuels*, Toward Positive Public Choice Theory, in: Review of Social Economy, Vol. 38 (1980), S. 55 ff.

13 *K. Popper*, Die offene Gesellschaft und ihre Feinde, 4. Aufl., München 1975, S. 124. Vgl. ähnlich *B. S. Frey*, Ansätze zur Politischen Ökonomie, in: W. W. Pommerehne und B. S. Frey, (Hg.), Ökonomische Theorie der Politik, Berlin u. a. 1979, S. 12. Siehe auch die Diskussion bei *A. Bohnen*, Individualismus und Gesellschaftstheorie, Tübingen 1976 und *J. Ritsert*, Methodischer Individualismus oder Totalitätsbezug, in: J. Ritsert, (Hg.), Zur Wissenschaftslogik einer kritischen Soziologie, Frankfurt 1976, S. 84 ff.

den.[14] Allerdings, und dies sei einschränkend vermerkt, werden, aus Gründen der Vereinfachung, in der Regel bereits einzelne Verwaltungen, Verbände, Parteien, Regierungen und andere für die Entscheidungsfindung relevante Institutionen als Individuen behandelt. Von organisationsinternen Auseinandersetzungen wird also meist abstrahiert, mit der Konsequenz, daß die jeweiligen Organisationsmitglieder dann identische Interessenlagen haben.

Ad (2): Im Gegensatz zum organtheoretischen Ansatz, der dem Staat einen eigenen Zweck und eigene Zielvorstellungen zugesteht, die mit den individuellen Zielen und Wohlfahrten der Staatsbürger in keinem direkten Zusammenhang stehen müssen,[15] führt der die Ökonomische Theorie der Politik charakterisierende methodologische Individualismus dazu, daß ausschließlich individuelle Wohlfahrten als Maßstab zur Beurteilung staatlichen Handelns herangezogen werden und daß der Staat lediglich als ein Mittel zur Befriedigung individueller Bedürfnisse angesehen wird.[16] Als Referenznormen, die mit einer solchermaßen individualistischen Betrachtungsweise kompatibel sind,[17] werden in der vorliegenden Arbeit die Produktions- und Allokationseffizienz öffentlich bereitgestellter Leistungen verwendet.[18]

---

[14] Vgl. auch *S. H. Beer*, A Political Scientist's View of Fiscal Federalism, in: W. E. Oates, (Hg.), The Political Economy of Fiscal Federalism, Lexington/Mass. 1977, S. 25.

[15] Siehe beispielsweise *M. W. Roussenov* und *D. Porjasov*, Bestimmung und Finanzierung der sozialen und kulturellen Bedürfnisse beim Sozialismus, Paper presented at the 38th Congress of the International Institute of Public Finance, Copenhagen, August 23 - 26, 1982.

[16] Vgl. *R. Abrams*, Foundations of Political Analysis. An Introduction to the Theory of Collective Choice, S. 7 f. und *J. M. Buchanan*, The Pure Theory of Government Finance. A Suggested Approach, in: Journal of Political Economy, Vol. 57 (1949), S. 496 ff.

[17] Meritorische Gesichtspunkte werden also bei der Bewertung bürokratischen Handelns nicht berücksichtigt. Vgl. hierzu *P. Stolz*, Zum Verhältnis von Demokratie und Rationalität in der Politischen Ökonomie, in: Schweizerisches Jahrbuch für Politische Wissenschaft, Bd. 13 (1973), S. 220 ff. Ferner kann hier nicht auf die Vielzahl der in der wirtschaftswissenschaftlichen Literatur verwendeten Effizienzbegriffe eingegangen werden, die mikro-, meso- und makrotheoretische Aspekte, allokative und distributive Gesichtspunkte sowie statische und dynamische Betrachtungsweisen jeweils unterschiedlich stark akzentuieren. Vgl. exemplarisch *B. H. Klein*, Dynamic Economics, Cambridge/London 1977, S. 35 ff., *H. Leibenstein*, Allocative Efficiency vs. „X-Efficiency", in: American Economic Review, Vol. 56 (1966), S. 392 ff., ders., A Branch of Economics is Missing: Micro-Micro Theory, in: Journal of Economic Literature, Vol. 17 (1979), S. 477 ff., *M. Timmermann*, Die Effizienz des öffentlichen Sektors im Lichte verschiedener Ansätze, in: Schweizerische Zeitschrift für Volkswirtschaft und Statistik, 114. Jg. (1978), S. 269 ff. und *C. Wolf, Jr.*, Economic Efficiency and Inefficient Economics, in: Journal of Post Keynesian Economics, Vol. 2 (Fall 1979), S. 71 ff.

[18] Die Verwendung von Produktions- und Allokationseffizienz ist vor allen Dingen in zweifacher Hinsicht nicht unproblematisch. Zum einen sind die Verteilungsimplikationen politisch-administrativer Steuerungsprozesse kein eigentlicher Untersuchungsgegenstand, so wichtig verteilungspolitisch moti-

Eine öffentliche Verwaltung sei immer dann produktionseffizient[19], wenn sie, bei einem gegebenen technischen Wissen, ihre mengenmäßigen Produktionsmöglichkeiten voll ausschöpft beziehungsweise, bei gegebenen Faktorpreisen, zu Minimalkosten produziert. Produktionsineffizient ist eine staatliche Bürokratie folgerichtig dann, wenn sie einen gegebenen Leistungsumfang nicht mit minimalen Mitteln oder mit gegebenen Ressourcen keine maximale Leistungsmenge produziert.[20]

Während der Terminus „Produktionseffizienz" auf die Eigenschaften des Produktionsprozesses abstellt, sind mit dem Begriff der Allokationseffizienz Aussagen über die bürokratische Leistungsmenge verbunden. Mit dem Etikett „allokationseffizient" werden öffentliche Verwaltungen versehen, die diejenige Leistungsmenge bereitstellen, bei der die Differenz zwischen der Summe der individuellen maximalen Zahlungsbereitschaften der Benefizienten und den minimalen Gesamtkosten maximiert wird.[21] Diese Differenz bezeichnen wir im folgenden auch als

---

vierte als auch verteilungsrelevante Entscheidungsprozesse und -ergebnisse im politisch-administrativen System auch sein mögen. Vgl. beispielsweise *H. C. Recktenwald*, Ursachen für Unwirtschaftlichkeit im Staatsbereich, Elemente einer Theorie des ökonomischen Staats„versagens", S. 23 f. Allerdings wird im weiteren Verlauf der Arbeit immer dort auf die Verteilungsproblematik hingewiesen, wo sie auch im Rahmen einer am Produktions- und Allokationseffizienzziel orientierten Untersuchung virulent ist. Zum anderen ist der Begriff der Allokationseffizienz in der Wohlfahrtsökonomie so weit gefaßt, daß er die Produktionseffizienz einschließt. Die Marginal- und die Totalbedingungen, die im allokativen Wohlfahrtsoptimum erfüllt sein müssen, implizieren, mit anderen Worten, eine Produktionseffizienz. Vgl. *H. E. Fest*, Zur gesamtwirtschaftlichen Konsistenz des Entscheidungskriteriums für die Auswahl öffentlicher Investitionen. Ein Beitrag zur theoretischen Grundlegung der gesamtwirtschaftlichen Nutzen-Kosten-Analyse, Berlin 1971, S. 25 ff., *H. Giersch*, Allgemeine Wirtschaftspolitik, 1. Bd., Grundlagen, Wiesbaden 1961, S. 106 ff. und *E. Sohmen*, Allokationstheorie und Wirtschaftspolitik, Tübingen 1976, S. 30 ff. In der vorliegenden Studie wird der Begriff der Allokationseffizienz somit, genau genommen, im engeren Sinne verwendet. Die begriffliche Trennung zwischen der Allokationseffizienz im engeren Sinne beziehungsweise der „externen Allokationseffizienz" und der Produktionseffizienz beziehungsweise der „internen Allokationseffizienz" orientiert sich zum einen an der in der Literatur zur Ökonomischen Theorie der Politik üblichen Vorgehensweise und soll zum anderen die Bewertung staatsbürokratischen Handelns erleichtern helfen.

19 Verwandte Begriffe für die Produktionseffizienz sind betriebliche, technische, interne, Kosten- und X-Effizienz.

20 „The presence of X-inefficiency is another way of saying that the bureau is not operating on its production possibility frontier but is instead at some point within the frontier". *C. V. Brown* und *P. M. Jackson*, Public Sector Economics, Oxford 1978, S. 142.

21 Zwei Einschränkungen sind mit einer derartigen Definition von Allokationseffizienz verbunden. Zum einen wird nicht, wie es streng genommen erforderlich wäre, auf die Nutzen und Opportunitätskosten des Verwaltungshandelns abgestellt. Zum anderen erfordert die hier verwendete Definition keine maximale Differenz zwischen der maximalen Zahlungsbereitschaft und der Finanzierungsgesamtlast für jeden von der Verwaltungstätigkeit betroffenen Staatsbürger.

Grafik 1.1.

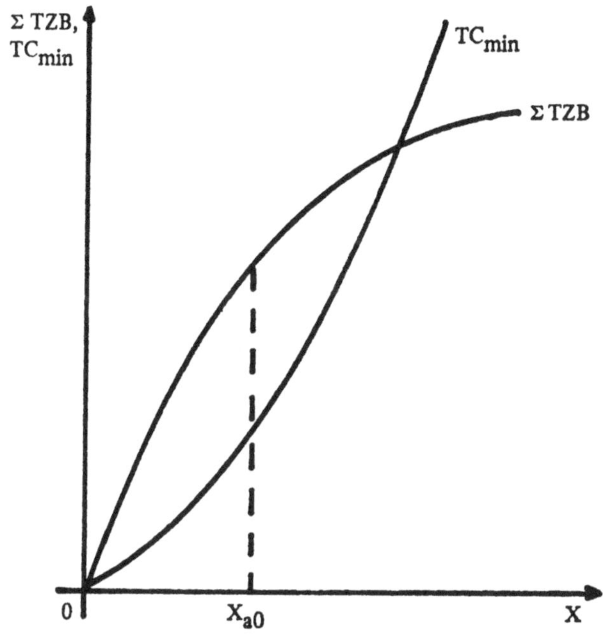

Grafik 1.2.

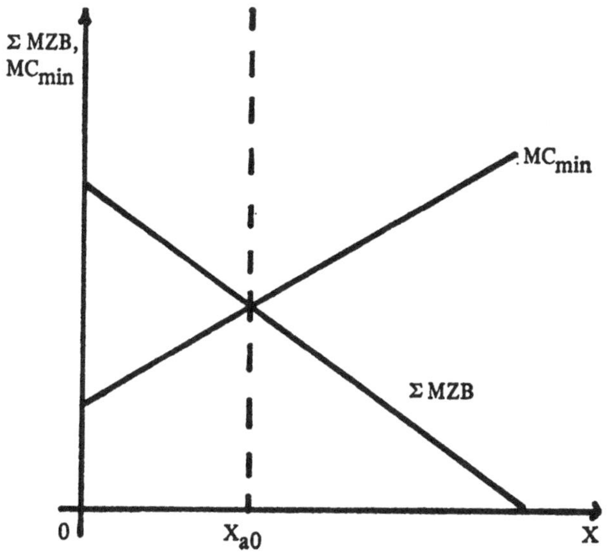

Konsumentenrente aus der Bereitstellung der öffentlichen Leistung.[22] Allokationsineffizient sind demnach Verwaltungen, die eine „zu geringe" oder „zu große" Leistungsmenge bereitstellen und die über eine Ausdehnung oder Verringerung ihres Leistungsniveaus die Konsumentenrente erhöhen könnten.

Das Verhältnis von Produktions- und Allokationseffizienz sollen die Grafiken 1.1. und 1.2. veranschaulichen.[23]

$\Sigma\, TZB$ sei die Summe der totalen Zahlungsbereitschaften aller Staatsbürger für die öffentliche Leistung X:

$$\Sigma\, TZB = \Sigma\, TZB\,(X)\ .$$

Aus ihr läßt sich die aggregierte marginale Zahlungsbereitschaft $\Sigma\, MZB$ ableiten:

$$\Sigma\, MZB = \Sigma\, MZB\,(X) = d\,\Sigma\, TZB/dX, \text{ mit } d\,\Sigma\, MZB/dX < 0 \text{ und } d^2\,\Sigma\, MZB/dX^2 = 0\ .$$

Die bei gegebenem technischen Wissen sowie bei gegebenen Faktorpreisen minimalen Grenz- und Gesamtkosten für die Bereitstellung der öffentlichen Leistung seien MC_{min} und TC_{min}. Wir unterstellen steigende Grenzkosten:[24]

---

[22] Wir sehen folglich von einer in der Literatur häufig anzutreffenden Aufteilung der Differenz in eine Konsumenten- und eine Produzentenrente ab.

[23] Vgl. auch *R. Kroker*, Der Verwaltungsvergleich als Instrument zur Effizienzsteigerung der öffentlichen Verwaltung, Düsseldorf 1981, S. 16 und *M. Zumbühl*, Privatisierung staatlicher Wirtschafstätigkeit — Notwendigkeit und Möglichkeiten, Zürich 1978, S. 13 zu einer realwirtschaftlichen Darstellung von Produktions- und Allokationseffizienz im Zwei-Güter-Fall. Vgl. in diesem Zusammenhang ebenfalls *A. R. Prest* und *J. G. Stewart*, Public Sector Productivity and Relative Efficiency in the U. K., Paper presented at the 38th Congress of the International Institute of Public Finance, Copenhagen, August 23 - 26, 1982.

[24] Hinsichtlich der minimalen Kosten für öffentliche Verwaltungen werden vor allen Dingen zwei Auffassungen vertreten. Eine Gruppe von Autoren vermutet „diseconomies of scale" bei bürokratisch-hierarchischen Koordinierungssystemen und unterstellt steigende Grenz- und überproportional zunehmende Gesamtkosten. Vgl. *L. de Alessi*, Implications of Property Rights for Government Investment Choices, in: American Economic Review, Vol. 59 (1969), S. 17, Fn. 17, *R. J. Monsen* und *A. Downs*, A Theory of Large Managerial Firms, in: Journal of Political Economy, Vol. 73 (1965), S. 228 ff. *G. Tullock*, The Politics of Bureaucracy, S. 149 ff., ders., Federalism: Problems of Scale, in: R. C. Amacher, R. D. Tollison und T. D. Willett, (Hg.), The Economic Approach to Public Policy. Selected Readings, Ithaca/London 1976, S. 219 f. und *O. E. Williamson*, Hierarchical Control and Optimum Firm Size, in: Journal of Political Economy, Vol. 75 (1967), S. 123 ff. Demgegenüber argumentiert beispielsweise *H. van den Doel*, Democracy and Welfare Economics, S. 33 und S. 128, daß die Annahme konstanter Grenzkosten noch am ehesten gerechtfertigt sei.

$$TC_{min} = TC_{min}(X), \text{ mit } dTC_{min}/dX > 0 \text{ und } d^2TC_{min}/dX^2 > 0 \;;$$
$$MC_{min} = MC_{min}(X) = dTC_{min}/dX, \text{ mit } dMC_{min}/dX > 0 \text{ und}$$
$$d^2MC_{min}/dX^2 = 0 \;.$$

Produktionseffizient verhält sich eine öffentliche Verwaltung, die jede Leistungsmenge X zu minimalen Grenz- und Gesamtkosten MC_{min} und TC_{min} bereitstellt. Sind die tatsächlichen Kosten hingegen höher als die minimalen — dies bedeutet für die Grafiken 1.1. und 1.2. eine Verschiebung der Kostenkurven nach oben —, dann erfolgt das bürokratische Angebot produktionsineffizent. Das allokative Optimum wird bei der Leistungsmenge X_{a0} realisiert, die in Grafik 1.1. eine maximale Differenz zwischen $\Sigma\, TZB$ und TC_{min} und in Grafik 1.2. eine Gleichheit von MC_{min} und $\Sigma\, MZB$ zur Folge hat.

Eine staatliche Bürokratie kann in dreifacher Weise vom Referenzoptimum der produktionseffizienten Bereitstellung eines allokationseffizienten Leistungsumfanges abweichen. Zum einen kann sie sich allokations- und produktionsineffizient verhalten. Ferner besteht die Möglichkeit, daß sie eine allokativ ineffiziente Menge produktionseffizient anbietet. Schließlich ist es denkbar, daß sie zwar einen allokationseffizienten Leistungsumfang bereitstellt, aber zu überhöhten Kosten operiert.

Wie eine öffentliche Verwaltung, die vom Referenzoptimum abweicht, wohlfahrtstheoretisch zu beurteilen ist, darüber gibt es in der Ökonomischen Theorie der Politik zwei unterschiedliche Auffassungen. Eine Gruppe von Wissenschaftlern will die Leistungsfähigkeit alternativer Lenkungssysteme in bezug auf ein gemeinsames Referenzoptimum vergleichen („Comparative institutions"-Ansatz). Die Ergebnisse des politisch-administrativen Lenkungssystems hinsichtlich einer bestimmten Leistung sind bei einem derartigen Verständnis erst dann als ineffizient zu bezeichnen, wenn ein alternatives System existiert, das bei der Bereitstellung der betreffenden Leistung in einem geringeren Ausmaß vom Referenzoptimum abweicht.[25]

Demgegenüber bewertet eine zweite Richtung jedes Leistungsangebot der staatlichen Bürokratie, das vom Referenzoptimum abweicht, als

---

[25] Vgl. *R. C. Amacher*, *R. D. Tollison* und *T. D. Willett*, Economists on Governmental and Political Failure, in: dies., (Hg.), The Economic Approach to Public Policy. Selected Readings, S. 335, *C. Badelt*, New Concepts for the Supply of Government Services, Paper presented at the 38th Congress of the Internationl Institute of Public Finance, Copenhagen, August 23 - 26, 1982, *M. J. Hinich* und *R. Staelin*, Consumer Protection Legislation and the U.S. Food Industry, New York u. a. 1980, S. 115 f. und *I. Vogelsang*, Comment to H. C. Recktenwald, Potential Welfare Losses in the Public Sector — Anatomy of the Nature and Causes, in: H. Hanusch, (Hg.), Anatomy of Government Deficiencies, S. 59 f.

(potentiell) ineffizient („Government failure"-Ansatz).[26] Die vorliegende Studie macht sich diese Sichtweise zu eigen und versieht jede öffentliche Verwaltung, deren Angebotsverhalten ein vom Referenzoptimum abweichendes Ergebnis zur Konsequenz hat, mit dem Etikett „ineffizient" — selbst dann, wenn alternative Steuerungsmechanismen zu noch schlechteren Ergebnissen führen sollten.

C. Die Bedeutung des Rationalprinzips

In der Ökonomischen Theorie der Politik wird unterstellt, daß alle Entscheidungsträger, im Rahmen ihrer Möglichkeiten, ihre eigenen Ziele verfolgen und sich dabei rational verhalten würden.[27] Über den Begriff der Rationalität gibt es in der Literatur recht unterschiedliche Auffassungen[28], so daß die Verständigung auf eine Arbeitsdefinition vonnöten ist. Unter der individuellen Rationalität eines Akteurs soll im folgenden ein Verhalten verstanden werden, das

(1) in den jeweils untersuchten Interaktionsfeldern[29]

(2) als Maximierung einer individuellen Nutzenfunktion,

(3) deren Argumente „eigennützige" Ziele des Akteurs zum Ausdruck bringen (Eigennutzaxiom)[30],

---

26 Vgl. *M. C. O'Dowd*, The Problem of „Government Failure" in Mixed Economies, in: South African Journal of Economics, Vol. 4 (1978), S. 360 ff., *H. C. Recktenwald*, Potential Welfare Losses in the Public Sector — Anatomy of the Nature and Causes, S. 43 ff. und *C. Wolf, Jr.*, „Non-Market" Failure Revisited: The Anatomy and Physiology of Government Deficiencies, S. 30.

27 Vgl. weiterführend *R. C. Amacher, R. D. Tollison* und *T. D. Willett*, The Economic Approach to Social Policy Questions: Some Methodological Perspectives, in: dies., (Hg.), The Economic Approach to Public Policy. Selected Readings, S. 24 ff. und *M. Tietzel*, Die Rationalitätsannahme in den Wirtschaftswissenschaften, in: Jahrbuch für Sozialwissenschaften, B. 32 (1981), S. 115 ff. Siehe aber auch die Kritik bei *J. F. Toye*, Economic Theories of Politics and Public Finance, in: British Journal of Political Science, Vol. 6 (1976), S. 433 ff.

28 Vgl. *R. A. Dahl* und *C. E. Lindblom*, Politics, Economics and Welfare, New York 1963, S. 26 ff., *G. Gäfgen*, Theorie der wirtschaftlichen Entscheidung. Untersuchungen zur Logik und Bedeutung des rationalen Handelns, 3., erweiterte und ergänzte Aufl., Tübingen 1974, *H. Grossekettler*, Zur wirtschaftspolitischen Relevanz neoklassischer und verhaltenstheoretischer Ansätze der Volkswirtschaftslehre, in: W. Rippe und H.-P. Haarland, (Hg.), Wirtschaftstheorie als Verhaltenstheorie, Berlin 1980, S. 16 ff., *R. Richter*, Probleme des Rationalprinzips, in: Zeitschrift für die gesamte Staatswissenschaft, Bd. 110 (1954), S. 88 ff. und *L. von Mises*, Human Action. A Treatise on Economics, New Haven 1949.

29 Zur Beschränkung von Rationalität auf bestimmte Bereiche vgl. *C. Böhret*, Entscheidungshilfen für die Regierung, Opladen 1970, S. 26 f.

30 Bereits *F. Y. Edgeworth*, Mathematical Psychics. An Essay on the Application of Mathematics to the Moral Sciences, London 1881, wiederabgedruckt New York 1967, S. 16, vertritt die Ansicht, daß „the first principle of Economics is that every agent is actuated only by self-interest". Diese Tradition

(4) unter Beachtung der relevanten Nebenbedingungen

interpretiert werden kann.[31]

Wichtig hierbei ist, daß ein derartiges Verständnis von Rationalität ein eindimensionales Menschenbild impliziert und es erlaubt, das Verhalten aller Akteure in allen Lenkungssystemen mit Hilfe des gleichen, auf dem individuellen Eigennutz basierenden Ansatzes zu erklären.[32]

Das Konzept der Eindimensionalität und generellen Eigennutzorientierung menschlichen Verhaltens hat in der Literatur keine uneingeschränkte Zustimmung erhalten. Es muß sich schwerwiegenden Angriffen aussetzen. So wehrt sich beispielsweise *Sen* vehement gegen die Unterstellung eines für alle Entscheidungssituationen gültigen Wertesystems.[33] *Marglin* weist in die gleiche Richtung, wenn er annimmt, daß marktmäßigen und politischen individuellen Entscheidungen unterschiedliche Präferenzskalen zugrundeliegen würden.[34] Auch wird vielfach die Ansicht vertreten, daß eine individuelle Eigennutzorientierung, insbesondere im politisch-administrativen System, durch mannigfaltige soziale und kulturelle Einflußfaktoren verhindert werde.[35]

---

setzt sich in der Ökonomischen Theorie der Politik fort: „The basic behavioral postulate of public choice, as for economics, is that man is an egoistic, rational utility maximizer". *D. C. Mueller*, Public Choice, S. 1. Zur Charakterisierung des Eigennutzes vgl. auch *J. C. Calhoun*, A Disquisition on Government and Selections from the Discourse, New York 1953, S. 5 und *M. P. Fiorina*, Congress. Keystone of the Washington Establishment, New Haven/London 1977, S. 39.

[31] Vgl. auch *B. S. Frey* und *W. Stroebe*, Ist das Modell des Homo Oeconomicus „unpsychologisch"?, in: Zeitschrift für die gesamte Staatwissenschaft, Bd. 136 (1980), S. 82 ff. und *W. Stroebe* und *B. S. Frey*, In Defense of Economic Man: Towards an Integration of Economics and Psychology, in: Schweizerische Zeitschrift für Volkswirtschaft und Statistik, 116. Jg. (1980), S. 119 ff. Um dem Begriff der individuellen Rationalität substantielle Relevanz zu vermitteln, müssen im weiteren Verlauf die jeweiligen Argumente in der Nutzenfunktion beziehungsweise die jeweils in einem bestimmten Interaktionsbereich angestrebten Ziele inhaltlich spezifiziert werden.

[32] Vgl. auch *H. Bonus*, Besprechung von P. Herder-Dorneich, Konkurrenzdemokratie — Verhandlungsdemokratie: Politische Strategien der Gegenwart, in: Jahrbücher für Nationalökonomie und Statistik, Bd. 197 (1982), S. 181.

[33] „The assumption of a consistent set of values serving as the basis for individuals is most unlifelike." *A. K. Sen*, On Optimising the Rate of Saving, in: Economic Journal, Vol. 71 (1961), S. 487.

[34] „The Economic Man and the Citizen are for all intents and purposes two different individuals". *S. A. Marglin*, The Social Rate of Discount and the Optimal Rate of Investment, in: Quarterly Journal of Economics, Vol. 77 (1963), S. 98.

[35] Vgl. *P. Bohm*, Estimating Willingness to Pay: Why and How?, in: Scandinavian Journal of Economics, Vol. 81 (1979), S. 150, *G. Engelhardt* und *M. Schürgers*, Politische Entscheidungsprozesse als Erkenntnisobjekt der theoretischen Wirtschafts- und Finanzpolitik — Eine systemanalytische Interpretationsskizze, in: Das Wirtschaftsstudium, 4. Jg. (1975), S. 446, *D. Fürst*, Kommunale Entscheidungsprozesse. Ein Beitrag zur Selektivität politisch-administrativer Prozesse, Baden-Baden 1975, S. 18, *J. C. Harsanyi*, Cardinal

Trotz dieser Bedenken wird hier, hauptsächlich aus zwei Gründen, ein individuell rationales Verhalten der untersuchten Akteure unterstellt.[36] Zum einen scheint, zumindest beim gegenwärtigen Stand der Forschung, die möglicherweise erhöhte Leistungsfähigkeit einer Theorie über das Verhalten staatlicher Bürokratien, die sozialen und kulturellen Bedingtheiten menschlichen Verhaltens Rechnung trägt,[37] den mit diesem wesentlich komplexeren Ansatz verbundenen Mehraufwand nicht rechtfertigen zu können.[38] Zum anderen ist die Realitätsnähe von Annahmen keine notwendige Voraussetzung für empirisch gehaltvolle Theorien.[39]

Welfare, Individualistic Ethics, and Interpersonal Comparisons of Utility, in: Journal of Political Economy, Vol. 63 (1955), S. 309 ff., *L. Johansen*, The Theory of Public Goods: Misplaced Emphasis?, in: Journal of Public Economics, Vol. 7 (1977), S. 148, *A. K. Sen*, Collective Choice and Social Welfare, San Francisco u. a. 1970, S. 195 und *G. E. Tichy*, Die Allgemeine Theorie der Wirtschaftspolitik und die Neue Politische Ökonomie, in: Jahrbuch für Nationalökonomie und Statistik, Bd. 193 (1978), S. 301.

36 Postulierte man, Individuen seien nicht ausschließlich eigennutzorientiert, so wäre auch dann die Fragestellung von Bedeutung, mit welchen Konsequenzen ein am Eigennutz orientiertes Verhalten der Akteure im öffentlichen Sektor bei gegebenen Anreiz- und Sanktionssystemen verbunden ist und, weitergehend, unter welchen institutionalen Rahmenbedingungen selbst eine individuelle Eigennutzorientierung zu sozial erwünschten Ergebnissen führt. Vgl. *A. K. Sen*, Rational Fools: A Critique of the Behavioural Foundations of Economic Theory, in: F. Hahn und M. Hollis, (Hg.), Philosophy and Economic Theory, Oxford 1979, S. 90.

37 Vgl. beispielsweise *G. Kirchgäßner*, Können Ökonomie und Soziologie voneinander lernen? Zum Verhältnis zwischen beiden Wissenschaften, mit besonderem Bezug auf die Theorie des Wählerverhaltens, in: Kyklos, Vol. 33 (1980), S. 427 ff. zur Erweiterung des Rationalitätsaxioms durch die Berücksichtigung sozialer Bedingtheiten individuellen Verhaltens. Es kann allerdings nicht einmal ausgeschlossen werden, daß die Leistungsfähigkeit einer Theorie mit zunehmender Komplexität sinkt!

38 Vgl. auch *B. S. Frey*, Ökonomie als Verhaltenswissenschaft. Ansatz, Kritik und der europäische Beitrag, in: Jahrbuch für Sozialwissenschaft, Bd. 31 (1980), S. 24 zur Auffassung, daß das Eigennutzaxiom eine nützliche Vereinfachung für ökonomische Verhaltensmodelle sei.

39 „The question whether a theory is realistic ‚enough' can be settled only by seeking whether it yields predictions that are good enough for the purpose in hand or that are better than predictions from alternative theories. Yet the belief that a theory can be tested by the realism of its assumptions independently of the accuracy of its predictions is widespread and the source of much of the perennial criticism of economic theory as unrealistic. Such criticism is largely irrelevant, and, in consequence, most attempts to reform economic theory that it has stimulated have been unsuccessful." *M. Friedman*, The Methodology of Positive Economics, in: F. Hahn und M. Hollis, (Hg.), Philosophy and Economic Theory, S. 34. Zu einer weiterführenden Diskussion der „Annahmenkontroverse" siehe *M. Tietzel*, „Annahmen" in der Wirtschaftstheorie, in: Zeitschrift für Wirtschafts- und Sozialwissenschaften, 101. Jg. (1981), S. 237 ff.

Zweites Kapitel

Struktur eines Verhaltensmodelles für öffentliche Verwaltungen

Voraussetzung für eine Effizienzbetrachtung öffentlicher Verwaltungen im Rahmen der Ökonomischen Theorie der Politik ist ein bürokratisches Verhaltensmodell. Aus seiner Struktur müssen sich insbesondere Antworten auf folgende Fragen herleiten lassen:

— Welche innerhalb von Verhaltensbeschränkungen ihren Eigennutz maximierenden Akteure sind für eine Analyse des Verwaltungshandelns relevant?

— Welche institutionalen Steuerungs- und Kontrollprozesse sind für das Verhalten staatlicher Bürokratien von Bedeutung?

— Welches Koordinierungssystem regelt (überwiegend) die Beziehungen zwischen den Akteuren?

A. Tausch als dominantes Interaktionsmuster

Um mit der zuletzt aufgeworfenen Fragestellung zu beginnen: Grundsätzlich scheint es vier Kategorien von Beziehungen zwischen staatlichen Bürokratien, Regierungen, Parteien, Wählern und Interessengruppen zu geben:[1]

(1) Tausch,

(2) Liebe,

(3) Zwang und Autorität sowie

(4) Überredung.[2]

Während die traditionellen Politik- und Verwaltungswissenschaften bis heute zu einem großen Teil von der Vorstellung geprägt sind, daß

---

[1] *P. Herder-Dorneich*, Substitution und Kombination von Ordnungen, in: W. Dettling, (Hg.), Die Zähmung des Leviathan. Neue Wege der Ordnungspolitik, Baden-Baden 1980, S. 112 glaubt, alle zwischenmenschlichen Beziehungen auf die Kategorie des Tausches zurückführen zu können.

[2] Vgl. auch *K. E. Boulding*, Economics as a Science, New York 1970, S. 9 ff. zu (1) bis (3).

die Beziehungen zwischen politischen Entscheidungsträgern und Staatsbürgern auf der einen Seite und Interaktionen zwischen Regierungsinstanzen und Verwaltungsangehörigen auf der anderen Seite überwiegend den Kategorien (2) bis (4) zuzuordnen sind, soll im folgenden der Tausch als soziales Koordinationssystem im Vordergrund der Betrachtung stehen.

Damit soll nicht geleugnet werden, daß auch den anderen Beziehungsmustern eine gewisse Bedeutung zukommt. Insbesondere sei darauf hingewiesen, daß staatliche Bürokratien, formal gesehen, hierarchisch koordiniert werden und daß Parlament und Regierung einen Zwang auf die Staatsbürger ausüben.[3] Die vorliegende Studie geht aber, der generellen, über den wirtschaftlichen Bereich weit hinausgehenden Bedeutung des Tausches als sozialem Verhalten Rechnung tragend,[4] davon aus, daß das Verhalten von Verwaltungsangehörigen, Verbänden, Wählern, Politikern, Parteien und Regierungen in vielen Bereichen mit Hilfe von Tauschprozessen am relativ besten erklärt werden kann.[5] Vor allen Dingen wird zum einen eine wechselseitige Abhängigkeit zwischen Regierung und Verwaltung unterstellt. Bürokratische Entscheidungen können nicht ausschließlich aus hierarchischen Koordinierungsverfügungen abgeleitet werden, da budgetbewilligende politische Instanzen auf bürokratische Informationsleistungen angewiesen sind. Zum anderen wird staatliche Autorität dem Bürger gegenüber in westlichen Demokratien mit Hilfe politischer Wahlen begründet, in denen sich der Bürger zwischen konkurrierenden Wahlplattformen entscheiden kann. Somit besteht auch zwischen Regierung und Staatsbürgern eine Tauschinteraktion.

---

[3] Vgl. in diesem Zusammenhang auch *F. Forte*, Democracy as a Public Good. Efficiency and Effectiveness, Paper presented at the 38th Congress of the International Institute of Public Finance, Copenhagen, August 23 - 26, 1982.

[4] Zur Bedeutung des Tausches vgl. *P. M. Blau*, Exchange and Power in Social Life, 2. Aufl., New York u. a. 1967, *J. K. Chadwick-Jones*, Social Exchange Theory: Its Structure and Influence in Social Psychology, London 1976, *L. Clausen*, Tausch. Entwürfe zu einer soziologischen Theorie, München 1978, *G. C. Homans*, Elementarformen sozialen Verhaltens, Köln/Opladen 1968, *A. Kuhn*, The Study of Society, London 1966 und *F. Lehner*, Politisches Verhalten als sozialer Tausch.

[5] Zur These, daß der Tausch im politisch-administrativen Steuerungssystem als Interaktionskategorie dominiert, vgl. exemplarisch für staatliche Bürokratien *G. Kirsch*, Comment to W. A. Niskanen, Bureaucrats between Self Interest and Public Interest, in: H. Hanusch, (Hg.) Anatomy of Government Deficiencies, S. 116 ff. und *W. A. Niskanen*, Bureaucrats between Self Interest and Public Interest, in: H. Hanusch, (Hg.), Anatomy of Government Deficiencies, S. 111 ff., für Interessengruppen *M. Groser*, Grundlagen der Tauschtheorie des Verbandes, Berlin 1979, S. 48 ff. und für demokratische Abstimmungen *P. Herder-Dorneich* und *M. Groser*, Ökonomische Theorie des politischen Wettbewerbs, S. 42 ff.

B. Steuerung und Kontrolle öffentlicher Verwaltungen

Inwieweit bürokratische Entscheidungen als produktions- und allokationseffizient charakterisiert werden können, hängt von der Funktionsfähigkeit des politisch-administrativen Steuerungs- und Kontrollprozesses ab, der die Interaktionen einer öffentlichen Verwaltung mit ihrer sozialen Umwelt strukturiert und die Nachfrage nach und das Angebot von öffentlichen Leistungen zusammenführt.[6] Schaubild 1.1. soll dies, stark vereinfachend, verdeutlichen.

In westlichen Demokratien kann das politisch-administrative Gesamtsystem analytisch in zwei Steuerungs(sub)systeme I und II unterteilt werden, denen der Tausch als dominantes Beziehungsmuster gemeinsam ist. Während das Steuerungssystem I die Nachfrage nach öffentlichen Leistungen regelt, wird im Steuerungssystem II über das tatsächliche Angebot von öffentlichen Leistungen entschieden.[7]

Staatsbürger, Verbände und (Regierungs-)Parteien sollen im folgenden als Nachfrager nach öffentlichen Leistungen, staatliche Bürokratien indessen als Anbieter von öffentlichen Leistungen betrachtet werden.[8] Während ein Verband ein organisatorischer Zusammenschluß sein soll, der das Ziel verfolgt, den gemeinsamen Interessen seiner Mitglieder in allen gesellschaftlichen Bereichen und insbesondere im politisch-administrativen Steuerungssystem einen möglichst großen Einfluß zu verschaffen, der aber darauf verzichtet, die Regierungsmacht direkt zu übernehmen,[9] soll unter einer politischen Partei eine Gruppe von Politikern verstanden werden, die sich in der Absicht zusammen-

---

6 Der Begriff „öffentliche Leistung" wird hier sehr weit gefaßt. Er schließt finale und intermediäre öffentlich bereitgestellte Güter und Dienstleistungen ebenso mit ein wie Staatseingriffe auf der Mikro-, Meso- und Makroebene.

7 Vgl. auch *S. Andic*, Public Expenditure Growth, in: Finanzarchiv, N. F., Bd. 39 (1981), S. 149.

8 Es sei darauf hingewiesen, daß die Begriffe Angebot und Nachfrage in der Ökonomischen Theorie der Politik inhaltlich nicht immer deckungsgleich verwendet werden. So bezeichnen Autoren, die sich mit dem Steuerungsprozeß I auseinandersetzen, häufig die Staatsbürger als Nachfrager und die Politiker, Parteien und Regierungen als Anbieter. In Beiträgen, deren Untersuchungsgegenstand der Steuerungsprozeß II ist, werden hingegen in aller Regel Verwaltungen als Anbieter und (Regierungs-)Politiker als Nachfrager identifiziert.

9 Vgl. *R. Steinberg*, Die Interessenverbände in der Verfassungsordnung, in: Politische Vierteljahresschrift, 14. Jg. (1973), S. 47. Die Termini Verband, Interessenverband, Interessengruppe und Interessengruppierung werden synonym verwendet. Ferner wird in der vorliegenden Arbeit, darauf sei ausdrücklich hingewiesen, von möglichen Zielkonflikten zwischen Verbandsfunktionären und einfachen Verbandsmitgliedern abstrahiert. Statt dessen wollen wir Verbände als monolithische Gebilde behandeln.

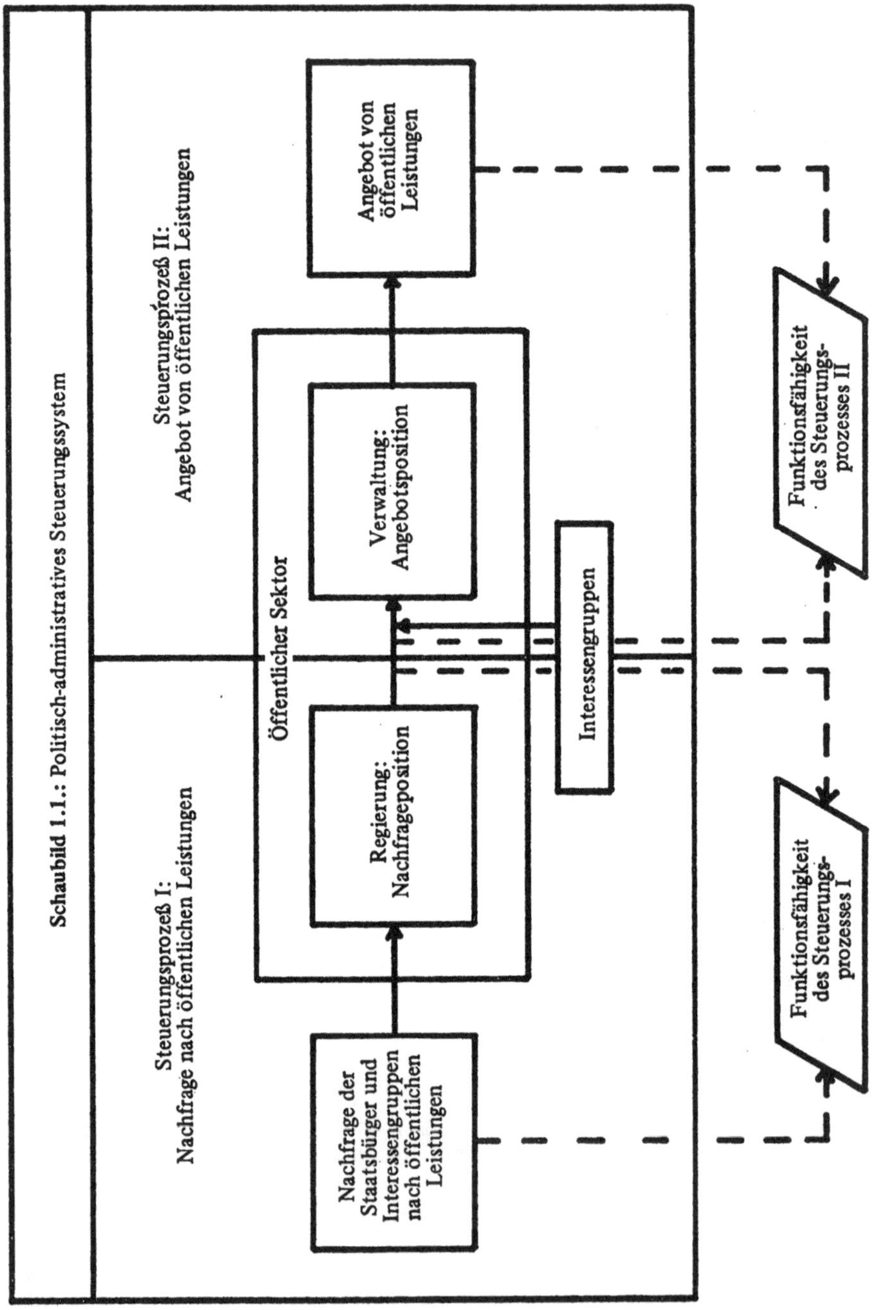

Schaubild 1.1.: Politisch-administratives Steuerungssystem

geschlossen haben, in den politischen Wahlen ein Mandat für die Übernahme des Regierungsapparates zu erhalten.[10]

Die Nachfrageposition der Regierung(sparteien) gegenüber der staatlichen Bürokratie in den Budgetverhandlungen wird im Steuerungsprozeß I festgelegt. Sie läßt sich aus der Interaktion zwischen Staatsbürgern, Interessengruppen und (Regierungs-)Parteien ableiten. Via Partizipation am politischen Willensbildungsprozeß artikulieren Staatsbürger, einzeln oder in Interessengruppen organisiert, direkt oder indirekt, gegenüber Regierung und Parteien ihre Nachfrage nach öffentlichen Leistungen. Ob die Regierung ihrerseits gegenüber der Verwaltung eine allokations- und produktionseffiziente Position vertritt, darüber entscheidet die Funktionsfähigkeit des Steuerungsprozesses I.

Im Steuerungsprozeß II beziehungsweise im Budgetierungsprozeß, in dem die Staatsbürokratie mit der budgetbewilligenden Instanz um die Etathöhe und die dafür zu erstellenden öffentlichen Leistungen verhandelt,[11] wird die Nachfrage der Regierung in ein von der öffentlichen Verwaltung bereitgestelltes Angebot transformiert. Von der Funktionsfähigkeit des Steuerungsprozesses II hängt es dann ab, ob das bürokratische Angebot den Optimalvorstellungen der budgetbewilligenden Instanz entspricht, oder ob es hiervon abweicht.

Das Verhältnis, in dem Angebot und Nachfrage zueinander stehen, sowie die Funktionsfähigkeit des Steuerungsprozesses II hängen ihrerseits wiederum davon ab, welche Akteure sich im Budgetierungsprozeß aktiv und welche sich passiv verhalten. Vier konzeptionelle Alternativen einer Effizienzbetrachtung für öffentliche Verwaltungen werden in der vorliegenden Studie behandelt:

(1) Eine aktive Regierung wird in den Budgetverhandlungen mit einer passiven Verwaltung konfrontiert. In einer derartigen Situation

---

[10] Vgl. *A. Downs*, Ökonomische Theorie der Demokratie, Tübingen 1968, S. 24 f.

[11] Eine Darstellung des Budgetierungsprozesses als Verhandlung zwischen der öffentlichen Verwaltung und einer budgetbewilligenden Regierung beziehungsweise Parlamentsmehrheit soll nicht als Abbild der Realität, sondern als für die Analyse äußerst hilfreiche Reduktion der Komplexität des tatsächlichen Budgetierungsprozesses, in dem eine Vielzahl von Akteuren mit recht unterschiedlichen Interessen und Einflußpotentialen beteiligt ist, verstanden werden. Vgl. auch *T. McGuire*, *M. Coiner* und *L. Spancake*, Budget-Maximizing Agencies and Efficiency in Government, in: Public Choice, Vol. 34 (1979), S. 333. Auch stößt eine Differenzierung zwischen Politikern und Verwaltungsangehörigen in der Realität teilweise auf Schwierigkeiten. Wichtig für die vorliegende Studie ist aber nur, daß es politisch gewählte Repräsentanten der Staatsbürger auf der einen Seite und vom Wählerwillen allenfalls indirekt abhängige öffentlich Bedienstete auf der anderen Seite gibt. Vgl. auch *A. Breton*, The Economic Theory of Representative Government, Chicago 1974, S. 162 f.

soll die staatliche Bürokratie über keinerlei diskretionäre Spielräume zur Verfolgung eigener Ziele verfügen. Die budgetbewilligende Instanz dominiert die Verwaltung dann insofern, als sie sie auf eine effiziente Transformation ihrer Optimalvorstellungen in ein bürokratisches Angebot verpflichten kann. Eine vollkommene Funktionsfähigkeit des Steuerungssystems II ist die Konsequenz der „nachfragedominanten Tauschinteraktion" zwischen Regierung und Bürokratie.

(2) Im Budgetierungsprozeß stehen sich eine passive Regierung und eine aktive Verwaltung gegenüber. In diesem Kontext sollen bürokratische Entscheidungen, innerhalb bestimmter Grenzen, von den Zielen der Regierung abweichen können. Die staatliche Bürokratie dominiert dann die Regierung in dem Sinne, daß sie ihre Optimalposition realisieren und sich die Konsumentenrente aus der Bereitstellung der öffentlichen Leistung aneignen kann. Verbunden mit dieser „angebotsdominanten Tauschinteraktion" zwischen Regierung und Bürokratie ist eine vollkommene Funktionsunfähigkeit des Steuerungsprozesses II. Allerdings wird die Regierung auf ein Angebot der betreffenden Leistung verzichten, wenn ihre totale Zahlungsbereitschaft geringer als das von der Verwaltung geforderte Budget ist.

(3) Eine aktive Verwaltung trifft auf eine aktive Regierung. Weder die budgetbewilligende Instanz noch die staatliche Bürokratie soll in diesem Fall die jeweils andere Seite dominieren und ihre jeweilige Optimalposition durchsetzen können. Eine derartige „undominierte Tauschinteraktion" zwischen Regierung und Verwaltung impliziert eine partielle Funktions(un)fähigkeit des Steuerungsprozesses II.

(4) Während alle drei bislang skizzierten Situationen ausschließlich die direkten Interaktionen zwischen der Bürokratie auf der Angebotsseite und der Regierung auf der Nachfrageseite umfassen und den Einfluß anderer Akteure auf der Nachfrageseite nur indirekt und insoweit berücksichtigen, als er sich in der Nachfrageposition der Regierung manifestiert, rückt die vierte konzeptionelle Alternative den direkten Einfluß aktiver Interessenverbände auf den Budgetierungsprozeß in das Zentrum einer Effizienzanalyse für staatliche Bürokratien.[12] Sowohl Regierung und Verwaltung als

[12] Der direkte Einfluß aktiver Staatsbürger und Unternehmen auf den Budgetierungsprozeß bleibt hier, aus Gründen der Vereinfachung, außerhalb der Analyse. Zum einen würde seine Einbeziehung keine qualitativ neuen Erkenntnisse ermöglichen. Zum anderen nehmen wir an, daß das Einflußpotential einzelner Staatsbürger und Unternehmen gegenüber demjenigen der Verbände als vergleichsweise eher gering einzuschätzen ist.

auch Interessenverbände müssen im Steuerungsprozeß II in der Regel Abstriche von ihren Optimalvorstellungen hinnehmen. Das Steuerungssystem II ist partiell funktions(un)fähig.

Den beiden Steuerungsprozessen I und II lassen sich jetzt auch die drei in den nachfolgenden Teilen zu erörternden Ansatztypen zur Erklärung des Verhaltens demokratisch gesteuerter Verwaltungen zuordnen. Nachfrageansätze behandeln ausschließlich die Interdependenzen zwischen den Akteuren im Steuerungsprozeß I und setzen ein vollkommen funktionsfähiges Steuerungssystem II voraus. Ein ineffizientes bürokratisches Angebot ist allein auf nachfragebezogene, dem Steuerungssystem I inhärente Defekte zurückzuführen. Demgegenüber unterstellen die beiden anderen Ansatztypen eine genau entgegengesetzte Ausgangsposition: Das Steuerungssystem I soll vollkommen funktionsfähig sein. Ineffizienzen im Angebot öffentlicher Verwaltungen werden allein mit Funktionsdefekten im Steuerungssystem II erklärt. Während jedoch in den Angebotsansätzen angenommen wird, daß die Nachfrager nach von den Anbietern von öffentlichen Leistungen in den Budgetverhandlungen dominiert würden und daß öffentliche Verwaltungen ihre Optimalvorstellungen zu Lasten der Regierungswünsche durchsetzen könnten, postulieren die integrierten Ansätze eine Interaktion zwischen einer aktiven Angebots- und einer aktiven Nachfrageseite im Steuerungsprozeß II.

In der vorliegenden Arbeit wird kein beide Steuerungsprozesse umfassendes Verhaltensmodell vorgestellt und diskutiert. Obschon im Prinzip ohne konzeptionelle Schwierigkeiten durchführbar, bleibt also eine Untersuchung kumulierender und kompensierender Ineffizienzen, die aus dem Zusammenwirken beider Steuerungsprozesse resultieren können, außerhalb der Analyse.[13] Die Vorteile einer derartigen Beschränkung, insbesondere die Möglichkeit, die Grundlinien der Argumentation klarer herausarbeiten zu können, ohne dabei wesentliche Aspekte vernachlässigen zu müssen, überwiegen unseres Erachtens die Nachteile bei weitem, nicht alle Situationen berücksichtigen zu können. Deshalb scheint uns die gewählte Vorgehensweise problemadäquat zu sein, zumal die rigiden Angebots- und Nachfragedominanzen, die für die bislang vorliegenden Beiträge zur Untersuchung der staatsbürokratischen Effizienz charakteristisch sind, im vierten Teil dieser Studie ohnehin aufgehoben werden.

Im folgenden sollen verschiedene Modellansätze behandelt werden, die Aussagen über die Funktionsfähigkeit der Steuerungs- und Kon-

---

[13] Zur Kompensation und Kumulation von Effizienzeffekten beider Steuerungsprozesse vgl. *H. van den Doel*, Democracy and Welfare Economics, S. 132 ff.

trollprozesse I und II sowie über die hiervon ausgehenden Effekte auf die Effizienz öffentlicher Verwaltungen ermöglichen. Drei zentrale Bestandteile sind dabei jeweils Annahmen über

- die Verhaltensmotivation der Akteure,
- den Informationsstand der Akteure sowie
- die institutionalen Charakteristika der Tauschinteraktion zwischen den Akteuren.

Zweiter Teil

Nachfragebezogene Ansätze zur Bestimmung der Effizienz öffentlicher Verwaltungen

Theoretisches Konzept und Gang der Untersuchung

(1) Im Rahmen einer Effizienzanalyse für öffentliche Verwaltungen ist es erforderlich zu untersuchen, ob das demokratische Steuerungssystem staatlichen Bürokratien die Nachfrage nach öffentlichen Leistungen überhaupt effizient vermitteln kann. Erhalten öffentliche Verwaltungen nämlich „falsche" Signale, dann verhalten sich Verwaltungsangehörige, notwendigerweise, selbst bei einem vollkommen funktionsfähigen Steuerungsprozeß II ineffizient.

Gegenstand der folgenden Überlegungen soll deshalb die Frage sein, unter welchen Voraussetzungen (a) das Steuerungs- und Kontrollsystem I funktions(un)fähig und (b) das Angebotsverhalten passiver staatlicher Bürokratien, die von der Regierung in einem vollkommen funktionsfähigen Steuerungsprozeß II dominiert werden, allokations- und/oder produktions(in)effizient ist. Die Annahme eines vollkommen funktionsfähigen Steuerungsprozesses II stellt sicher, daß sich staatliche Bürokratien ausschließlich an der Nachfrageposition der Regierung orientieren und daß sie, im Rahmen ihrer Entscheidungsmöglichkeiten, kostenminimierende Produktionsverfahren verwenden. Staatswirtschaftliche Ineffizienzen können demnach eindeutig Funktionsdefekten des Steuerungsprozesses I zugeordnet werden.

(2) Unsere Argumentation im zweiten Teil stützt sich auf die Ökonomische Theorie der Demokratie[1] sowie auf die Ökonomische Theorie

[1] Vgl. grundlegend zur Ökonomischen Theorie der Demokratie *D. Black*, The Theory of Committees and Elections, Cambridge 1958, *H. R. Bowen*, The Interpretation of Voting in the Allocation of Economic Resources, in: Quarterly Journal of Economics, Vol. 58 (1943), S. 27 ff., ders., Toward Social Economy, Carbondale/Edwardsville 1948, *A. Downs*, Ökonomische Theorie der Politik, *H. Hotelling*, Stability in Competition, in: Economic Journal, Vol. 39, (1929), S. 41 ff., *W. H. Riker* und *P. C. Ordeshook*, A Theory of the Calculus of Voting, in: American Political Science Review, Vol. 62 (1968), S. 25 ff. und dies., An Introduction to Positive Political Theory.

der Interessengruppen[2] als jene beiden Teilbereiche der Ökonomischen Theorie der Politik, die die Funktionsfähigkeit des Steuerungs- und Kontrollprozesses I umfassend thematisieren. Während die Ökonomische Theorie der Demokratie der Fragestellung nachgeht, inwieweit die Regierung die Wählerpräferenzen berücksichtigt und welche Effizienzimplikationen mit demokratischen Wahlverfahren verbunden sind, ist der Einfluß von Interessenverbänden auf den politischen Willensbildungsprozeß ein zentraler Untersuchungsgegenstand der Ökonomischen Theorie der Interessengruppen.

Gemeinsam ist den drei folgenden Kapiteln zum einen, daß sie jeweils zwischen direkt-demokratischen Entscheidungen der Staatsbürger über einzelne Abstimmungsgegenstände und politischen Entscheidungsprozessen in repräsentativen Demokratien unterscheiden. Eine derartige Vorgehensweise läßt sich nicht nur damit rechtfertigen, daß beispielsweise in den Vereinigten Staaten und in der Schweiz direktdemokratische Wahlverfahren praktiziert werden. Sie hat darüber hinaus den Vorteil, daß die Analyse von relativ einfachen Strukturen ausgeht und dann komplexere Zusammenhänge ausleuchtet. Als Basismodelle für Abstimmungen in direkten und repräsentativen Demokratien werden ein einfaches Medianwählermodell und ein ökonomisches Modell der Parteiendemokratie verwendet.

Zum anderen wird im gesamten zweiten Teil von folgenden vereinfachenden Annahmen ausgegangen:

— Wähler und Interessengruppen sind bestrebt, ihren individuellen Nettonutzen aus dem öffentlichen Angebot zu maximieren.

— Alle Staatsbürger sind wahlberechtigte Kollektivmitglieder.

— Zur Festlegung des Abstimmungsergebnisses wird auf die einfache Mehrheitsregel zurückgegriffen. Als beschlossen gilt eine Abstimmungsvorlage, und mit der Regierungsbildung wird eine Partei

---

[2] Zur Ökonomischen Theorie der Interessengruppen siehe grundlegend *P. Bernholz,* Einige Bemerkungen zur Theorie des Einflusses der Verbände auf die politische Willensbildung in der Demokratie, in: Kyklos, 22. Jg. (1969), S. 276 ff., ders., Die Machtkonkurrenz der Verbände im Rahmen des politischen Entscheidungssystems, in: H. P. Widmaier, (Hg.), Politische Ökonomie des Wohlfahrtsstaates, S. 173 ff., ders., On the Reasons of Influence of Interest Groups on Political Decision-Making, in: Zeitschrift für Wirtschafts- und Sozialwissenschaften, Bd. 94 (1974), S. 45 ff., ders., Dominant Interest Groups and Powerless Parties. The Mere Fact of Organization as a Reason for the Political Influence of Interest Groups, in: Kyklos, Vol. 30 (1977), S. 411 ff., *M. Groser,* Sozialökonomische Theorien der Verbände, in: W. Dettling, (Hg.), Macht der Verbände — Ohnmacht der Demokratie? Beiträge zur Theorie und Politik der Verbände, München/Wien 1976, S. 81 ff., ders., Grundlagen der Tauschtheorie des Verbandes, und *M. Olson, Jr.,* Die Logik des kollektiven Handelns, Tübingen 1968.

(enkoalition) beauftragt, die eine einfache Stimmenmehrheit auf sich vereinigen kann.

(3) Unter den oben getroffenen Einschränkungen sollen aus der Vielzahl der Beiträge in der Literatur, die eine Analyse potentieller Funktionsdefekte des Steuerungsprozesses I zum Erkenntnisobjekt haben, zentrale analytische Kriterien extrahiert und zur Formulierung von drei alternativen Modellansätzen herangezogen werden.

Die Funktionsfähigkeit des Steuerungsprozesses I sowie die hieraus resultierenden Effizienzeffekte für passive öffentliche Verwaltungen werden in einem ersten Schritt im Lichte eines Modellansatzes untersucht, der von einer vollkommenen Information aller Akteure ausgeht und der unterstellt, politische Parteien seien monofinal eigennutzorientiert. Unter einer monofinalen Eigennutzorientierung soll ein Verhalten verstanden werden, das ausschließlich auf die Besetzung politischer Ämter abzielt. Die Nutzenfunktion einer (Regierungs-)Partei U^G umfaßt dann als einziges Argument die Wahrscheinlichkeit, bei der nächsten Wahl (wieder) gewählt zu werden W:[3]

$$U^G = U^G(W) \ .$$

Im Mittelpunkt der Betrachtung stehen bürokratische Ineffizienzen, die durch die Struktur demokratischer Wahlverfahren und durch die Eigenschaften der Wählerpräferenzen hervorgerufen werden.

Dieser Aspekt tritt hingegen im 4. Kapitel, in dem die Annahme der vollkommenen Information aufgehoben wird, in den Hintergrund. Das Hauptaugenmerk liegt dort auf den möglichen Ineffizienzen, die selbst bei optimalen institutionalen Charakteristika des Steuerungsprozesses I mit einer begrenzten Informationsbeschaffungs- und -verarbeitungskapazität der Akteure verbunden sind.

Schließlich wird in einem dritten Modellansatz die Verhaltensannahme für politische Führungskräfte verändert. Es wird unterstellt, politische Parteien seien multifinal eigennutzorientiert und hätten eine

---

[3] Vgl. insbesondere A. *Downs*, Ökonomische Theorie der Politik, S. 27 zur Auffassung, daß politische Parteien monofinal eigennutzorientiert seien und daß die Verwirklichung sozialer Ziele nur das Nebenprodukt ihres Strebens nach politischen Führungspositionen sei: „Wir nehmen an, daß sie nur handeln, um das Einkommen, das Prestige und die Macht zu erlangen, die mit öffentlichen Ämtern verbunden sind. Daher streben in unserem Modell die Politiker niemals ein öffentliches Amt an, weil es ihnen ermöglicht, bestimmte politische Konzepte zu verwirklichen; ihr einziges Ziel ist, die Vorteile zu genießen, die ein öffentliches Amt an sich bietet. Die Politiker verwenden politische Konzepte und Aktionen einzig und allein als Mittel zur Verfolgung ihrer privaten Ziele, die sie nur dadurch erreichen können, daß sie gewählt werden."

multiple Zielfunktion. Sie strebten öffentliche Führungspositionen nicht um ihrer selbst willen an, sondern beabsichtigten, die damit verbundenen Möglichkeiten und Freiräume zur Verfolgung eigener, vom Willen einer Wählermehrheit abweichender Vorhaben zu nutzen. Sie maximierten eine Nutzenfunktion, die neben W weitere Ziele $Z_1, \ldots, Z_n$ umfaßt, die in ihrer Gesamtheit als Monopolrenten aus der Bereitstellung der öffentlichen Leistungen[4] beziehungsweise als „politisches Einkommen“[5] bezeichnet werden können und zu deren Aneignung die Besetzung politischer Ämter nicht automatisch führt:[6]

$$U^G = U^G(W, Z_1, \ldots, Z_n) \ .$$

In der Literatur werden die beiden ersten Modellansätze häufig auch als „Wettbewerbsmodelle“, der dritte Modellansatz hingegen als „Monopolmodell“ bezeichnet.[7]

[4] Vgl. *G. Brennan* und *J. M. Buchanan*, The Power to Tax: Analytical Foundations of a Fiscal Constitution, Cambridge u. a. 1980 und *W. W. Pommerehne* und *F. Schneider*, Does Government in a Representative Democracy Follow a Majority of Voters' Preferences? — An Empirical Examination, in: H. Hanusch, (Hg.), Anatomy of Government Deficiencies, S. 61 ff.

[5] Vgl. auch *R. J. Barro*, The Control of Politicians: An Economic Model, in: Public Choice, Vol. 14 (Spring 1973), S. 22 ff.

[6] Vgl. auch *H. Bonus*, The Political Party as a Firm, in: Zeitschrift für die gesamte Staatswissenschaft, Bd. 137 (1981), S. 710 ff., *J. Q. Wilson*, The Economy of Patronage, in: Journal of Political Economy, Vol. 69 (1961), S. 369 ff., *D. Wittmann*, Parties as Utility Maximizers, in: American Political Science Review, Vol. 67 (1973), S. 490 ff. und ders., Candidates with Policy Preferences: A Dynamic Model, in: Journal of Economic Theory, Vol. 14 (1977), S. 180 ff.

[7] Siehe beispielsweise *G. Brennan* und *J. M. Buchanan*, The Power to Tax, und *W. W. Pommerehne* und *F. Schneider*, Does Government in a Representative Democracy Follow a Majority of Voters' Preferences?, S. 61 ff.

Drittes Kapitel

Vollkommene Information der Akteure und monofinale Eigennutzorientierung der Parteien

Im folgenden wird unterstellt, die Wähler seien vollkommen über die politischen Entscheidungsalternativen informiert. Sie seien auch in der Lage, die damit für sie verbundenen Nutzen und Kosten exakt zu kalkulieren. Ferner seien Regierung und politische Parteien vollkommen über die Wählerpräferenzen informiert. Die Annahme einer vollkommenen Information impliziert, daß Interessengruppierungen kein besonderes Einflußpotential im Steuerungsprozeß I innehaben.[1]

Die Annahme, Parteien seien monofinal eigennutzorientiert, hat bei direkten Abstimmungen der Wähler über das Angebot einzelner öffentlicher Leistungen zur Konsequenz, daß die Regierung und die sie tragende(n) Partei(en) bestrebt sind, die von einer Wählermehrheit gewünschten Angebotsmengen produktionseffizient bereitzustellen. Auch im Rahmen einer repräsentativen Demokratie mit einem funktionierenden Wettbewerb zwischen den politischen Parteien ist die Ausrichtung des öffentlichen Leistungsangebotes am Willen einer Wählermehrheit Voraussetzung für die Besetzung politischer Führungspositionen.

A. Die Nachfrage nach öffentlichen Leistungen in direkten Demokratien

I. Darstellung und Ergebnisse des Medianwählermodelles

1. Zur Bedeutung des Medianwählermodelles in der Ökonomischen Theorie der Politik

Bei der theoretischen Durchdringung direkt-demokratischer Entscheidungsverfahren, in denen Wähler unmittelbar bindende Kollektiventscheide über einzelne Abstimmungsgegenstände treffen, kommt dem sogenannten Medianwählermodell in der Ökonomischen Theorie der Politik eine überragende Bedeutung zu. Zwar gibt es, streng genommen, „das" Medianwählermodell gar nicht. Alle Modellvarianten, die

[1] Vgl. *M. Lücke*, Kollektive Planungs- und Entscheidungsprozesse. Dargestellt an der Steuerung kommunaler Entwicklung, Tübingen 1975, S. 88 ff.

sich hinsichtlich der getroffenen Annahmen mehr oder weniger unterscheiden, haben jedoch ein gemeinsames Merkmal: Im demokratischen Abstimmungsprozeß kann sich der Medianwähler mit seinen Vorstellungen durchsetzen.[2] Der Medianwähler ist dabei derjenige Wähler, der die mittlere Position einnimmt, wenn alle Wähler entsprechend der für sie jeweils individuell optimalen Angebotsmenge der zur Abstimmung anstehenden öffentlichen Leistung in einer Reihenfolge angeordnet werden.

Insbesondere wird in zahlreichen empirischen Untersuchungen zur Schätzung von Einkommens- und Preiselastizitäten der Nachfrage nach öffentlichen Leistungen einfach unterstellt, der Medianwähler könne seine Wünsche im politischen Prozeß durchsetzen.[3] Deshalb soll im folgenden der Frage nachgegangen werden, unter welchen Voraussetzungen diese Annahme überhaupt zulässig ist.

2. Eindeutige und stabile Gleichgewichtslösungen und Medianwähleroptimum

Eine notwendige Voraussetzung, damit der Medianwähler sein Nutzenoptimum mit Sicherheit durchsetzen kann, ist die Existenz einer eindeutigen und stabilen Gleichgewichtslösung des Abstimmungsverfah-

---

[2] Vgl. *R. G. Holcombe*, An Empirical Test of the Median Voter Model, in: Economic Inquiry, Vol. 18 (1980), S. 261: „The term ‚median voter model' generally refers not to a single model, but to a single conclusion that follows from any of several models".

[3] Vgl. exemplarisch die vielzitierten Studien von *R. Barlow*, Efficiency Aspects of Local School Finance, in: Journal of Political Economy, Vol. 78 (1970), S. 1028 ff., *T. C. Bergstrom* und *R. P. Goodman*, Private Demands for Public Goods, in: American Economic Review, Vol. 63 (1973), S. 280 ff. und *T. E. Borcherding* und *R. T. Deacon*, The Demand for the Services of Non-Federal Governments, in: American Economic Review, Vol. 62 (1972), S. 891 ff. sowie in neuerer Zeit auch *G. DeBartolo* und *P. Fortune*, The Demand for Public Services: Inferences from Municipal Bond Referenda, in: National Tax Journal, Vol. 35 (1982), S. 55 ff., *L. Dudley* und *C. Montmarquette*, The Demand for Military Expenditures, An International Comparison, in: Public Choice, Vol. 37 (1981), Carnegie Papers on Political Economy, S. 5 ff. und *M. C. Lovell*, Spending for Education: The Exercise of Public Choice, in: Review of Economics and Statistics, Vol. 60 (1978), S. 487 ff. In den meisten empirischen Untersuchungen wird der Medianwähler darüber hinaus mit dem Medianeinkommensbezieher gleichgesetzt. Vgl. *R. P. Inman*, Testing the Political Economy's ‚as if' Proposition: Is the Median Income Voter Really Decisive?, in: Public Choice, Vol. 33 (1978), S. 45 f. Zur Kritik an den Studien, die sich auf das Medianwählermodell stützen, und insbesondere an der Gleichsetzung des Medianwählers mit dem Medianeinkommensbezieher vgl. *J. S. Akin* und *M. J. Lea*, Microdata Estimation of School Expenditure Levels: An Alternative to the Median Voter Approach, in: Public Choice, Vol. 38 (1982), S. 113 f.

rens. Direkt-demokratische Entscheidungsprozesse führen zu einem eindeutigen und stabilen Gleichgewicht, wenn die institutionale Struktur des Abstimmungsprozesses und die Wähler folgende Eigenschaften aufweisen:

— Beim Abstimmungsgegenstand handelt es sich um die Angebotsmenge einer öffentlichen Leistung, die den Charakter eines Kollektivgutes hat.

— Die Finanzierungslastaufteilung auf die Wähler ist exogen vorgegeben und kann kurzfristig nicht verändert werden.[4] Die Trennung zwischen Allokations- und Finanzierungsentscheidung stellt sicher, daß Wähler keinen Anreiz zur Verfolgung einer Free-rider-Strategie haben.[5]

— Der einzige Aktionsparameter eines Staatsbürgers ist seine individuelle Wahlhandlung.[6] Mit dieser Einschränkung sind zwei wesentliche Konsequenzen verbunden. Zum einen steht Staatsbürgern weder die Möglichkeit offen, in die unbesteuerte Schattenwirtschaft auszuweichen oder in ein anderes Kollektiv auszuwandern, noch können sie Arbeit durch Freizeit oder Kapitalbildung durch Konsum substituieren. Damit wird sichergestellt, daß die Wertschöpfung im privaten Sektor von der Finanzierungsgesamtlast unabhängig ist und daß eine vom Steuersatz abhängige Steueraufkom-

---

[4] Zur Analyse des Wahlverhaltens bei einer Abstimmung über die Finanzierungslastaufteilung vgl. *D. Bös*, The Democratic Decision on Fees versus Taxes, in: Kyklos, Vol. 33 (1980), S. 76 ff., *M. R. Flowers*, Costs of Collective Decisions, Choice of Tax Base, and Median Voter Equilibrium, in: Public Finance Quarterly, Vol. 6 (1978), S. 305 ff., ders., Majority Voting on Tax Shares: A Simple Life-Cycle Model, in: Public Finance Quarterly, Vol. 9 (1981), S. 47 ff. und *J. A. Ordover* und *A. Schotter*, On the Political Sustainability of Taxes, in: American Economic Review, Papers and Proceedings, Vol. 71 (1981), S. 278 ff.

[5] Vgl. *W. W. Pommerehne*, Determinanten öffentlicher Ausgaben — Ein einfaches polit-ökonomisches Modell, in: Schweizerische Zeitschrift für Volkswirtschaft und Statistik, Bd. 110 (1974), S. 457 f.

[6] Zur formalen Darstellung des Wählerkalküls vgl. insbesondere *A. J. Barkume*, Identification of Preference for Election Outcomes from Aggregate Voting Data, in: Public Choice, Vol. 27 (Fall 1976), S. 41 ff., ders., Tax-Prices and Voting Behavior: The Case of Local Educational Financing, in: Economic Inquiry, Vol. 15 (1977), S. 574 ff., *R. Deacon* und *P. Shapiro*, Private Preference for Collective Goods Revealed through Voting on Referenda, in: American Economic Review, Vol. 65 (1975), S. 943f f., *E. M. Noam*, The Valuation of Legal Rights, in: Quarterly Journal of Economics, Vol. 96 (1981), S. 465 ff., ders., Demand Functions and the Valuation of Public Goods, in: Public Choice, Vol. 38 (1982), S. 271 ff., *D. L. Rubinfeld*, Voting in a Local School Election: A Micro Analysis, in: Review of Economics and Statistics, Vol. 59 (1977), S. 30 ff. sowie *L. D. Schroeder* und *D. L. Sjoquist*, The Rational Voter: An Analysis of Two Atlanta Referenda on Rapid Transit, in: Public Choice, Vol. 33, No. 3 (1978), S. 27 ff.

mensfunktion im für die Finanzierung der öffentlichen Leistung relevanten Bereich linear verläuft.[7]

Zum anderen bedingt die Einengung des Handlungsspektrums auf die individuelle Wahlhandlung, daß die Wähler ihre tatsächlichen Präferenzen zum Ausdruck bringen. Ein strategisches Wahlverhalten, beispielsweise infolge von Kompensationszahlungen, wird, mit anderen Worten, ausgeschlossen (Annahme eines unabhängigen Wählerverhaltens).

— Wähler, die sich, entsprechend der von ihnen präferierten Leistungsmengen, auf einer einzigen Dimension anordnen lassen, können mit Hilfe eingipfliger Präferenzstrukturen gekennzeichnet werden.[8]

Ferner setzt eine Realisierung des Medianwähleroptimums voraus, daß keinerlei macht- oder transaktionskostenbedingte Einschränkungen für das Abstimmungsverfahren und insbesondere für die Anzahl der Abstimmungsvorlagen sowie der Wahlgänge bestehen.

Grafik 2.1. soll die Bestimmung der Nachfrage nach öffentlichen Leistungen in direkten Demokratien für den Fall veranschaulichen, daß alle oben genannten Bedingungen erfüllt sind.[9]

In Grafik 2.1. wird, stark vereinfachend, unterstellt, daß drei Wähler an der Abstimmung beteiligt seien. Ferner wird angenommen, daß zwar die individuellen marginalen Finanzierungslasten $MFL\ (X)_i\ (i = 1, 2, 3)$ gleich hoch, die individuellen marginalen Zahlungsbereitschaften $MZB\ (X)_i\ (i = 1, 2, 3)$ jedoch verschieden hoch seien. Da jeder Abstimmende seinen individuellen Nutzen bei der Angebotsmenge X maximiert, bei der $MZB\ (X)_i = MFL\ (X)_i$ gilt, präferieren die drei Wähler unterschiedliche Angebotsmengen der öffentlichen Leistung, nämlich X_{V1}, X_{V2} und X_{V3}. Der Medianwähler kann sich im Steuerungsprozeß I

---

7 Diese Voraussetzung scheint im institutionalen Kontext einer direkten Demokratie, in der über das Angebot einer einzelnen öffentlichen Leistung entschieden wird, nicht allzu restriktiv zu sein.

8 Vgl. auch *D. Black*, The Theory of Committees and Elections, S. 14 ff. *P. C. Fishburn*, The Theory of Social Choice, Princeton, N. J. 1973, ders., Paradoxes of Voting, in: American Political Science Review, Vol. 68 (1974), S. 537 ff., *A. K. Sen*, A Possibility Theorem on Majority Decisions, in: Econometrica, Vol. 34 (1966), S. 491 ff. and *A. K. Sen* und *P. K. Pattanaik*, Necessary and Sufficient Conditions for Rational Choice and Majority Decision, in: Journal of Eonomic Theory, Vol. 1 (1969), S. 178 ff. erörtern weitere Möglichkeiten der Realisierung von Gleichgewichtslösungen über eine Einschränkung der individuellen Präferenzordnungen.

9 Zum Abstimmungsprocedere vgl. *R. G. Holcombe*, The Florida System: A Bowen Equilibrium Referendum Process, in: National Tax Journal, Vol. 30 (1977), S. 80 ff.

Grafik 2.1.

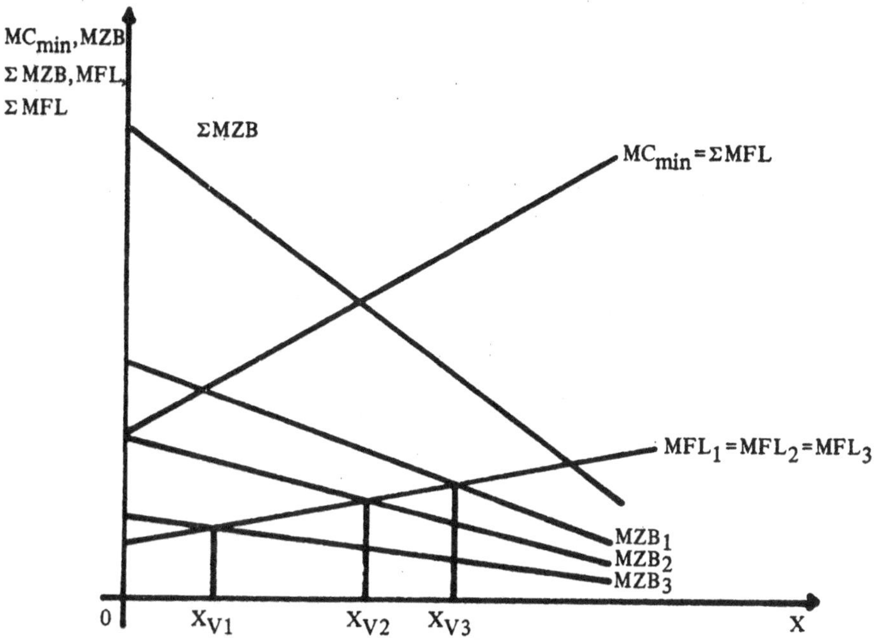

durchsetzen und seine nutzenmaximale Angebotsmenge X_{V2} realisieren.[10]

3. *Unbestimmte Ergebnisse*

Werden die oben genannten Voraussetzungen für die Existenz eindeutiger und stabiler Gleichgewichte hingegen nicht erfüllt, bleibt das Ergebnis des Steuerungsprozesses I indeterminiert. Das Medianwählermodell ermöglicht mithin immer dann keine Aussagen über die Bereitstellung öffentlicher Leistungen, wenn die Wähler oder die Strukturen des demokratischen Abstimmungsprozesses mindestens eine der folgenden Eigenschaften aufweisen:

— Der Abstimmungsgegenstand hat keinen Kollektivgutcharakter.

— Über die Angebotsmenge und die Finanzierungslastenaufteilung wird uno actu entschieden.[11]

---

10 Existieren hingegen Einschränkungen in bezug auf die Entscheidungsalternativen, dann bleibt der Medianwähler, wie im fünften Kapitel noch gezeigt wird, zwar weiterhin für den Ausgang der Wahl entscheidend; er kann sein Nutzenmaximum aber nicht realisieren und wird enttäuscht.

11 Vgl. B. S. *Frey*, Moderne Politische Ökonomie, S. 111.

— Den Staatsbürgern stehen neben der Wahlhandlung weitere Aktionsparameter zur Verfügung, die das Wahlergebnis beeinflussen, beispielsweise die Abwanderung in die Schattenwirtschaft[12] oder in ein anderes Kollektiv[13], die Substitution von Arbeit durch Freizeit[14, 15] oder die Möglichkeit eines strategischen Wahlverhaltens[16].

---

12 Zur Abwanderung in die Schattenwirtschaft siehe vor allen Dingen *E. L. Feige,* How Big is the Irregular Economy?, in: Challenge, Vol. 22, No. 5 (November/December 1979), S. 5 ff., *B. S. Frey* und *H. Weck,* What Produces a Hidden Economy? An International Cross Section Analysis, in: Southern Economic Journal, Vol. 49 (1983), S. 822 ff., *V. Tanzi,* (Hg.), The Underground Economy in the United States and Abroad, Lexington, Mass. 1982 sowie *H. Weck* and *B. S. Frey,* Tax Financing and the Shadow Economy, Paper presented at the 38th Congress of the International Institute of Public Finance, Copenhagen, August 23 - 26, 1982. *A. H. Meltzer* und *F. R. Scott,* A Rational Theory of the Size of Government, in: Journal of Political Economy, Vol. 89 (1981), S. 914 ff. verwenden ein Modell, in dem Wähler die Möglichkeit zur Abwanderung als Instrumentvariable berücksichtigen.

13 Der „Voting-with-the-feet"-Wettbewerb zwischen Kollektiven und die Exit-Strategie von Staatsbürgern werden im Anschluß an Tiebout in der Ökonomischen Theorie der Politik intensiv diskutiert. Vgl. *C. Tiebout,* A Pure Theory of Local Expenditures, in: Journal of Political Economy, Vol. 64 (1956), S. 416 ff. Zu alternativen Interpretationen des Tiebout-Modelles vgl. *D. Epple* und *A. Zelenitz,* The Roles of Jurisdictional Competition and of Collective Choice Institutions in the Market for Local Public Goods, in: American Economic Review, Papers and Proceedings, Vol. 71, No. 2 (1981), S. 87 ff. und dies., The Implications of Competition Among Jurisdictions: Does Tiebout Need Politics?, in: Journal of Political Economy, Vol. 89 (1981), S. 1197 ff. Zur Kritik am Ansatz von Tiebout siehe in neuerer Zeit *W. E. Oates,* On Local Finance and the Tiebout Model, in: American Economic Review, Papers and Proceedings, Vol. 71, No. 2 (1981), S. 93 ff. *G. S. Goldstein* und *W. V. Pauly,* Tiebout Bias on the Demand for Local Public Goods, in: Journal of Public Economics, Vol. 16 (1981), S. 131 ff. und *J. Yinger,* Capitalization and the Median Voter, in: American Economic Review, Papers and Proceedings, Vol. 71, No. 2 (1981), S. 99 ff. unternehmen den interessanten Versuch, das Wahl- und Wanderungsverhalten von Staatsbürgern gleichzeitig zu berücksichtigen und modelltheoretisch miteinander zu verknüpfen.

14 Zum Einfluß des Steuersatzes auf das Arbeitsangebot vgl. beispielsweise das Modell von *A. Sandmo,* Income Tax Evasion, Labour Supply, and the Equity-Efficiency Tradeoff, in: Journal of Public Economics, Vol. 16 (1981), S. 265 ff., in dem Möglichkeiten zur Substitution von Arbeit durch Freizeit und zur Abwanderung von Arbeitskräften in die Schattenwirtschaft berücksichtigt werden.

15 Vgl. in diesem Zusammenhang auch *F. Forte* und *A. Peacock,* Tax Planning, Tax Analysis and Tax Policy, in: A. Peacock und F. Forte, (Hg.), The Political Economy of Taxation, New York 1981, S. 3 ff. Dort wird ein Ansatz vorgestellt, der Möglichkeiten zur Verringerung der individuellen Finanzierungslast umfassend thematisiert.

16 Wähler, die sich nicht in ihren Optima befinden, haben einen Anreiz, ihre wahren Präferenzen zu verschleiern und mit ihrem Abstimmungsverhalten Strategien zu verfolgen, die ihre Positionen zu Lasten der Wohlfahrtsposition des Medianwählers verbessern. Gibt man die Bedingung des unabhängigen Wählerverhaltens auf und läßt man Koalitionsbildungen zu, kann es immer dann zu Absprachen zwischen diesen Wählern kommen, wenn bei einer Änderung des Abstimmungsergebnisses ein Teil von ihnen um mindestens so viel besser gestellt wird, daß er auch nach einer Kompen-

— Die Wähler, die entsprechend der von ihnen gewünschten Leistungsmengen auf einer einzigen Dimension angeordnet werden können, lassen sich nicht durch eingipflige Präferenzstrukturen charakterisieren.[17]

Eigentlich kann es kaum verwundern, daß direkte Abstimmungen zu keinem eindeutigen und stabilen Gleichgewicht führen müssen. Widersprüche und Inkonsistenzen in der Aggregation individueller Präferenzen zu gesellschaftlichen Entscheidungen können nämlich im allgemeinen nicht ausgeschlossen werden (Unmöglichkeitstheorem).[18] Übertragen auf einfache Mehrheitsabstimmungen impliziert das Unmöglichkeitstheorem zyklische Mehrheiten und einen Sieg der zuletzt zur Abstimmung gestellten Alternative.[19]

II. Effizienzeffekte für staatliche Bürokratien

Direkt-demokratischen Entscheidungsverfahren wird in der Literatur immer dann eine breite Aufmerksamkeit gewidmet, wenn man Mög-

sation der Verluste des anderen Teiles noch immer einen Vorteil aus dem strategischen Verhalten ziehen kann. Vgl. zum Einfluß von Absprachen und Kompensationszahlungen auf das Ergebnis demokratischer Abstimmungen auch *E. Maskin*, Voting for Public Alternatives: Some Notes on Majority Rule, in: National Tax Journal, Vol. 32, No. 2, Supplement (1979), S. 106.

17 Lassen sich die Wähler und ihre Wahlkalküle nur mit Hilfe mehrerer Dimensionen abbilden, so sind Gleichgewichtslösungen zwar nicht a priori ausgeschlossen. Vgl. beispielsweise *P. C. Fishburn* und *W. V. Gehrlein*, The Paradox of Voting. Effects of Individual Indifference and Intransitivity, in: Journal of Public Economics, Vol. 14 (1980), S. 83 ff., *K. Koford*, An Optimistic View of the Possibility of Rational Legislative Decisionmaking, in: Public Choice, Vol. 38 (1982), S. 3 ff., *G. H. Kramer*, On a Class of Equilibrium Conditions for Majority Rule, in: Econometrica, Vol. 41 (1973), S. 285 ff., ders., A Dynamic Model of Political Equilibrium, in: Journal of Economic Theory, Vol. 16 (1977), S. 310 ff., *R. D. McKelvey*, Policy Related Voting and Electoral Equilibrium, in: Econometrica, Vol. 43 (1975), S. 815 ff., *C. R. Plott*, A Notion of Equilibrium and its Possibility under Majority Rule, in: American Economic Review, Vol. 57 (1967), S. 787 ff. und *S. Slutsky*, A Voting Model for the Allocation of Public Goods: Existence of an Equilibrium, in: Journal of Economic Theory, Vol. 14 (1977), S. 299 ff. Sie sind aber äußerst unwahrscheinlich. Vgl. *P. C. Ordeshook*, Political Disequilibrium and Scientific Inquiry: A Comment on W. Riker's „Implications from Disequilibrium of Majority Rule for the Study of Institutions", in: American Political Science Review, Vol. 74 (1980), S. 447, *W. H. Riker*, Implications from the Disequilibrium of Majority Rule for the Study of Institutions, in: American Political Science Review, Vol. 74 (1980), S. 442 und *T. Romer* und *H. Rosenthal*, The Elusive Median Voter, in: Journal of Public Economics, Vol. 12 (1979), S. 146.

18 Siehe grundlegend *K. J. Arrow*, Social Choice and Individual Values, 2. Aufl., New York u. a. 1963.

19 Vgl. ausführlich *R. Abrams*, Foundations of Political Analysis, S. 41 ff. sowie *B. P. Herber*, Modern Public Finance, 4. Aufl., Homewood, Ill./Georgetown, Ont. 1979, S. 71 f. und *B. G. Mirkin*, Group Choice, Washington, D. C. 1979, S. 69 ff.

lichkeiten zur Bereitstellung einer allokationseffizienten Angebotsmenge öffentlicher Leistungen erörtert.[20] In welchen Situationen ein derartiger Effizienzoptimismus tatsächlich gerechtfertigt ist, soll Gegenstand der folgenden Ausführungen über das Angebotsverhalten passiver staatlicher Bürokratien sein, die von der Regierung und somit auch vom Willen einer Wählermehrheit dominiert werden. Im Mittelpunkt steht dabei eine Diskussion des Bowen-Modelles.

1. Allokativ effiziente Verwaltungen

Obschon eine Vielzahl von Situationen vorstellbar ist, in denen direkte Abstimmungen zu effizienten Ergebnissen führen können,[21] konzentriert sich die theoretische Effizienzanalyse direkter Abstimmungen auf ein auf *Bowen* zurückgehendes Wahlmodell.[22] Bowen weist nach, daß effiziente Entscheidungen gewährleistet sind, wenn zusätzlich zu den oben genannten Voraussetzungen für die Realisierung des Medianwähleroptimums folgende Bedingungen erfüllt sind:

— Die Finanzierungslasten sind gleichverteilt (Kopfsteuer).[23]

— Die Verteilung der Nachfragekurven ist symmetrisch zur Nachfragekurve des Medianwählers.[24]

— Alle Staatsbürger beteiligen sich an der Wahl.

Implizit wird ferner entweder unterstellt, bei den Wählern mache es keinen Unterschied, ob sie Verwaltungsangehörige sind oder nicht, oder es wird angenommen, die Anzahl der öffentlich Bediensteten an der Gesamtheit der Wähler sei vernachlässigbar gering.

Im Bowen-Gleichgewicht entspricht dann, wie auch in Grafik 2.1., die für den Medianwähler optimale Angebotsmenge X_{V2} der allokationsef-

---

[20] Vgl. exemplarisch *D. Biel*, Dezentralisierung als Chance für größere Effizienz und mehr soziale Gerechtigkeit, in: F. Schuster, (Hg.), Dezentralisierung des politischen Handelns (II). Konzeptionen und Positionen, Melle/St. Augustin 1979, S. 85 ff. und *F. Rühl*, Bürokratie — wer bremst ihr Wachstum? Materialien zur Bürokratisierung, insbesondere in den USA und in der Schweiz, Bern 1981, S. 34 ff.

[21] Siehe auch *R. G. Holcombe*, Concepts of Public Sector Equilibrium, in: National Tax Journal, Vol. 33 (1980), S. 80.

[22] Vgl. *H. R. Bowen*, Toward Social Economy, S. 180 f.

[23] *T. C. Bergstrom*, When Does Majority Rule Supply Public Goods Efficiently?, in: Scandinavian Journal of Economics, Vol. 81 (1979), S. 220 ff. führt im Bowen-Modell eine proportionale Steuer ein und weist, unter Verwendung zusätzlicher Annahmen, die allokative Effizienz des sich dann einstellenden Abstimmungsergebnisses nach.

[24] Zur Modifikation dieser Bedingung vgl. *E. Maskin*, Voting for Public Alternatives, S. 107.

fizienten Leistungsmenge X_{a0}. Es gilt also sowohl $MZB_2 = MFL_2$ als auch $\Sigma\, MZB = MC_{\min}$.[25]

2. *Allokationsineffiziente Bürokratien*

Abweichungen der tatsächlichen von der allokationseffizienten Angebotsmenge ($\Sigma\, MZB \neq MC_{\min}$) können, ausgehend vom Bowen-Modell, insbesondere immer dann nicht ausgeschlossen werden, wenn (1) sich nicht alle Staatsbürger an der Abstimmung beteiligen, (2) die Nachfragekurven der Wähler asymmetrisch verteilt sind oder (3) sich Verwaltungsangehörige in bezug auf die Nachfrage nach öffentlichen Leistungen von den übrigen Staatsbürgern systematisch unterscheiden und nicht vernachlässigt werden können.

Ad (1): Bei einer eingeschränkten politischen Wahlbeteiligung üben die Staatsbürger einen unterschiedlich hohen Einfluß auf die Bereitstellung der öffentlichen Leistung aus.[26] Das Medianwählergleichgewicht ist nur dann noch allokationseffizient, wenn die politische Abstinenz symmetrisch verteilt und der Medianwähler bei unvollständiger Partizipation mit demjenigen bei vollständiger Wahlbeteiligung identisch ist.

Ad (2): Asymmetrisch verteilte Nachfragekurven[27] führen im Bowen-Modell in der Regel zu allokationsineffizienten Angebotsentscheidungen.[28] Bereits *Dahl* weist darauf hin, daß nachfragebedingte Ineffizien-

[25] Im allokationseffizienten Bowen-Gleichgewicht befindet sich nur der Medianwähler in seinem individuellen Optimum. Dies bedeutet zum einen, daß alle anderen Wähler ihre Nutzenfunktionen hinsichtlich der öffentlichen Leistung nicht maximieren können. Vgl. exemplarisch *R. Dinkel*, Imperfect Political Competition in Representative Democracy and the Supply of Public Goods, Paper presented at the International Symposium „Anatomy of Government Deficiencies", Dießen am Ammersee, July 22 - 25, 1980. Zum anderen können einzelne Wähler die Finanzierung teilweise auf andere Wähler externalisieren. Vgl. *R. B. McKenzie* und *G. Tullock*, Modern Political Economy. An Introduction to Economics, New York u. a. 1978, S. 394. Würden in Grafik 2.1. die individuellen Finanzierungslasten so verändert, daß $MFL\,(X_{V2})_i = MZB\,(X_{V2})_i$ für $i = 1, 2, 3$ gelten würde, wäre das Bowen- gleichzeitig ein Lindahl-Gleichgewicht. Alle Wähler befänden sich dann in ihren individuellen Optima. Mehrheits- und Einstimmigkeitsregel führten zu identischen Ergebnissen.

[26] Vgl. *A. B. Atkinson* und *J. E. Stiglitz*, Lectures on Public Economics, New York u. a. 1980, S. 316 f. und *E. Knappe*, Einkommensumverteilung in der Demokratie. Der Beitrag der ökonomischen Theorie der Demokratie zur Analyse der Verteilungspolitik, Freiburg 1980, S. 115 ff.

[27] Hiermit muß immer dann gerechnet werden, wenn die Nachfrage nach einer öffentlichen Leistung einkommenselastisch und die Einkommensverteilung asymmetrisch ist. Vgl. *T. C. Bergstrom*, Do Governments Spend too Much?, in: National Tax Journal, Vol. 32, No. 2, Supplement (1979), S. 82.

[28] Vgl. *H. Johann*, Theorie der Nachfrage nach öffentlichen Gütern, Frankfurt u. a. 1977, S. 39, Fn. 2.

zen öffentlicher Verwaltungen vor allen Dingen immer dann zu erwarten sind, wenn „passionierte" Minderheiten einer „apathischen" Mehrheit gegenüberstehen.[29] In einer derartigen Situation können öffentliche Leistungen mit positiven sozialen Nettonutzen abgelehnt oder Projekte mit negativen sozialen Nettonutzen befürwortet werden.[30]

Ad (3): Im Rahmen der sogenannten „Voting-power"- und „Factor-supplier-pressure-group"-Ansätze wird unterstellt, öffentlich Bedienstete würden sich in ihren Nutzen- und Wahlkalkülen systematisch von den übrigen Staatsbürgern unterscheiden.[31] Sie seien nicht nur, wie alle

---

29 „By making ‚most preferred' equivalent to ‚preferred by the most' we deliberately bypassed a crucial problem: What if the minority prefers its alternative much more passionately than the majority prefers a contrary alternative? Does the majority principle still make sense?" *R. A. Dahl,* A Preface to Democratic Theory, Chicago/London 1956, S. 90. Zur Nichtberücksichtigung extremer Präferenzunterschiede bei Mehrheitswahlen, in denen Kompensationszahlungen ausgeschlossen sind, vgl. auch *L. Johansen,* Public Economics, Amsterdam/London 1971, S. 147 ff., *D. Rae,* An Altimeter for Mr. Escher's Stairway: A Comment on W. H. Riker's „Implications from the Disequilibrium of Majority Rule for the Study of Institutions", in: American Political Science Review, Vol. 74 (1980), S. 454 und *R. Sugden,* The Political Economy of Public Choice. An Introduction to Welfare Economics, Oxford 1981, S. 176 ff. Würden Kompensationszahlungen und Koalitionsbildungen allerdings zugelassen, könnten auch bei der Mehrheitswahl Präferenzintensitäten berücksichtigt werden. Dies würde auch dann gelten, wenn über die Angebotsmengen mehrerer öffentlicher Leistungen abgestimmt wird. In einer derartigen Situation bestünde die Möglichkeit zum formalen oder impliziten Stimmentausch. Vgl. auch *R. Zintl,* Politik aus ökonomischer Sicht, in: Zeitschrift für die gesamte Staatswissenschaft, Bd. 157 (1981), S. 154.

30 Vgl. *J. M. Buchanan* und *G. Tullock,* The Calculus of Consent. Logical Foundations of Constitutional Democracy, Ann Arbor 1962, S. 131 ff. und *R. B. McKenzie* und *G. Tullock,* Modern Political Economy, S. 394 f.

31 Siehe hierzu die Beiträge von *T. E. Borcherding, W. C. Bush* und *R. M. Spann,* The Effects on Public Spending of the Divisibility of Public Outputs in Consumption, Bureaucratic Power, and the Size of the Tax-Sharing Group, in: T. E. Borcherding, (Hg.), Budgets and Bureaucrats: The Sources of Government Growth, Durham, North Carolina 1977, S. 211 ff., *J. M. Buchanan,* The Limits of Liberty. Between Anarchy and Leviathan, Chicago/London 1975, *W. C. Bush* und *A. T. Denzau,* The Voting Behavior of Bureaucrats and Public Sector Growth, in: T. E. Borcherding, (Hg.), Budgets and Bureaucrats, S. 90 ff., *P. N. Courant, E. M. Gramlich* und *D. L. Rubinfeld,* Public Employee Market Power and the Level of Government Spending, in: American Economic Review, Vol. 69 (1979), S. 806 ff., *G. Tullock,* Review of W. A. Niskanen, Bureaucracy and Representative Government, in: Public Choice, Vol. 12 (Spring 1972), S. 119 ff. und ders., Dynamic Hypothesis on Bureaucracy, in: Public Choice, Vol. 19 (Fall 1974), S. 127 ff. Zur empirischen Überprüfung der beiden Ansätze vgl. *R. Craswell,* Self-Generating Growth in Public Programs, in: Public Choice, Vol. 21 (Spring 1975), S. 91 ff., *F. J. Cummings* und *W. E. Ruther,* Some Tests of the Factor-Supplier Pressure Group Hypothesis, in: Public Choice, Vol. 35 (1980), S. 257 ff., *T. J. Dilorenzo,* An Empirical Assessment of the Factor-Supplier Pressure Group Hypothesis, in: Public Choice, Vol. 37 (1981), S. 559 ff. und *K. V. Greene* und *V. G. Munley,* Generating Growth in Public Expenditures: The Role of Employee and Constituent Demand, in: Public Finance Quarterly, Vol. 7 (1979), S. 92 ff.

anderen Staatsbürger, an der direkten Inanspruchnahme öffentlicher Leistungen, sondern, als Produktionsfaktoren, auch indirekt an ihrer Produktion interessiert. Verwaltungsangehörige würden aus der Produktion öffentlicher Leistungen, innerhalb bestimmter Grenzen, einen Nutzen in Form von Einkommen, Prestige, Sicherheit usw. ziehen.[32] Als Folge davon seien ihre marginalen Zahlungsbereitschaften und damit die von ihnen nachgefragten Leistungsmengen überhöht.[33]

Ob sich die Verwaltungsangehörigen mit ihren „verzerrten" Vorstellungen im politischen Prozeß allerdings durchsetzen können, hängt von ihrem effektiven Einfluß auf die Abstimmung ab. Das relative Gewicht der Verwaltungsangehörigen ergibt sich aus dem Anetil der öffentlich Bediensteten an der Gesamtheit der Staatsbürger und der Wahlbeteiligung beider Gruppen. In der Literatur wird in diesem Zusammenhang überwiegend die Auffassung vertreten, daß sich in den meisten westlichen Demokratien der Anteil der im öffentlichen Sektor Beschäftigten an der Gesamtzahl der Erwerbstätigen im Zeitablauf erhöht habe[34] und daß die Wahlbeteiligung der Staatsbediensteten überdurchschnittlich hoch sei.[35]

Ein großes Gewicht der öffentlich Bediensteten auf der Nachfrageseite des politischen Prozesses impliziert nur dann keine allokativen Konsequenzen, wenn der Medianwähler erstens seine Position beibehalten kann und zweitens nicht zur Gruppe der Verwaltungsangehörigen gehört. In allen anderen Fällen hat die Einführung von Verwaltungsangehörigen in das Bowen-Modell allokative Ineffizienzen zur Folge.

---

[32] Vgl. insbesondere *J. M. Buchanan*, Why Does Government Grow?, in: T. E. Borcherding, (Hg.), Budgets and Bureaucrats, S. 14 f.

[33] Vgl. *J. P. Magaddino, E. F. Toma* und *M. Toma*, Proposition 13: A Public Choice Appraisal, in: Public Finance Quarterly, Vol. 8 (1980), S. 226. Die Forderung eines Verwaltungsangehörigen nach einem wachsenden Leistungsangebot endet erst dann, wenn der (indirekte) Grenznutzen des zusätzlichen Einkommens usw. und der (direkte) marginale Konsumnutzen zusammen geringer sind als die marginale Finanzierungsbelastung. Vgl. *T. E. Borcherding, W. C. Bush* und *R. M. Spann*, The Effects on Public Spending of the Divisibility of Public Outputs in Consumption, S. 218.

[34] Vgl. *T. E. Borcherding*, The Sources of Growth of Public Expenditures, 1902 - 1970, in: T. E. Borcherding, (Hg.), Budgets and Bureaucrats, S. 45 ff. und *H. Kleinewefers*, Die Personalbestände im öffentlichen Dienst der Schweiz 1950 bis 1975, in: Schweizerische Zeitschrift für Volkswirtschaft und Statistik, 114. Jg. (1978), S. 421 ff.

[35] Vgl. *B. S. Frey* und *W. W. Pommerehne*, How Powerful are Public Bureaucrats as Voters?, in: Public Choice, Vol. 38 (1982), S. 255 ff. Dies wird unter anderem darauf zurückgeführt, daß Staatsbedienstete ein überdurchschnittliches Bildungsniveau aufweisen — vgl. *B. S. Frey*, Why Do High Income People Participate More in Politics?, in: Public Choice, Vol. 11 (Fall 1971), S. 101 ff. — und relativ geringe Partizipationskosten zu tragen haben — vgl. *W. W. Pommerehne* und *B. S. Frey*, Bureaucratic Behavior in Democracy: A Case Study, in: Public Finance, Vol. 33 (1978), S. 100 —.

3. Indeterminierte Effizienzeffekte

Immer dann, wenn der Steuerungsprozeß I zu keiner eindeutigen und stabilen Gleichgewichtslösung führt, wenn also die Ergebnisse demokratischer Wahlverfahren nicht mit Hilfe des Medianwählermodells erklärt werden können, ist die tatsächliche Angebotsmenge einer öffentlichen Leistung entweder ein Zufallsergebnis oder das Resultat einer manipulativen Steuerung des Abstimmungsprozesses. Eine Allokationseffizienz des bürokratischen Angebotes kann in der Regel bei unbestimmten Ergebnissen des Steuerungsprozesses I nicht unterstellt werden.

B. Repräsentative Parteiendemokratien und die Bereitstellung öffentlicher Leistungen

Von den Kosten der Entscheidungsfindung im Steuerungsprozeß I wurde bislang abstrahiert. Direkte Abstimmungen der Staatsbürger über die Bereitstellung und Finanzierung aller öffentlichen Leistungen in relativ kurzen Zeitabständen würden vermutlich einen enormen Ressourcenverzehr bedingen.[36] Eine Möglichkeit, die Kosten der Entscheidungsfindung in komplexen Kollektiven zu verringern, besteht bei gegebener Verhaltensmotivation und Information der Akteure darin, die institutionalen Charakteristika der Tauschinteraktionen im Steuerungssystem I zu verändern. Insbesondere bietet es sich in diesem Zusammenhang an, das System direkter Abstimmungen der Wähler durch eine repräsentative Parteiendemokratie zu ersetzen. Ihr konstituierendes Merkmal besteht in der funktionalen Differenzierung der Nachfrageseite des politisch-administrativen Systems.[37] Die Wähler können direkt nicht mehr über einzelne Leistungsbereiche, sondern allein über politische Parteien und Programme abstimmen. Über die Angebotsmengen einzelner öffentlicher Leistungen entscheidet direkt ausschließlich die Regierung. Im Zentrum der folgenden Überlegungen soll deshalb die Frage stehen, inwieweit die Regierungsentscheidungen die Vorstellungen der Staatsbürger reflektieren und welche Effizienzeffekte von repräsentativen Demokratien auf das Angebot öffentlicher Verwaltungen ausgehen.

---

[36] Zum Versuch, die Kosten der Entscheidungsfindung für direkte Abstimmungen zu reduzieren, vgl. in jüngster Zeit auch *R. L. Faith* und *J. M. Buchanan*, Towards a Theory of Yes-No Voting, in: Public Choice, Vol. 37 (1981), S. 231 ff.

[37] *H. C. Recktenwald*, Potential Welfare Losses in the Public Sector, S. 47 f. erkennt in dieser funktionalen Trennung eine Hauptursache für Funktionsdefekte im politisch-administrativen Steuerungsprozeß.

I. Ökonomisches Modell der Parteiendemokratie

1. *„Moderne" versus „klassische" Demokratietheorie*

In der „klassischen" Demokratietheorie („Vertretertheorie") wird eine Ex-ante-Interessenidentität, oder zumindest eine Interessenharmonie, zwischen Wählern und Gewählten angenommen. Nach der klassischen Auffassung ist die „demokratische Methode ... jene institutionale Ordnung zur Erzielung politischer Entscheide, die das Gemeinwohl dadurch verwirklicht, daß sie das Volk selbst die Streitfragen entscheiden läßt, und zwar durch die Wahl von Personen, die zusammentreten, um seinen Willen auszuführen"[38].

Demgegenüber unterstellt die „moderne" Demokratietheorie beziehungsweise die Ökonomische Theorie der Demokratie, politische Parteien seien eigennützig und nicht a priori am Willen einer Wählermehrheit orientiert. Für sie ist die Frage von überragender Bedeutung, ob das System einer repräsentativen Demokratie zu einer Ex-post-Interessenidentität zwischen Wählern und Gewählten führt und ob es in der Lage ist, den politischen Eigennutz mit der sozialen Funktion zu versöhnen. Die Bedingungen für die Funktions(un)fähigkeit des Steuerungssystems I werden dabei mit Hilfe eines ökonomischen Modells der Parteiendemokratie, genauer: des Wähler- und Parteienverhaltens in repräsentativen Demokratien, abgeleitet.[39]

2. *Eindeutige und stabile Gleichgewichtslösungen*

Entsprechen die institutionalen Charakteristika repräsentativer Demokratien sowie die Eigenschaften der Staatsbürger den nachfolgenden Bedingungen, dann hat das ökonomische Modell der Parteiendemokratie eine eindeutige und stabile Gleichgewichtslösung, die es den Parteien ermöglicht, eine dominante politische Strategie zu verfolgen:[40]

— Die Stimmen der Wähler werden ohne Verzerrungen in Parlamentssitze transformiert. Insbesondere entscheidet also eine Wählermehr-

[38] *J. A. Schumpeter*, Kapitalismus, Sozialismus und Demokratie, 2. erweiterte Aufl., Bern 1950, S. 397.

[39] „Das" ökonomische Modell der Parteienkonkurrenz gibt es, genau genommen, gar nicht. Das hier skizzierte Basismodell stützt sich vor allen Dingen auf die Beiträge von *A. Downs*, Ökonomische Theorie der Demokratie, und *W. H. Riker* und *P. C. Ordeshook*, An Introduction to Positive Political Theory.

[40] Eine dominante politische Strategie liegt immer dann vor, wenn das vertretene politische Programm im Wahlverfahren von keinem anderen Programm besiegt werden kann.

heit über die Parlamentsmehrheit.[41] Um Regierungsämter bekleiden zu können, müssen Parteien mithin die Stimmen einer Wählermehrheit auf sich vereinigen.[42]

— Politische Parteien, die über die Präferenzen beziehungsweise über die politischen Standorte der Staatsbürger vollkommen informiert sind, lassen sich als monolithische Blöcke kennzeichnen, die hinsichtlich ihrer Programmstandorte vollkommen mobil sind.

— Zwei Parteien wetteifern um die politische Macht.

— Zwischen den Parteien herrscht vollkommener Wettbewerb, so daß keine Partei Macht im eigentlichen Sinne innehat („Konkurrenzdemokratie"). Insbesondere existieren keine macht- oder transaktionskostenbedingten Beschränkungen für potentielle neue Parteien und keine Möglichkeiten zur Kooperation beziehungsweise Kollusion zwischen den existierenden Parteien.

— Politische Programme sind in funktionaler Hinsicht perfekt differenziert. Sie treffen genaue Aussagen über alle öffentlichen Leistungsbereiche.

---

41 Diese Bedingung ist keineswegs trivial. Wird nämlich ein Mehrheitswahlrecht verwendet und existieren viele Wahlbezirke, so kann sich die Zusammensetzung des Parlaments nicht unwesentlich von den Vorstellungen einer Wählermehrheit unterscheiden. Im Extremfall kann dann, bei gleich großen Wahlbezirken und bei zwei politischen Parteien, etwa ein Viertel der Wähler die Regierung bestimmen.

42 In einer Konkordanzdemokratie, wie sie beispielsweise in der Schweiz praktiziert wird, ist diese Voraussetzung nicht erfüllt. Auf zwei andere Problembereiche bei der Ableitung einer rationalen Stimmenstrategie für politische Parteien soll hier nur hingewiesen werden. Zum einen ist der Planungs- und Entscheidungshorizont entscheidend. Innerhalb eines langfristigen Entscheidungshorizontes wird eine Partei versuchen, den Gegenwartswert der mit der Regierungsmacht verbundenen Nettonutzenströme oder, wie *R. Dinkel*, Der Zusammenhang zwischen der ökonomischen und politischen Entwicklung in einer Demokratie, S. 42 vereinfachend formuliert, die „Zeitdauer an der Macht" zu maximieren. Demgegenüber soll im weiteren Verlauf der Arbeit, im Einklang mit dem in der Literatur üblichen Vorgehen, nur ein auf die unmittelbar bevorstehenden Wahlen verkürzter Zeithorizont betrachtet werden. Zum anderen eignen sich in verschiedenen Situationen jeweils unterschiedliche Stimmenstrategien am besten. Die etwas grobschlächtig anmutende Stimmenmaximierungshypothese von Downs wird von *B. S. Frey* und *L. J. Lau*, Towards a Mathematical Model of Government Behavior, in: Zeitschrift für Nationalökonomie, Bd. 28 (1968), S. 357 f. für Regierungsparteien durch folgende situationsabhängige Strategiealternativen modifiziert: Maximierung des Stimmenanteils, Maximierung der Stimmenmehrheit, Erreichen einer minimalen Mehrheit — vgl. hierzu speziell auch den spieltheoretischen Beitrag bei *W. H. Riker*, The Theory of Political Coalitions, New Haven 1962 —, Aufrechterhaltung der Mehrheit und Maximierung der Wahrscheinlichkeit, die nächste Wahl zu gewinnen. Analoge Zielfunktionen für Parteien allgemein formulieren *P. Aranson*, *M. Hinich* und *P. Ordeshook*, Election Goals and Strategies: Equivalent and Nonequivalent Candidate Objectives, in: American Political Science Review, Vol. 68 (1974), S. 135 ff.

— Politische Programme und Entscheidungen beziehen sich ausschließlich auf die Bereitstellung kollektiver Güter. Zum einen umfassen öffentliche Leistungen somit keine privaten oder Gruppengüter. Zum anderen werden bestehende Finanzierungssysteme nicht geändert.

— Die individuelle Wahlhandlung ist der einzige Aktionsparameter eines Staatsbürgers.[43]

— Vollkommen über die politischen Programme informiert, vergleichen die Staatsbürger die von den Parteien eingenommenen Positionen mit ihren eigenen Vorstellungen. Ein derartiger Vergleich ist das einzige Kriterium für ihre Beurteilung der Parteien. Sie stimmen für die Partei, die ihren eigenen Wünschen am weitestgehenden entspricht.

— Alle Staatsbürger beteiligen sich an der Wahl.[44]

— Die Nettonutzenfunktionen der Staatsbürger für die öffentlichen Leistungen sind symmetrisch und konkav oder quasi-konkav, und alle Staatsbürger messen den verschiedenen Leistungsbereichen die gleiche relative Bedeutung bei.[45]

— Die Häufigkeitsverteilung der Wählerpositionen im politischen Raum ist symmetrisch.[46]

Sind alle Voraussetzungen für eine eindeutige und stabile Gleichgewichtslösung erfüllt, bieten beide Parteien identische Programme im Median der Wählerpräferenzverteilung an.[47] Der Zufall muß dann entscheiden, welche Partei die Regierungsmacht übernimmt.

3. *Unbestimmte Ergebnisse*

Für den Fall jedoch, daß nicht alle oben genannten Bedingungen erfüllt werden, existiert im allgemeinen keine eindeutige und stabile

---

[43] Offensichtlich ist diese Bedingung um so weniger restriktiv, je kleiner das öffentliche Budget, gemessen an der Wertschöpfung im privaten Sektor, ist.

[44] Siehe hierzu aber auch *M. J. Hinich*, Voting as an Act of Contribution, in: Public Choice, Vol. 36 (1981), S. 135 ff. sowie *W. H. Riker* and *P. C. Ordeshook*, An Introduction to Positive Political Theory, S. 308 ff. Zum Einfluß der Wahlbeteiligung auf die Existenz von Gleichgewichtslösungen vgl. *R. Abrams*, Foundations of Political Analysis, S. 152.

[45] Siehe insbesondere *H. van den Doel*, Democracy and Welfare Economics, S. 115 zur Kritik an dieser Annahme.

[46] Vgl. *W. H. Riker* and *P. C. Ordeshook*, An Introduction to Positive Political Theory, S. 341 ff.

[47] Zur These von der Konvergenz der Programme vgl. auch *M. Friedrich*, Gleichgewicht der politischen Willensbildung. Ein Beitrag zur Theorie des öffentlichen Gutes, Dissertation, Erlangen/Nürnberg 1979, S. 128 ff.

Gleichgewichtslösung des ökonomischen Modelles der Parteiendemokratie. Es gibt dann keine dominante politische Strategie und keinen Medianwähler.[48] Das Ergebnis des Steuerungsprozesses I endogen zu bestimmen, wird unmöglich, und die Problematik zyklischer Präferenzen wird wieder relevant — im mehrdimensionalen Politikraum selbst dann, wenn für jede einzelne Dimension eine dominante Position existiert. Diejenige Partei erringt wiederum den Wahlsieg, die ihr Programm zuletzt bekanntgeben kann.[49]

In der Literatur wird vor allen Dingen auf drei Ursachen für eine Unbestimmtheit und Instabilität des Entscheidungsprozesses in repräsentativen Demokratien aufmerksam gemacht. Erstens kann man eine Stabilität des Steuerungssystems I dann nicht erwarten, wenn die politischen Programme Verteilungsmaßnahmen einschließen — sei es über eine Änderung des Finanzierungssystems oder über die Bereitstellung sozial diskriminierender öffentlicher Leistungen.[50] Eine Reihe von Autoren vertritt in diesem Zusammenhang sogar die Auffassung, daß die meisten öffentlichen Leistungen, insbesondere Regulationen, bei näherer Betrachtung eher private und gruppenbezogene als kollektive Güter seien und folglich stabilitätsrelevante Verteilungsimplikationen hätten.[51]

Auch wird hervorgehoben, daß bei großen Präferenzintensitätsunterschieden für „passionate minorities" ein Anreiz zur Bildung von wechselnden Koalitionen bestehe.[52]

---

[48] Vgl. auch *A. Pfaff*, Comment to R. Dinkel, Imperfect Political Competition in Representative Democracy and the Supply of Public Goods, Paper presented at the International Symposium „Anatomy of Government Deficiencies", Dießen am Ammersee, July 22 - 25, 1980.

[49] Vgl. ähnlich *O. A. Davis, M. J. Hinich* und *P. C. Ordeshook*, An Expository Development of a Mathematical Model of the Electoral Process, in: American Political Science Review, Vol. 64 (1970), S. 427: „Thus, if we cannot guarantee the existence of dominant positions in the context of electoral campaigns, the outcome of an election may depend on the temporal order in which candidates select their strategies".

[50] Siehe beispielsweise *D. C. Mueller*, The Political Economy of Growth and Redistribution, in: D. C. Mueller, (Hg.), The Political Economy of Growth, New Haven/London 1983, S. 264 ff. und *D. Usher*, The Economic Prerequisite to Democracy, Oxford 1981, S. 12 ff.

[51] Vgl. *P. H. Aranson* und *P. C. Ordeshook*, Regulation, Redistribution, and Public Choice, in: Public Choice, Vol. 37, No. 1 (1981), Carnegie Papers on Political Economy, S. 80 ff., *R. D. Arnold*, Congress and the Bureaucracy: A Theory of Influence, New Haven 1979, ders., Legislators, Bureaucrats, and Locational Decisions, in: Public Choice, Vol. 37, No. 1 (1981), Carnegie Papers on Political Economy, S. 107 ff., *S. Peltzman*, The Growth of Government, in: Journal of Law and Economics, Vol. 23 (1980), S. 209 ff., *R. A. Posner*, Taxation by Regulation, in: Bell Journal of Economics and Management Science, Vol. 2 (1971), S. 22 ff., ders., Theories of Economic Regulation, in: Bell Journal of Economics and Management Science, Vol. 5 (1974), S. 335 ff., *H. Shibata*, Efficiency of a Representative Democracy: A Model of Skewed Representation, Paper presented at the 38th Congress of the International

Schließlich wird der Nachweis erbracht, daß ein Drei- oder Mehrparteiensystem[53] in aller Regel ein unbestimmtes Ergebnis des Entscheidungsprozesses verursacht.[54]

II. Effizienzimplikationen für öffentliche Verwaltungen

Gegenüber der Effizienzforschung für direkte Demokratien befindet sich die Analyse der Funktionsfähigkeit von repräsentativen Demokratien noch in ihrem Anfangsstadium. Über einige grundsätzliche Erkenntnisse ist man hier bislang nicht hinausgekommen.

Öffentliche Verwaltungen, die sich in den Budgetverhandlungen ausschließlich an der Nachfrageposition der Regierung orientieren, stellen in repräsentativen Demokratien ein allokationseffizientes Angebot an öffentlichen Leistungen bereit, wenn die Verwaltungsangehörigen, in ihrer Eigenschaft als Wähler, das Abstimmungsergebnis nicht beeinflussen können und wenn gleichzeitig alle oben genannten Voraussetzungen für eine eindeutige und stabile Gleichgewichtslösung im ökonomischen Modell der Parteiendemokratie erfüllt sind.[55] Hingegen muß

Institute of Public Finance, Copenhagen, August 23 - 26, 1982 und *G. J. Stigler*, The Theory of Economic Regulation, in: Bell Journal of Economics and Management Science, Vol. 2 (1971), S. 3 ff.

52 Siehe *H. van den Doel*, Democracy and Welfare Economics, S. 85 ff.

53 Das Mehrparteienmodell wird, paradoxerweise, im Rahmen der Ökonomischen Theorie der Politik bislang relativ vernachlässigt, obgleich „in most Western democracies, the government is a coalition of parties". *M. Taylor* und *M. Laver*, Government Coalitions in Western Europe, in: European Journal of Political Research, Vol. 1 (1973), S. 205.

54 Zur Unbestimmtheit in einem Dreiparteiensystem vgl. *R. Selten*, Anwendungen der Spieltheorie auf die politische Wissenschaft, in: *W. W. Pommerehne* und *B. S. Frey*, (Hg.), Ökonomische Theorie der Politik, Berlin u. a. 1979, S. 262 ff. Daneben, und dies sei hier nur am Rande vermerkt, wirft das Auftreten von mehr als zwei Parteien im politischen Wettbewerb für den Wähler erhebliche Schwierigkeiten auf. Er weiß nämlich dann, wenn die Wahlprogramme der Parteien a priori keine eindeutigen Koalitionsaussagen und konsistenten Koalitionsprogramme enthalten, nicht mit Sicherheit, welche Politik die von ihm favorisierte Partei nach der Wahl überhaupt verfolgt. Ursprung macht in diesem Zusammenhang den interessanten Vorschlag, das Wählerverhalten in einer Mehrparteiendemokratie modelltheoretisch nicht nur von den Programmen einzelner politischer Parteien, sondern auch von der Zusammensetzung des Parlaments abhängig zu machen. Vgl. *H. W. Ursprung*, Voting Behavior in a System of Concordant Democracy, in: Public Choice, Vol. 35 (1980), S. 349 ff.

55 *P. Herder-Dorneich*, Politisches Modell der Wirtschaftstheorie, Freiburg 1959, S. 58 spricht in diesem Zusammenhang von der „List der Demokratie". Das Verhalten eines allwissenden und wohlwollenden Diktators, der interpersonelle Nutzenvergleiche anstellt und der die soziale Wohlfahrt maximieren will, würde in einer derartigen Situation, interessanterweise, dem der staatlichen Bürokratie entsprechen. Vgl. *W. H. Riker* und *P. C. Ordeshook*, An Introduction to Positive Political Theory, S. 373 ff. Bereits *B. S. Frey*, Models of Perfect Competition and Pure Democracy, in: Kyklos, Vol. 23

immer dann mit allokativen Ineffizienzen bei der Bereitstellung öffentlicher Leistungen gerechnet werden, wenn die öffentlich Bediensteten im Abstimmungsprozeß eine entscheidende Rolle spielen oder wenn keine dominante politische Strategie existiert. Im zuletzt genannten Fall findet im Steuerungssystem I ein sequentieller Entscheidungsprozeß statt, der durch die beschränkte Zeit beendet wird. Zwar kann nicht ausgeschlossen werden, daß er zufällig in einem allokationseffizienten Angebot staatlicher Bürokratien mündet. In der Regel kann jedoch nicht einmal eine Pareto-Optimalität[56], geschweige denn eine Allokationseffizienz bürokratischen Handelns erwartet werden.

Insgesamt gesehen, dürften nachfragebedingte Ineffizienzen öffentlicher Verwaltungen, im Lichte des hier besprochenen Modellansatzes, in repräsentativen Demokratien mit mehrdimensionalen Politikräumen noch wahrscheinlicher sein als in direkt-demokratischen Entscheidungssystemen. Die Bedingungen für stabile und allokationseffiziente Gleichgewichtslösungen sind in ihrer Gesamtheit derart restriktiv, daß eigentlich immer mit willkürlichen Angebotsentscheidungen und wechselnden Ausbeutungen von Minoritäten gerechnet werden muß.[57]

(1970), S. 745 und *M. Shubik*, A Two-Party-System. General Equilibrium and the Voters' Paradox, in: Zeitschrift für Nationalökonomie, Vol. 28 (1968), S. 341 ff. haben festgestellt, daß eindeutige und stabile Gleichgewichte in einer Zweiparteienkonkurrenzdemokratie Pareto-optimal sind.

[56] Wie *W. H. Riker* und *P. C. Ordeshook*, An Introduction to Positive Political Theory, S. 371 ff. nachweisen, kann in einer instabilen Demokratie eine Partei, die ein Pareto-optimales Programm anbietet, auch dann von einer anderen Partei im politischen Wettstreit besiegt werden, wenn deren Programm nicht die Eigenschaften des Pareto-Optimums aufweist.

[57] „A party can always ensure victory by announcing its policies last and by organizing appropriate transfers from some minority to the corresponding majority." *G. Brennan* und *J. M. Buchanan*, The Power to Tax, S. 21. Zur (wechselnden) Ausbeutung von Minderheiten im demokratischen Entscheidungsverfahren vgl. insbesondere auch *E. Knappe*, Einkommensumverteilung in der Demokratie, S. 46 ff. und *C. Wolf, Jr.*, Government Shortcomings and the Conditions of Demand, Paper presented at the 38th Congress of the International Institute of Public Finance, Copenhagen, August 23 - 26, 1982. Wäre der Transformationsprozeß von Wählerstimmen in Parlamentssitze verzerrt, so wäre sogar eine Ausbeutung der Mehrheit durch eine Minderheit möglich. Vgl. *H. Shibata*, Efficiency of a Representative Democracy.

Viertes Kapitel

Monofinale Eigennutzorientierung der Parteien bei unvollkommener Information der Akteure

Während im Mittelpunkt des im vorangegangenen Kapitel verwendeten Modellansatzes, der eine vollkommene Information aller Akteure im Steuerungsprozeß I unterstellte, die institutionalen Charakteristika der Tauschinteraktion zwischen den relevanten Akteuren und die Eigenschaften der Wähler in ihrer Bedeutung für potentielle Ineffizienzen staatsbürokratischen Handelns standen, sollen im folgenden nachfragebedingte Ineffizienzen mit Hilfe eines Modellansatzes erklärt werden, der die Effizienzeffekte einer eingeschränkten Information von Staatsbürgern und Parteien für öffentliche Verwaltungen thematisiert.[1] Er geht von einer Situation aus, in der eine vollkommene Information von Wählern und Parteien ein effizientes Angebot an öffentlichen Leistungen zur Folge hätte.

In einem ersten Schritt werden mögliche Auswirkungen einer unvollkommenen Wählerinformation über die Kosten und Nutzen öffentlicher Leistungen in direkten Abstimmungen untersucht. Die tatsächliche Nachfrage der Wähler bei vollkommener Information muß mit ihrer effektiven Nachfrage bei unvollkommener Information, die das bürokratische Angebot determiniert, nicht übereinstimmen.

In einem zweiten Schritt werden dann Informationsinsuffizienzen von Regierung und Parteien hinsichtlich der Wählerwünsche in repräsentativen Demokratien in die Analyse mit einbezogen. Übertragen auf Schaubild 2.1. bedeutet dies, daß sich die effektive Nachfrage der Wähler von der im Steuerungsprozeß I effektiv wirksamen Nachfrage, die qua Annahme mit dem Angebot identisch ist, unterscheiden kann.

---

[1] Zur grundsätzlichen Kritik an der Behandlung von Informations- und Kommunikationsprozessen im Rahmen der Ökonomischen Theorie der Politik vgl. *P. A. Abplanalp* und *R. Hettlage,* Wirtschaftspolitik und kommunikative Umwelt in der „Neuen Politischen Ökonomie“: einige soziologische Bedenken, in: Jahrbuch für Sozialwissenschaft, Bd. 30 (1979), S. 293 ff.

Schaubild 2.1.: Bereitstellung öffentlicher Leistungen bei unvollkommener Information

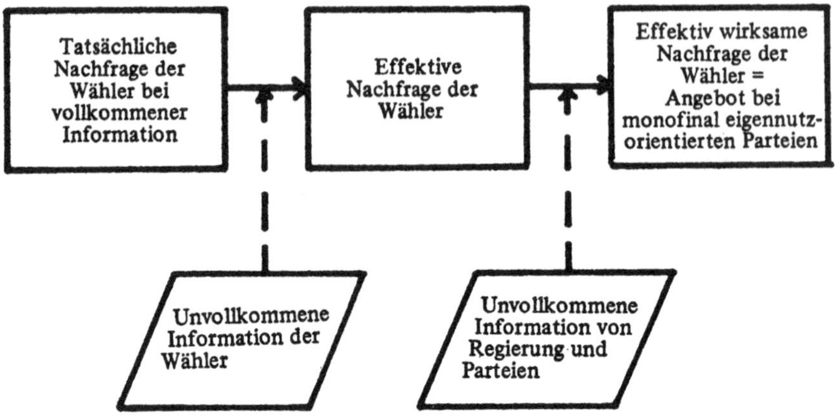

A. Unvollkommen informierte Staatsbürger in direkten Abstimmungen

I. Informationsbeschränkung und Wählerverhalten

In der Ökonomischen Theorie der Demokratie wird überwiegend die These vertreten, Wähler seien hinsichtlich der Bereitstellung und Finanzierung öffentlicher Leistungen relativ schlecht informiert. Bereits *Schumpeter* stellt fest: „So fällt der typische Bürger auf eine tiefere Stufe der gedanklichen Leistung, sobald er das politische Gebiet betritt. Er argumentiert und analysiert auf eine Art und Weise, die er innerhalb der Sphäre seiner wirklichen Interessen bereitwillig als infantil anerkennen würde. Er wird wieder zum Primitiven.“[2]

1. Ursachen einer politischen Ignoranz

Vor allen Dingen drei Gründe lassen eine politische Ignoranz individuell rational erscheinen:[3] (1) eine relative Bedeutungslosigkeit des Individuums bei kollektiven Entscheidungen, (2) eine verzerrte Informa-

[2] *J. A. Schumpeter*, Kapitalismus, Sozialismus und Demokratie, S. 416. Siehe auch *T. G. Moore*, Comments on Aranson & Ordeshook's Regulation, Redistribution, and Public Choice, in: Public Choice, Vol. 37, No. 1 (1981), Carnegie Papers on Political Economy, S. 101.

[3] Vgl. beispielsweise *G. Tullock*, Toward a Mathematics of Politics, Ann Arbor 1967, S. 100 ff. Zur Auseinandersetzung um den Terminus Rationalität im Zusammenhang mit politischen Wahlen siehe *A. Downs*, Ökonomische Theorie der Demokratie, S. 7, *P. Herder-Dorneich* und *M. Groser*, Ökonomische Theorie des politischen Wettbewerbs, S. 199 und *W. H. Riker* und *P. C. Ordeshook*, A Theory of the Calculus of Voting, S. 25 ff.

tionsvermittlung via professionelle Informationslieferanten und (3) die Besonderheiten öffentlicher Leistungen und ihrer Finanzierung.

Ad (1): Im allgemeinen hat ein einzelner Wähler, insbesondere in großen Kollektiven, kaum einen Einfluß auf das Abstimmungsergebnis. Er ist nur mit einer infinitesimal kleinen Wahrscheinlichkeit wahlentscheidend. Die Kosten einer Beschaffung und Verarbeitung von Informationen hinsichtlich des Abstimmungsgegenstandes müssen von ihm hingegen mit Sicherheit getragen werden. Deshalb sind rationale Staatsbürger über öffentliche Leistungen und die damit verbundenen individuellen Wohlfahrtsimplikationen im allgemeinen schlecht informiert.[4]

Da einzelne Staatsbürger ferner keine privaten Eigentumsrechte an Kollektiven geltend machen können, wird eine effektive Ausübung ihrer demokratischen Kontrollrechte zur Sicherung der Effizienz des bürokratischen Angebotes zusätzlich mit der Free-rider-Problematik konfrontiert: Während die Kosten ausschließlich für den sich informierenden und durchsetzenden einzelnen anfallen, kommen die Nutzen allen Staatsbürgern, unabhängig von ihrem jeweiligen Kontrollbeitrag, zugute. Wiederum ist ein suboptimales Informationsniveau der Wähler die Konsequenz.[5]

---

[4] Vgl. *K. J. Arrow*, Tullock and an Existence Theorem, in: Public Choice, Vol. 6 (Spring 1969), S. 107, *T. N. Tideman* und *G. Tullock*, A New and Superior Process for Making Social Choices, in: Journal of Political Economy, Vol. 84 (1976), S. 1149 und *G. Tullock*, Public Decisions as Public Goods, in: Journal of Political Economy, Vol. 79 (1971), S. 916.

[5] Vgl. *A. Downs*, Ökonomische Theorie der Demokratie, S. 241. So unproblematisch dieses in der Literatur geläufige Argument prima facie auch erscheinen mag, die Annahme einer individuellen Free-rider-Strategie im Zusammenhang mit öffentlichen Gütern ist nicht unwidersprochen geblieben. Vgl. beispielsweise *J. Mcmillan*, The Free-Rider Problem: A Survey, in: Economic Record, Vol. 55 (1979), S. 102 f., *W. F. Richter*, Eine Charakterisierung des Trittbrettfahrerverhaltens, in: E. Helmstädter, (Hg.), Neuere Entwicklungen in den Wirtschaftswissenschaften, S. 101 ff., ders., Über die Rationalität des Schwarzfahrens, in: Jahrbuch für Sozialwissenschaft, Bd. 30 (1979), S. 382 ff. und *G. J. Stigler*, Free Riders and Collective Action: An Appendix to Theories of Economic Regulation, in: Bell Journal of Economics and Management Science, Vol. 5 (1974), S. 359 ff. Die empirischen Untersuchungen gelangen überwiegend zu dem Ergebnis, daß dem Free-rider-Verhalten eine gewisse Bedeutung zukommt. Vgl. *G. Alfano* und *G. Marwell*, Experiments on the Provision of Public Goods III: Non-Divisibility and Free Riding in „Real" Groups, in: Social Psychology Quarterly, Vol. 43 (1981), S. 300 ff., *J. R. Chamberlin*, The Logic of Collective Action: Some Experimental Results, in: Behavioral Science, Vol. 23 (1978), S. 441 ff., *G. Marwell* und *R. E. Ames*, Experiments on the Provision of Public Goods I: Resources, Interest, Group Size, and the Free Rider Problem, in: American Journal of Sociology, Vol. 84 (1979), S. 1335 ff., dies., Experiments on the Provision of Public Goods II: Provision Points, Stakes, Experience and the Free Rider Problem, in: American Journal of Sociology, Vol. 85 (1980), S. 926 ff., dies., Economists Free Ride, Does Anyone Else? Experiments on the Provision of

Ad (2): Eine weitere Ursache für eine politische Ignoranz der Staatsbürger liegt neben dem relativ geringen Informationsniveau in einer unausgewogenen Struktur der dem einzelnen zur Verfügung stehenden Informationen. Es kann nämlich weder davon ausgegangen werden, daß professionelle Informationslieferanten und insbesondere Interessengruppen, die wenn nicht schon kostenlose, so doch zumindest quasikostenlose Informationen zur Verfügung stellen, unverfälschte Inhalte vermitteln, noch davon, daß sich die Verzerrungseffekte im Informationsbudget eines Staatsbürgers neutralisieren.[6]

Ad (3): Die oben genannten Grundprobleme demokratischer Abstimmungen werden durch die Besonderheiten öffentlicher Leistungen und ihrer Finanzierung noch verschärft.[7] Zum einen sind öffentliche Leistungen nicht selten äußerst komplex und mit enormen Meß- und Bewertungsproblemen verbunden.[8] Die von ihnen ausgehenden individuellen Nutzen werden erst nach mehreren Produktionsprozessen im öffentlichen Bereich und in der Individualsphäre empfunden.[9] Es ist

---

Public Goods, IV, in: Journal of Public Economics, Vol. 15 (1981), S. 295 ff., *W. W. Pommerehne* und *F. Schneider*, Wie steht's mit dem Trittbrettfahren? — Eine experimentelle Untersuchung —, in: Zeitschrift für die gesamte Staatswissenschaft, Bd. 136 (1980), S. 286 ff., *F. Schneider* und *W. W. Pommerehne*, Free Riding and Collective Action: An Experiment in Public Microeconomics, in: Quarterly Journal of Economics, Vol. 96 (1981), S. 689 ff. und *V. L. Smith*, An Experimental Comparison of Three Public Good Decision Mechanisms, in: Scandinavian Journal of Economics, Vol. 81 (1979), S. 198 ff.

6 Zur Auffassung, die verbändebedingten Verzerrungseffekte würden sich größtenteils neutralisieren, mit der Konsequenz, daß als Nettoeffekt ein erhöhtes Informationsniveau der Staatsbürger übrig bliebe, vgl. *R. Dinkel*, Imperfect Political Competition in Representative Democracy and the Supply of Public Goods.

7 Vgl. *H. Hanusch*, Inefficiencies in the Public Sector, S. 5.

8 Vgl. *R. L. Bish* und *V. Ostrom*, Understanding Urban Government. Metropolitan Reform Reconsidered, Washington, D. C. 1973, S. 26 ff., *P. B. Boorsma*, Public Sector Productivity and Relative Efficiency: The Netherlands, Paper presented at the 38th Congress of the International Institute of Public Finance, Copenhagen, August 32 - 26, 1982, *H. Hanusch*, Determinants of Public Productivity, in: R. H. Haveman, (Hg.), Public Finance and Public Employment. Proceedings of the 36th Congress of the International Institute of Public Finance, Detroit 1982, S. 276 ff., *B. P. Herber*, The Demand for Public Goods and Services: Problems of Identification and Measurement in Western Countries, Paper presented at the 38th Congress of the International Institute of Public Finance, Copenhagen, August 23 - 26, 1982, *K.-N. Münch*, Productivity in the Local Government Sector — Some Empirical Research on Selected Local Services in the Federal Republic of Germany, Paper presented at the 38th Congress of the International Institute of Public Finance, Copenhagen, August 23 - 26, 1982 sowie *A. Williams*, Quality Aspects of Health Care Evaluation, Paper presented at the 38th Congress of the International Institute of Public Finance, Copenhagen, August 23 - 26, 1982.

9 Vgl. *H. Hanusch*, Output Measurement for Local Government Services, Paper presented for a conference on „Measuring the Size and Growth of the Public Sector" at the Wissenschaftszentrum Berlin, June 29 - July 2, 1981 und *L. Semper*, Produktivitätsanalysen für kommunale Dienstleistungen —

unmittelbar einsichtig, wie komplex die Bewertungsvorgänge bei der Ermittlung individueller marginaler Zahlungsbereitschaften für Kollektivgüter sein müssen. Hinzu kommen häufig ein kompliziertes und intransparentes Finanzierungssystem[10] sowie ein wenig aussagefähiges öffentliches Rechnungswesen[11] — Faktoren also, die in ihrer Gesamtwirkung eine Eruierung individueller marginaler Finanzierungslasten äußerst schwierig gestalten. Schließlich kann die (zeitliche) Trennung von Finanzierung und Nutzung einer öffentlichen Leistung Informationsdefizite und Bewertungsprobleme bei der Wählerschaft bedingen.[12]

2. *Informationsstrategien für Staatsbürger*

Einem im Sinne der Ökonomischen Theorie der Politik rationalen Staatsbürger stehen prinzipiell zwei Strategien offen, um die Informationsproblematik zu bewältigen. Zum einen kann er versuchen, seine knappen Informationsressourcen auf die Leistungsbereiche zu konzentrieren, denen er eine große Bedeutung beimißt. Leistungen, die seine individuelle Wohlfahrtsposition nur am Rande beeinflussen, werden dann weitestgehend ausgeblendet.[13]

Zum anderen kann er bestrebt sein, die Komplexität der Entscheidungssituation beziehungsweise die Kosten, die bei einer Analyse der Politikalternativen anfallen, zu reduzieren. Als Instrumente stehen ihm dabei zur Verfügung:

— die Identifikation mit den Vorstellungen einer bestimmten politischen Partei[14] oder Interessengruppierung[15],

Theoretische Grundlagen und empirische Ergebnisse —, Dissertation, Augsburg 1982, S. 93 ff. Siehe ähnlich *G. Kirsch,* The Role of Elected Representatives in Parliamentary Forms of Government, Paper presented at the 38th Congress of the International Institute of Public Finance, Copenhagen, August 23 - 26. 1982.

[10] Hierunter fallen sowohl die Finanzierungsstruktur innerhalb eines Kollektivs als auch interkollektive Mischfinanzierungen bei bestimmten öffentlichen Leistungen. Vgl. in diesem Zusammenhang auch *T. J. Dilorenzo,* Utility Profits, Fiscal Illusion, and Local Public Expenditures, in: Public Choice, Vol. 38 (1982), S. 243 ff.

[11] Siehe exemplarisch *H. C. Recktenwald,* Ursachen für Unwirtschaftlichkeit im Staatsbereich, S. 159 f.

[12] Vgl. *J. M. Ferris,* A Theoretical Framework for Surveying Citizens' Fiscal Preferences, in: Public Administration Review, Vol. 42 (1982), S. 215 sowie *J. D. Gwartney* und *R. Stroup,* Macroeconomics: Private and Public Choice, 2. Aufl., New York u. a. 1980, S. 75 f.

[13] Vgl. *W. Zohlnhöfer,* Das Steuerungspotential des Parteienwettbewerbs im Bereich staatlicher Wirtschaftspolitik, in: E. Boettcher, P. Herder-Dorneich und K.-E. Schenk, (Hg.), Neue Politische Ökonomie als Ordnungstheorie, Tübingen 1980, S. 96 ff.

[14] *A. Campbell, G. Gurin* und *W. E. Miller,* The Voter Decides, Evanston, Ill./White, N. Y. 1954, S. 90 definieren die Parteiidentifikation als „sense of personal attachment to a political party". Vgl. ähnlich *H. Wettstein,* Der Einfluß politischer Images auf das Wahlverhalten. Ein theoretischer und empiri-

— die Beschränkung auf den Vergleich von Kandidaten, Schlagworten und Ideologien,[16]

— die Konzentration auf die in der Gegenwart anfallenden Nutzen und Kosten öffentlicher Leistungen[17] sowie

— die Beschränkung auf „augenfällige" Nutzen und Kosten des öffentlichen Angebotes.

---

scher Beitrag zur Parteiimageforschung, Bern/Stuttgart 1980, S. 27. Zum Konzept der Parteiidentifikation siehe auch *A. Campell, P. E. Converse, W. E. Miller* und *D. E. Stokes*, The American Voter, New York 1960, *W. Kaltefleiter* und *P. Nißen*, Empirische Wahlforschung. Eine Einführung in Theorie und Technik, Paderborn u. a. 1980 und *P. Nißen*, Das Zusammenwirken von Parteiidentifikation, Issues und Images zur Erklärung politischen Verhaltens, Meisenheim am Glan 1976. Eine Reihe empirischer Studien deutet darauf hin, daß die Parteiidentifikation zur Erklärung des Wahlverhaltens in der Bundesrepublik bedeutsam ist. Vgl. beispielsweise *M. Berger*, Parteiidentifikation in der Bundesrepublik, in: Politische Vierteljahresschrift, 14. Jg. (1973), S. 215 ff. und *W. Zohlnhöfer*, Parteiidentifizierung in der Bundesrepublik und den Vereinigten Staaten, in: E. K. Scheuch und R. Wildenmann, (Hg.), Zur Soziologie der Wahl, 2. Aufl., Köln/Opladen 1968, S. 126 ff. Nach *R. Wildenmann*, Partei-Identifikation in der Bundesrepublik, in: O. Stammer, (Hg.), Party Systems, Party Organizations, and the Politics of New Masses. Parteiensysteme, Parteiorganisationen und die neuen politischen Bewegungen, Berlin 1968, S. 235 f. liefert die Parteiidentifikation „diejenigen Informationen selektiert, gefiltert und gewichtet, die ein Individuum braucht, um trotz der Komplexität der politischen Vorgänge eine politische Meinung haben zu können". Zur Reduktion von Komplexität durch Vertrauen siehe allgemein auch *N. Luhmann*, Vertrauen. Ein Mechanismus der Reduktion sozialer Komplexität, Stuttgart 1968.

15 Vgl. in diesem Zusammenhang insbesondere *F. Schneider*, Welchen Einfluß haben die Parolen von Interessengruppen und die wirtschaftliche Entwicklung auf den Ausgang von Volksabstimmungen?, in: Schweizerische Zeitschrift für Volkswirtschaft und Statistik, 118. Jg. (1982), S. 167 ff. sowie *F. Schneider* und *J. Naumann*, Interest Groups in Democracies — How Influential are They? An Empirical Examination for Switzerland, in: Public Choice, Vol. 38 (1982), S. 286 ff. Sie erbringen den empirischen Nachweis für die Schweiz, daß Spitzenverbände das Abstimmungsverhalten der Stimmbürger ganz erheblich beeinflussen können.

16 Vgl. beispielsweise *B. M. Barry*, Die ökonomische Theorie der Demokratie, in: W. W. Pommerehne und B. S. Frey, (Hg.), Ökonomische Theorie der Politik, S. 230, *S. Haffner*, Überlegungen eines Wechselwählers, München 1980 und *R.-G. Schwartzenberg*, Politik als Showgeschäft. Moderne Strategien im Kampf um die Macht, Düsseldorf/Wien 1980. Davies geht sogar soweit, zu behaupten, daß „es für den Menschen unmöglich ist, ohne eine Ideologie auszukommen". *J. C. Davies*, Ideologie: Zugleich Symptom und Therapie politischer Angst, in: H. Moser, (Hg.), Fortschritte der Politischen Psychologie, Bd. 1, Weinheim/Basel 1981, S. 191.

17 Vgl. beispielsweise *P. G. C. Townley*, Public Choice and the Social Insurance Paradox: A Note, in: Canadian Journal of Economics, Vol. 14 (1981), S. 712 ff. Zur empirischen Überprüfung siehe *R. C. Fair*, The Effects of Economic Events on Votes for President, in: Review of Economics and Statistics, Vol. 60 (1978), S. 159 ff. und ders., The Effect of Economic Events on Votes for President: 1980 Results, unpublished paper, 1981. Vgl. auch *M. J. Zechman* (Dynamic Models of the Voter's Decision Calculus: Incorporating Retrospective Considerations into Rational-Choice Models of Individual Voting Behavior, in: Public Choice, Vol. 34 (1979), S. 297 ff.) zum Wählerkalkül im Mehrperiodenkontext.

II. Bürokratisches Angebotsverhalten bei einer beschränkten Information des Medianwählers

Die oben angestellten Überlegungen beziehen sich auf alle Staatsbürger und folglich auch auf den für die Effizienz des bürokratischen Angebotes entscheidenden Medianwähler.[18] Führt seine Ignoranz bei einer direkten Abstimmung über die Bereitstellung einer öffentlichen Leistung zu einer Abweichung der Angebotsmenge vom Allokationsoptimum? Falls ja, äußert sich der dann relevante Funktionsdefekt des Steuerungsprozesses I in einem Über- oder in einem Unterangebot der betreffenden öffentlichen Leistung?

Analytisch betrachtet, kann eine beschränkte Information des Medianwählers eine zu hohe, eine richtige oder eine zu geringe Einschätzung seiner marginalen Zahlungsbereitschaft und Finanzierungslast implizieren.

Wie aus Schaubild 2.2. ersichtlich wird, ist die korrekte Einschätzung der marginalen Zahlungsbereitschaft und der marginalen Finanzierungslast nur eine von neun (Mis-)Perzeptionsmöglichkeiten (Feld 5). In allen anderen Fällen kalkuliert der Medianwähler falsch. Während in den Feldern 1 und 9 alle Möglichkeiten denkbar sind, nämlich eine Identität der effektiven mit der tatsächlichen Nachfrage oder eine Verzerrung von Nachfrage und Angebot nach oben oder nach unten,[19] sind die Ergebnisse in den anderen Feldern bestimmt. In den Feldern 4, 7 und 8 ist die Angebotshöhe, gemessen am Allokationsoptimum, zu gering und in den Feldern 2, 3 und 6 zu groß.

Trotz der Versuche in der Finanzpsychologie, die perzeptionellen Vorgänge im Zusammenhang mit der Bereitstellung und Finanzierung öffentlicher Leistungen zu erforschen,[20] wissen wir insgesamt noch viel

---

[18] Vgl. demgegenüber auch *M. J. Hinich* (Equilibrium in Spatial Voting: The Median Voter Result is an Artifact, in: Journal of Economic Theory, Vol. 16 (1977), S. 208 ff.) zur Ansicht, daß eine unvollkommene Information im Steuerungsprozeß I im allgemeinen kein Medianwählergleichgewicht zulasse.

[19] Siehe aber auch *R. Carter*, Beliefs and Errors in Voting Choices: A Restatement of the Theory of Fiscal Illusion, in: Public Choice, Vol. 39 (1982), S. 352 ff. Er weist nach, daß, unter bestimmten Voraussetzungen, eine Unterschätzung der marginalen Finanzierungslast in jedem Falle eine überhöhte Angebotsmenge der öffentlichen Leistung zur Konsequenz hat. Paradoxerweise ist die Abweichung vom allokativen Optimum am größten, wenn der Medianwähler seine marginale Zahlungsbereitschaft zu gering veranschlagt (Feld 1).

[20] Vgl. beispielsweise *K.-H. Hansmeyer* und *K. Mackscheidt*, Finanzpsychologie, in: Handbuch der Finanzwissenschaft, 3., gänzlich neubearbeitete Aufl., Bd. 1., Tübingen 1977, S. 566 ff. und S. 579 ff., *K. Mackscheidt*, Grenzen für das Wachstum der Staatsausgaben?, in: W. Rippe und H.-P. Haarland, (Hg.), Wirtschaftstheorie als Verhaltenstheorie, S. 155 ff., *G. Schmölders*, Finanz- und Steuerpsychologie. Das Irrationale in der öffentlichen Finanzwirtschaft, Reinbek bei Hamburg 1970 und ders., Einführung in die Geld- und Finanzpsychologie, Darmstadt 1975.

Schaubild 2.2.: Möglichkeiten der (Mis-)Perzeption von marginaler Zahlungsbereitschaft und Finanzierungslast für den Medianwähler

		Marginale Zahlungsbereitschaft		
		zu gering	richtig	zu hoch
Marginale Finanzierungslast	zu gering	1	2	3
	richtig	4	5	6
	zu hoch	7	8	9

zu wenig, um die hiervon ausgehenden Effizienzeffekte abschätzen zu können. So kann es kaum verwundern, daß im Schrifttum recht unterschiedliche Auffassungen um Anerkennung wetteifern.[21]

Eine Gruppe von Autoren vertritt die These vom Unterangebot öffentlicher Leistungen[22], ja sogar von der „öffentlichen Armut".[23] Überträgt man die mit dieser These verbundenen Implikationen auf das Medianwählermodell für direkt-demokratische Abstimmungen, so wird

[21] Einen ersten Eindruck von der groß angelegten Kontroverse vermögen *R. C. Amacher, R. D. Tollison* und *T. D. Willett,* A Budget Size in a Democracy: A Review of the Arguments, in: Public Finance Quarterly, Vol. 3 (1975), S. 99 ff. zu vermitteln.

[22] Vgl. exemplarisch *A. Downs,* Why the Government Budget is too Small in a Democracy, in: World Politics, Vol. 13 (1960), S. 551, demzufolge Staatsbürger den Nutzen komplexer öffentlicher Leistungen systematisch unterschätzen.

[23] Vgl. *J. K. Galbraith,* The Affluent Society, 2. Aufl., Boston 1969 und *N. Nieswandt,* Der Beitrag der Ökonomischen Theorie der Politik zur Begründung der These von der „Öffentlichen Armut", Dissertation, Bochum 1976.

in Grafik 2.1. die Kurve der marginalen Zahlungsbereitschaft des Medianwählers nach unten und/oder die Kurve seiner marginalen Finanzierungslast nach oben verschoben.

Demgegenüber gelangt eine Reihe anderer Wissenschaftler zu einem konträren Ergebnis, nämlich zur These vom Überangebot an öffentlichen Leistungen[24] und insbesondere an staatlichen Regulationen[25]. Für den Medianwähler in Grafik 2.1. bedeutet dies eine Verschiebung seiner marginalen Zahlungsbereitschaft nach oben[26] und/oder eine Verlagerung seiner wahrgenommenen marginalen Finanzierungslast nach unten[27].

B. Informationsinsuffizienzen in repräsentativen Demokratien

Bislang wurde lediglich unterstellt, Wähler seien über die sie betreffenden Nutzen und Kosten öffentlicher Leistungen im allgemeinen schlecht informiert. Direkte Entscheidungen über einzelne öffentliche Leistungen hatten eine unverfälschte Vermittlung der effektiven Wählernachfrage an die Regierung zur Konsequenz. Die im Steuerungsprozeß I effektiv wirksame Nachfrage entsprach somit der effektiven Nachfrage.

In repräsentativen Demokratien werden nicht nur die Möglichkeiten für bürokratische Ineffizienzen aufgrund beschränkter Wählerinforma-

---

[24] Vgl. *H. Klages*, Überlasteter Staat — verdrossene Bürger? Zu den Dissonanzen der Wohlfahrtsgesellschaft, Frankfurt/New York 1981, S. 28 ff.

[25] Vgl. insbesondere *S. Andic* und *R. J. Cao-Garcia*, Regulation in a Democracy: Inefficiency or Efficiency?, Paper presented at the 38th Congress of the International Institute of Public Finance, Copenhagen, August 23 - 26, 1982.

[26] Vgl. *C. Wolf, Jr.*, „Non-Market" Failure Revisited, S. 31 ff. zur Auffassung, die Nutzen öffentlicher Leistungen würden von den Wählern überschätzt.

[27] Zur These von der Unterschätzung der Finanzierungslasten für öffentliche Leistungen vgl. *W. J. Baumol* und *W. E. Oates*, The Theory of Environmental Policy. Externalities, Public Outlays, and the Quality of Life, Englewood Cliffs, N. Y. 1975, S. 256, *S. Brittan*, The Economic Contradictions of Democracy, in: British Journal of Political Science, Vol. 5 (1975), S. 129 ff., *J. M. Buchanan*, Why Does Government Grow?, S. 11 und *H. C. Recktenwald*, Zur Theorie des „Staatsversagens", in: Public Finance, Festschrift Paul Senf, Vol. 35 (1980), S. 76. Interessant in diesem Zusammenhang ist auch die Entwicklung von *R. A. Musgrave:* Während er zunächst (Finanztheorie, 2. Aufl., Tübingen 1969, S. 192) noch konstatiert, daß die individuelle Steuerbelastung um so geringer empfunden werde, je komplexer das Steuersystem sei, betont er neuerdings (When is the Public Sector „Too Large"?, Paper presented for a conference on „Measuring the Size and Growth of the Public Sector", Wissenschaftszentrum Berlin, June 29 - July 2, 1981), daß „one should not overlook the fact that ... vast sums are spent on political advertising aimed to dramatise and exaggerate the existence of ‚oppresive' tax burdens".

tionen vervielfacht.[28] Vor allem muß die effektive Nachfrage nicht mehr mit der effektiv wirksamen Nachfrage übereinstimmen, denn Regierung und Parteien sind über die Wünsche und Vorstellungen der Wähler nicht länger vollkommen informiert.

Im Brennpunkt der folgenden Betrachtungen soll der Einfluß von Interessengruppierungen stehen, auf die Regierung und Parteien bei unvollkommener Information angewiesen sind. Es wird vereinfachend unterstellt, daß öffentliche Leistungen ausschließlich über allgemeine Steuern finanziert werden.

I. Der Einfluß der Interessengruppen auf politische Parteien

In der Literatur kommt der These von der Dominanz des Verbandseinflusses im Gesamtsystem politischer Entscheidungen eine zentrale Bedeutung zu,[29] obschon es weder an kritischen Gegenstimmen[30] noch an Problemen im Zusammenhang mit der Messung des Interessengruppeneinflusses[31] fehlt. Sie impliziert zweierlei, nämlich zum einen, daß Wählen nicht die effektivste Form der Einflußnahme im Steuerungsprozeß I darstellt,[32] und zum anderen, daß die abnehmende Bedeutung des Konkurrenzkampfes um Wählerstimmen mit einem zunehmenden Ein-

---

28 Vgl. in diesem Zusammenhang auch *H. C. Recktenwald* in einem Diskussionsbeitrag auf dem Internationalen Symposium „Anatomy of Government Deficiencies" in Dießen am Ammersee, 22. - 25. Juli 1980: „I ask myself how our poor fictitious median voter can reveal his net return by comparing the benefits and the costs of hundreds of programs and projects".

29 Vgl. hierzu allgemein *P. Bernholz*, Dominant Interest Groups and Powerless Parties, *E.-B. Blümle* und *W. Wittmann*, (Hg.), Verbände, Stuttgart/New York 1976, *W. Dettling*, (Hg.), Macht der Verbände — Ohnmacht der Demokratie?, ders., Verbände — Strukturelemente einer freiheitlichen Demokratie, Köln 1978, *W. Kitterer*, Politische Ökonomie und institutionelle Ordnung der öffentlichen Finanzwirtschaft, in: Public Finance, Festschrift Paul Senf, Vol. 35 (1980), S. 140 ff., *F. Lehner*, Grenzen des Regierens. Eine Studie zur Regierungsproblematik hochindustrialisierter Demokratien, Königstein, Ts. 1979, *E. Liefmann-Keil*, Zur Aktivität der Interessenverbände, in: W. W. Pommerehne und B. S. Frey, (Hg.), Ökonomische Theorie der Politik, S. 320 ff., *E. Noam*, The Choice of Government Level in Regulation, in: Kyklos, Vol. 35 (1982), S. 278 ff. sowie *M. Olson, Jr.*, The Political Economy of Comparative Growth Rates, in: D. C. Mueller, (Hg.), The Political Economy of Growth, S. 17 f.

30 So vertritt *R. E. Wagner*, Pressure Groups and Political Entrepreneurs: A Review Article, in: Papers on Non-Market Decision-Making, Charlottesville 1966, S. 161 ff. die Auffassung, daß auch die nicht oder schlecht organisierbaren Interessen von stimmenmaximierenden Politikern in einer Wettbewerbsdemokratie berücksichtigt würden.

31 Vgl hierzu ausführlich *G. P. A. Braam*, Influence of Business Firms on the Government. An Investigation of the Distribution of Influence in Society, The Hague u. a. 1981.

32 Vgl. *N. Frohlich* und *J. A. Oppenheimer*, Modern Political Economy, S. 112.

fluß des Verbändesystems einhergeht.[33] Politische Parteien und Regierungsinstanzen sind bei unvollkommener Information vor allen Dingen deshalb von den Verbänden abhängig, weil (1) politische Wahlen ziemlich undifferenziert sind und für Regierung und Parteien ein hohes Ausmaß an Unsicherheit beinhalten, weil (2) Interessengruppen einen großen Einfluß auf das Abstimmungsverhalten der Wähler ausüben können und weil (3) politische Parteien Wahlpropaganda betreiben müssen.

Ad (1): Ein politisches System, in dem in relativ großen zeitlichen Abständen von schlecht informierten Wählern über ein ganzes Maßnahmenbündel abgestimmt wird, ist in zeitlicher und funktionaler Hinsicht viel zu undifferenziert, um Politikern, die den Willen einer Wählermehrheit erkunden wollen, überhaupt die erforderlichen Informationen vermitteln zu können.[34] Parteien sind in zweifacher Hinsicht auf Verbände angewiesen, wenn sie das Ausmaß ihrer Unsicherheit im Steuerungsprozeß I reduzieren wollen. Zum einen sind Verbände in der Lage, die unüberschaubare Vielzahl individueller Interessenlagen zu aggregieren und die sich daraus ergebenden größeren politischen Alternativen zu artikulieren.[35] Zum anderen ermöglicht die Existenz eines Verbändesystems, daß der Kommunikationsprozeß zwischen den Staatsbürgern und den Parteien auch zwischen den Wahlterminen stattfindet.[36] In ihrer Funktion als Informationsvermittler werden Ver-

---

[33] Vgl. beispielsweise *P. Herder-Dorneich*, Konkurrenzdemokratie — Verhandlungsdemokratie, Politische Strategien der Gegenwart, Stuttgart u. a. 1979, S. 24: „Dabei vertreten wir den Standpunkt, daß die Realität in der Bundesrepublik Deutschland der 60er Jahre bis heute die Transformation von einer Konkurrenzdemokratie zu einer Verhandlungsdemokratie durchgemacht hat". Siehe ähnlich *W.-D. Narr* und *F. Naschold*, Theorie der Demokratie, Einführung in die moderne politische Theorie, Teil III, Stuttgart u. a. 1971, S. 96.

[34] Vgl. *C. V. Brown* und *P. M. Jackson*, Public Sector Economics, S. 77 und *B. Strümpel*, Subjective Indicators of Well-Being in an Era of Slow Economic Growth, Paper presented at the International Symposium „Anatomy of Government Deficiencies", Dießen am Ammersee, July 22 - 25, 1980.

[35] „Die Entscheidungsfindung der staatlichen Organe wird erleichtert, wenn die Fülle von Forderungen aus der Gesellschaft bereits gesammelt und zu einer kleineren Anzahl von politischen Alternativen aufgearbeitet wurde, wenn etwa in einem Verband mit teilweise widersprüchlichen Interessen, z. B. denen kleinerer Betriebe gegen große Betriebe, lohn- gegen kapitalintensive Unternehmen, binnenmarkt- gegen exportorientierte Unternehmungen, oder gar zwischen verschiedenen Verbänden ein Konsens erzielt werden konnte". *R. Steinberg*, Die Interessenverbände in der Verfassungsordnung, S. 30.

[36] Gäbe es keine Verbände, wären die Parteien gezwungen, immense Ressourcen in ihre Informationsgewinnungs- und -verarbeitungskapazitäten zu investieren, um Entscheidungen zu treffen und um Vorschläge zu formulieren, die sich am Willen einer Wählermehrheit ausrichten. Vgl. auch *P. Bernholz*, Die Machtkonkurrenz der Verbände im Rahmen des politischen Entscheidungssystems, S. 187.

bände allerdings bestrebt sein, innerhalb gewisser Grenzen die Informationsströme in ihrem Interesse zu steuern.[37]

Ad (2): Ferner müssen monofinal eigennutzorientierte Parteien, wollen sie (wieder-)gewählt werden, vor allen Dingen aus zwei Gründen die Positionen von einflußreichen Interessengruppen berücksichtigen.

Die Mitglieder von Interessengruppen informieren und artikulieren sich zum einen immer dann weitaus intensiver als die jeweils anderen Staatsbürger, wenn politische Parteien über sie betreffende Gruppengüter oder über öffentliche Leistungen entscheiden, an deren Bereitstellung sie, als Produktionsfaktoren, direkt oder, über die Erstellung von Vorleistungen, indirekt beteiligt sind.[38] Unter Gruppengütern werden dabei solche öffentlichen Leistungen verstanden, die über allgemeine Steuern finanziert werden und die im wesentlichen nur den Interessengruppenangehörigen einen individuell spürbaren Nutzen stiften.

Da die Gesamtheit der Staatsbürger die Finanzierung der von den Interessengruppen gewünschten öffentlichen Leistungen übernimmt, ist der Finanzierungsanteil des einzelnen relativ gering. Dementsprechend schwach ist der Anreiz für den einzelnen Steuerzahler, sich über die Effekte dieser öffentlichen Leistungen auf seine individuelle Wohlfahrtsposition zu informieren oder gegen seine Finanzierungsbelastung zu opponieren.[39] Ganz anders verhält sich demgegenüber ein Interessengruppenmitglied. Es wird sich über die Auswirkungen der öffentlichen Leistung auf seine eigene Wohlfahrtsposition relativ gut informieren, und es wird sich für ein öffentliches Angebot einsetzen und gegen seine Abschaffung protestieren. Gegenüber der mit der Bereitstellung der

---

37 Informationsverzerrungen, die von den politischen Entscheidungsträgern erkannt werden, gefährden die Glaubwürdigkeit des Verbandes und damit die Erfolgsaussichten zukünftiger Strategien. Immerhin werden die an die politischen Instanzen vermittelten Informationen den Verbandsinteressen niemals zuwider laufen. Vgl. *P. Bernholz*, Grundlagen der Politischen Ökonomie, S. 98 ff.

38 „Those threatened by the elimination of an agency or program fight harder than those with a generalized interest in efficiency or cost-cutting". *M. P. Fiorina*, Congress, S. 83. Vgl. auch *A Peacock*, Public X-Inefficiency: Informational and Institutional Constraints, in: H. Hanusch, (Hg.), Anatomy of Government Deficiencies, S. 133 und *K.-E. Schenk*, Rationale Ordnungspolitik in bürokratischen Systemen, in: W. Dettling, (Hg.), Die Zähmung des Leviathan, S. 220 ff.

39 Benachteiligte Staatsbürger haben außer dem Protest gegen ihren Finanzierungsanteil die Möglichkeit, sie begünstigende gruppenspezifische Leistungen zu fordern. Können sie sich damit durchsetzen, entstehen neue Ungleichgewichte und zusätzliche Forderungen nach gruppenspezifischen öffentlichen Leistungen. Wachsende öffentliche Haushalte sind die Konsequenz dieses „Unzufriedenheits-Forderungszyklus". Vgl. *K. Mackscheidt*, Grenzen für das Wachstum der Staatsausgaben?

öffentlichen Leistung verbundenen Nettowohlfahrtserhöhung sind seine Kosten der Informationsbeschaffung und -auswertung sowie der politischen Einflußnahme, bedingt auch durch die Vorteile einer verbandsmäßigen Organisation, nämlich in der Regel eher gering.

Zum anderen können bestimmte Interessenverbände die gesamtwirtschaftliche Entwicklung beeinflussen. Werden Regierungen und politische Parteien von der Wählerschaft für meso- und makroökonomische Ergebnisse verantwortlich gemacht,[40] dann werden sie bestrebt sein, sich das Wohlwollen der relevanten Interessengruppen durch Zugeständnisse an die Verbandsforderungen zu sichern.[41]

Ad (3): Gerade weil politische Entscheidungen Interessengruppierungen in einem überproportionalen Umfang berücksichtigen,[42] müssen Parteien bemüht sein, für ihr Angebot zu werben sowie die selektiven Nutzen den Benefizienten gegenüber zu betonen und den Kostenträgern gegenüber zu verbergen. Politische Propaganda setzt jedoch die Verfügung über finanzielle Ressourcen voraus. Reichen andere Finanzierungsarten, wie Mitgliederbeiträge und staatliche Zuschüsse, nicht aus, werden politische Parteien finanzielle Zuwendungen seitens der Verbände nachfragen. Verbände ihrerseits werden Parteienfinan-

---

40 In zahlreichen empirischen Studien wird der Nachweis erbracht, daß insbesondere die Arbeitslosigkeits-, Inflations- und Realeinkommenswachstumsrate für das Wahlverhalten von erheblicher Bedeutung sind. Vgl. *R. C. Fair*, The Use of Optimal Control Techniques to Measure Economic Performance, in: International Economic Review, Vol. 19 (1978), S. 289 ff., *B. S. Frey*, Theorie und Empirie Politischer Konjunkturzyklen, in: Zeitschrift für Nationalökonomie, Bd. 36 (1976), S. 95 ff., ders., Politico-Economic Models and Cycles, in: Journal of Public Economics, Vol. 9 (1978), S. 203 ff., ders., The Political Business Cycle: Theory and Evidence, in: The Institute of Economic Affairs, (Hg.), The Economics of Politics, S. 93 ff., *B. S. Frey* und *F. Schneider*, An Empirical Study of Politico-Economic Interaction in the United States, in: Review of Economics and Statistics, Vol. 60 (1978), S. 174 ff., dies., An Economic Model with Endogenous Government Sector, in: Public Choice, Vol. 34 (1979), S. 29 ff., *D. A. Hibbs, Jr.* und *H. Fassbender*, (Hg.), Contemporary Political Economy. Studies on the Interdependence of Politics and Economics, Amsterdam u. a. 1981, *G. Locksley*, The Political Business Cycle: Alternative Interpretations, in: P. Whiteley, (Hg.), Models of Political Economy, London/Beverly Hills 1980, S. 177 ff., *W. D. Nordhaus*, Der politische Konjunkturzyklus, in: H. J. Ramser und B. Angehrn, (Hg.), Beschäftigung und Inflation, Stuttgart/New York 1977, S. 133 ff., *M. Paldam*, An Essay on the Rationality of Economic Policy: The Test-Case of the Electional Cycle, in: Public Choice, Vol. 37 (1981), S. 287 ff. und *F. Schneider* und *W. W. Pommerehne*, Politico-Economic Interactions in Australia: Some Empirical Evidence, in: Economic Record, Vol. 56 (1980), S. 113 ff.

41 Siehe ähnlich *P. Bernholz*, Grundlagen der Politischen Ökonomie, S. 98 ff. Vgl. in diesem Zusammenhang auch *V. Halberstadt*, *B. le Blanc*, *K. Goudswaard* und *D. Meys*, Budget Cutting Policies: Recent Experiences in the Netherlands, Paper presented at the 38th Congress of the International Institute of Public Finance, Copenhagen, August 23 - 26, 1982.

42 Vgl. *J. D. Gwartney* und *R. Stroup*, Macroeconomics, S. 80.

zierungen von der Berücksichtigung ihrer Forderungen in bestimmten Leistungsbereichen abhängig machen.[43]

II. Effizienz des öffentlichen Angebotes bei einer Dominanz der Verbände

Im Anschluß an die These vom dominanten Einfluß organisierter Interessen im Steuerungsprozeß I sollen ihre Implikationen für die Produktions- und Allokationseffizienz öffentlicher Leistungen untersucht werden. Aus Gründen der Vereinfachung wie der Transparenz wollen wir dabei der in der Literatur üblichen Vorgehensweise folgen und unterstellen, die tatsächliche Nachfrage sei mit der effektiven Nachfrage identisch. Damit ist gewährleistet, daß festgestellte Abweichungen der effektiv wirksamen von der effektiven Nachfrage in jedem Falle mit Ineffizienzen bei der Bereitstellung öffentlicher Leistungen verbunden sind.[44]

Obschon eine Vielzahl von Veröffentlichungen den Einfluß von Interessengruppen in repräsentativen Demokratien zum Erkenntnisobjekt hat, ist uns kein Beitrag bekannt, der die Effizienz des öffentlichen Angebotes bei einer Dominanz des Verbändesystems umfassend untersucht. Gleichwohl können aus drei Richtungen in der Literatur Effizienzaussagen abgeleitet werden. Während eine Richtung die Konsequenzen einer ineffektiven Interessen- und Informationsvermittlung des Ver-

---

[43] Zur Frage, inwieweit Wahlkampfspenden vor einem solchen Hintergrund Wahlergebnisse oder politische Entscheidungen beeinflussen, siehe in jüngster Zeit beispielsweise die empirischen Studien von *B. Bental* und *U. Ben-Zion*, A Simple Model of Political Contributions, in: Public Finance Quarterly, Vol. 9 (1981), S. 143 ff., *H. W. Chappel*, Campaign Contributions and Voting on the Cargo Preference Bill: A Comparison of Simultaneous Models, in: Public Choice, Vol. 36 (1981), S. 301 ff., ders., Campaign Contributions and Congressional Voting: A Simultaneous Probit-Tobit Model, in: Review of Economics and Statistics, Vol. 64 (1982), S. 77 ff., *J. Silberman* und *G. Yochum*, The Market for Special Interest Campaign Funds: An Exploratory Approach, in: Public Choice, Vol. 35 (1980), S. 75 ff., *W. P. Welch*, The Allocation of Political Monies: Economic Interest Groups, in: Public Choice, Vol. 35 (1980), S. 97 ff. und ders., Money and Votes: A Simultaneous Equation Model, in: Public Choice, Vol. 36 (1981), S. 209 ff.

[44] Würde diese Annahme aufgehoben, so müßte, im Lichte der Second-best-Theorie, geprüft werden, ob Abweichungen der effektiv wirksamen von der effektiven Nachfrage mit einer Verringerung oder Vergrößerung der Differenz zwischen effektiv wirksamer und tatsächlicher Nachfrage einhergehen. Insbesondere könnte eine entgegengesetzte Wirkungsrichtung des Auseinanderfallens von tatsächlicher und effektiver Nachfrage auf der einen Seite und von effektiver und effektiv wirksamer Nachfrage auf der anderen Seite nicht ausgeschlossen werden. In diesem Fall hätten Abweichungen der effektiv wirksamen Nachfrage von der effektiven Nachfrage innerhalb bestimmter Grenzen einen effizienzsteigernden Effekt! Zur Second-best-Theorie siehe grundlegend *R. G. Lipsey* und *K. Lancaster*, The General Theory of Second Best, in: Review of Economic Studies, Vol. 24 (1956/57), S. 11 ff.

bändesystems an die politischen Parteien in den Vordergrund der Betrachtung rückt (1), unterstellen die beiden anderen eine effektive Vermittlung und thematisieren die Auswirkungen einer Symmetrie (2) und einer Asymmetrie (3) in der Interessenrepräsentation.

Ad (1): Eine extrem pessimistische Sichtweise des Verbandseinflusses im Steuerungsprozeß I gelangt zu dem Schluß, daß vom Verbändesystem in jedem Falle potentielle Ineffizienzen bei der Bereitstellung öffentlicher Leistungen ausgehen können. In zweifacher Hinsicht, so wird argumentiert, könne eine Dominanz organisierter Interessen den Verzicht auf die Realisierung von Produktions- und Allokationseffizienzpotentialen zur Folge haben. Zum einen könne nicht ausgeschlossen werden, daß der Verhandlungsprozeß zwischen den Interessengruppen die Handlungs- und Entscheidungsfähigkeit des politisch-administrativen Gesamtsystems einschränke.[45] Insbesondere könnten die Auseinandersetzungen im Verbändesystem so viel Zeit beanspruchen, daß der Verhandlungsgegenstand am Ende gar nicht mehr existiere[46] und neue Verfahren zur Erhöhung der Produktionseffizienz nicht eingeführt oder neue öffentliche Leistungen zur Erhöhung der Allokationseffizienz nicht angeboten würden. Im Extremfall verhinderten sie jeden Konsensus. Zum anderen könne eine verbandsmäßige Interessenorganisation, langfristig betrachtet, zu einem Stillstand in der gesellschaftlichen und politischen Entwicklung[47] und zu einem Immobilismus bei der Bereitstellung öffentlicher Leistungen führen.

Ad (2): Eine zweite Gruppe von Autoren vertritt die optimistische Ansicht, daß eine Effizienz des öffentlichen Angebotes überhaupt erst durch den dominanten Einfluß der Interessengruppen im Steuerungsprozeß I sichergestellt werden könne. Das Verbändesystem sei nämlich effektiv in der Vermittlung von Interessen und Informationen, und es böte im Prinzip allen Interessen die gleichen Durchsetzungschancen (These von der Symmetrie der Interessenrepräsentation). Damit wird implizit oder, wie in der pluralistischen Demokratietheorie, explizit unterstellt, alle gesellschaftlichen Interessen seien grundsätzlich organi-

---

45 Siehe *F. Lehner*, Einführung in die Neue Politische Ökonomie, S. 125 ff.

46 Vgl. *L. Johansen*, The Bargaining Society and the Inefficiency of Bargaining, in: Kyklos, Vol. 32 (1979), S. 515 ff.

47 Das Verbändesystem in seiner Gesamtheit ist dann „im wesentlichen ein System zur Erhaltung des einmal ... geschaffenen Status quo". *K. Sontheimer*, Grundzüge des politischen Systems der Bundesrepublik Deutschland, 8., völlig überarbeitete Aufl., München 1980, S. 125. Vgl. ähnlich *L. C. Thurow*, Die Null-Summen-Gesellschaft. Einkommensverteilung und Möglichkeiten wirtschaftlichen Wandels, München 1981, S. 8 ff. und *J. Weber*, Interessengruppen im politischen System der Bundesrepublik Deutschland, 2. Aufl., München 1981, S. 406.

sierbar und würden auch organisiert.[48] Die Konkurrenz zwischen den verschiedenen Interessen führe dann zu einem optimalen Interessenausgleich und zu einem produktions- und allokationseffizienten Leistungsangebot.[49]

Ad (3): Demgegenüber gelangen andere Wissenschaftler, die ebenfalls unterstellen, daß das Verbändesystem bei der Vermittlung von Interessen und Informationen insofern effektiv sei, als es zu keiner Paralyse und Handlungsunfähigkeit des politisch-administrativen Systems führe, zu einer pessimistischen Auffassung. Ihnen zufolge sind die Durchsetzungschancen verschiedener Interessen ungleich verteilt.[50] Abweichun-

[48] „The traditional view of interest groups regarded it as natural that individuals with common goals would tend to form groups to further these common interests." *A. B. Atkinson* und *J. E. Stiglitz*, Lectures on Public Economics, S. 317 f. Grundlegend zum Pluralismusansatz siehe *A. F. Bentley*, The Process of Government, Evanston, Ill. 1949, *R. A. Dahl*, Polyarchie, New Haven 1971 und *D. B. Truman*, The Governmental Process, New York 1958. Zur Kritik an diesem Ansatz vgl. *T. Lowi*, The End of Liberalism, New York 1969 und *D. Voggenreiter*, Verbandsforschung und ökonomische Theorie. Zur Problematik der theoretischen Fundierung der sozialökonomischen Verbandsforschung, Dissertation, Köln 1970, S. 94 ff.

[49] Vgl. in diesem Zusammenhang auch *B. Gahlen, H.-D. Hardes, F. Rahmeyer* und *A. Schmid*, Volkswirtschaftslehre. Eine problemorientierte Einführung, 12., völlig überarb. Aufl., Tübingen 1981, S. 447 f. Allerdings kann nicht ausgeschlossen werden, daß der Ressourcenverzehr, der mit der Organisation und der Konkurrenz verschiedener Interessen verbunden ist, seinerseits einen gesellschaftlichen Wohlfahrtsverlust bedingt. Zu dieser Art von sozialer Ineffizienz, die neuerdings in der „theory of the rent-seeking society" thematisiert wird, vgl. exemplarisch *R. D. Tollison*, Rent Seeking: A Survey, in: Kyklos, Vol. 35 (1982), S. 575 ff.

[50] Vgl. *G. Fleischmann*, Ungleichheit unter den Wählern. Zur ökonomischen Perspektive in der Soziologie, in: H. P. Widmaier, (Hg.), Politische Ökonomie des Wohlfahrtsstaates, S. 156 f. und insbesondere *C. Offe*, Politische Herrschaft und Klassenstrukturen. Zur Analyse spätkapitalistischer Gesellschaftssysteme, in: G. Kress und D. Senghaas, (Hg.), Politikwissenschaft. Eine Einführung in ihre Probleme, Frankfurt 1973, S. 145 f., demzufolge die Repräsentationsfähigkeit eines Interesses von seiner Organisations- und Konfliktfähigkeit abhängt. Zum Problem der Organisationsfähigkeit von Interessen vgl. bahnbrechend *M. Olson, Jr.*, Die Logik des kollektiven Handelns, und in neuerer Zeit auch *T. M. Moe*, Toward a Broader View of Interest Groups, in: Journal of Politics, Vol. 43 (1981), S. 531 ff. sowie *M. Olson, Jr.*, The Rise and Decline of Nations. Economic Growth, Stagflation, and Social Rigidities, New Haven/London 1982, S. 17 ff. und S. 37. Zur Konfliktfähigkeit von Interessen vgl. auch *J. Wössner*, Die ordnungspolitische Bedeutung des Verbandswesens, Tübingen 1961, S. 171. Eine Frage stellt sich in diesem Zusammenhang von selbst: Welche Interessen haben bevorzugte Repräsentations- und Durchsetzungschancen? Einige Autoren nehmen an, daß die (industriellen) Erwerbsinteressen im Wettstreit der Verbände dominieren würden. Vgl. exemplarisch *C. E. Lindblom*, Jenseits von Markt und Staat. Eine Kritik der politischen und ökonomischen Systeme, Stuttgart 1980, S. 270 ff. Eine extreme Variante der These von der Asymmetrie des interessenverbandlichen Einflusses im politisch-administrativen Prozeß, die Stamokap-Theorie, sieht im Staat gar ausschließlich ein Instrument der „Monopolbourgeoisie". Vgl. *H.-R. Peters*, Zur Erklärungsrelevanz der Stamokap-Theorie, in: Wirtschaftswissenschaftliches Studium, 10. Jg. (1981), S. 326.

gen der effektiven von der im Steuerungsprozeß I effektiv wirksamen Nachfrage seien die Konsequenz einer Asymmetrie in der Repräsentationsfähigkeit von Interessen. Insbesondere führe die Asymmetrie gleichzeitig zu einer Unterversorgung mit reinen öffentlichen Gütern und zu einer Überversorgung mit speziellen Vergünstigungen für einzelne Verbände, die sich im Steuerungsprozeß I durchsetzen können.[51] Verbunden damit seien nachfragebedingte Allokations- und Produktionsineffizienzen im bürokratischen Angebot.[52] Im Extremfall würde die Summe der individuellen Finanzierungslasten der Kostenträger sogar die Summe der individuellen Zahlungsbereitschaften der Benefizienten übersteigen.[53]

---

51 Siehe *M. Olson, Jr.*, The Rise and Decline of Nations, S. 47. Er vertritt die Ansicht, das Wirken der Interessenverbände „makes the significance of distributional issues in political life relatively greater and the significance of widespread common interests in political life relatively smaller". Vgl. auch *D. C. Mueller*, The Political Economy of Growth and Redistribution, S. 261 ff., *M. Olson, Jr.*, The Political Economy of Comparative Growth Rates, S. 18 ff., *K. Schmidt*, Entwicklungstendenzen der öffentlichen Ausgaben im demokratischen Gruppenstaat, in: Finanzarchiv, N. F., 25. Jg. (1966), S. 233 ff., *G. Tullock*, Problems of Majority Voting, in: Journal of Political Economy, Vol. 67 (1959), S. 571 ff. sowie *F. A. von Hayek*, Drei Vorlesungen über Demokratie, Gerechtigkeit und Sozialismus, Tübingen 1977, S. 7 ff.

52 Vgl. *S. Rose-Ackerman*, Inefficiency and Reelection, in: Kyklos, Vol. 33 (1980), S. 287 ff. Zu einer positiven Beurteilung der Wohlfahrtseffekte des Verbändesystems gelangt hingegen *J. Weber*, Gefährdung der parlamentarischen Demokratie durch Verbände?, in: H. Oberreuter, (Hg.), Pluralismus. Grundlegung und Diskussion, München 1979, S. 109 ff.

53 Vgl. *R. L. Bish* und *V. Ostrom*, Understanding Urban Government, S. 101 und *W. Dettling*, Macht der Verbände — Ohnmacht der Demokratie? Zu diesem Band, in: W. Dettling, (Hg.), Macht der Verbände — Ohnmacht der Demokratie, S. 9.

Fünftes Kapitel

Multifinale Eigennutzorientierung politischer Parteien

In den beiden vorangegangenen Kapiteln wurde zum einen angenommen, Parteien seien ausschließlich an der Besetzung politischer Ämter interessiert, und zum anderen wurde unterstellt, politische Programme und Entscheidungen würden sich einzig und allein an diesem Ziel orientieren. Demgegenüber soll im folgenden Modellansatz das eindimensionale *Downs*sche Kalkül der Parteien zu einer multiplen Zielfunktion erweitert werden. Parteien maximieren nicht mehr die Wahrscheinlichkeit, (wieder-)gewählt zu werden. Vielmehr sollen sie eine Nutzenfunktion maximieren, deren Argumente sowohl die (Wieder-)Wahlwahrscheinlichkeit als auch die Höhe der Monopolrenten, die sich die Inhaber politischer Ämter aneignen können, umfassen.[1]

Politische Führungskräfte, die eine Verfügung über monopolistische Renten anstreben, sind jedoch nicht nur gehalten, (wieder-)wahlbezogene Überlegungen anzustellen. Sie müssen, darüber hinausgehend, eine Reihe zusätzlicher Zusammenhänge und Nebenbedingungen beachten.[2] Neben verfassungsmäßigen Einschränkungen müssen in ihren Entscheidungen vor allen Dingen mögliche Begrenzungen im öffentlichen Finanzierungsaufkommen berücksichtigt werden. Insbesondere Zinssatzerhöhungen, die mit steigenden staatlichen Budgetdefiziten ceteris paribus einhergehen, sowie Steuersatzerhöhungen verringern nämlich in aller Regel, via Substitutionsprozesse bei privaten Haushalten und Unternehmen, die besteuerungsfähige Wertschöpfung im privaten Sektor.[3] Im Extremfall kann nicht ausgeschlossen werden, daß das Fi-

---

[1] Vgl. *G. Brennan* und *J. M. Buchanan*, The Power to Tax, S. 21 f. Zu nichtwahlbezogenen Zielen von politischen Parteien siehe auch *J. S. Coleman*, Internal Processes Governing Party Positions in Elections, in: Public Choice, Vol. 11 (Fall 1971), S. 35 ff., *A. O. Hirschman*, Räumliche Dyopole und die Dynamik von Zweiparteiensystemen, in: W. W. Pommerehne und B. S. Frey, (Hg.), Ökonomische Theorie der Politik, S. 254 ff. und *B. E. Shafer*, Anti-Party Politics, in: Public Interest, No. 63 (Spring 1981), S. 95 ff.

[2] Siehe auch *B. S. Frey*, Theorie demokratischer Wirtschaftspolitik, S. 135 f.

[3] Daneben können auch von der Bereitstellung öffentlicher Leistungen, vor allen Dingen von staatlichen Transferprogrammen, negative Effekte auf die besteuerungsfähige Wertschöpfung im privaten Sektor ausgehen. Vgl. *S. Danziger*, *R. Haveman* und *R. Plotnick*, How Income Transfer Programs Affect Work, Savings, and the Income Distribution: A Critical Review, in: Journal of Economic Literature, Vol. 19 (1981), S. 975 ff.

nanzierungsaufkommen bei wachsenden Budgetdefiziten und steigenden Steuersätzen sinkt.[4]

Eine Aneignung von Monopolrenten bei der Bereitstellung öffentlicher Leistungen kann sich zum einen in der Realisierung ideologischer Ziele ausdrücken.[5] „Linksregierungen" sollen ein möglichst großes öffentliches Leistungsangebot anstreben. Demgegenüber sollen „Rechtsregierungen" beabsichtigen, die öffentlichen Einnahmen zu minimieren.[6] Zum anderen ist es denkbar, daß die individuellen Wohlfahrten politischer Entscheidungsträger zwar positiv mit der Höhe des öffentlichen Etats korreliert sind, dieser jedoch nicht, wie bei „Linksregierungen", zur Finanzierung eines generell überhöhten öffentlichen Leistungsangebotes, sondern zur indirekten Aneignung von persönlichen Vorteilen dient.[7] Derartige „Leviathan-Regierungen" können insbesondere spe-

---

[4] Zur rasch anschwellenden Diskussion über den Zusammenhang zwischen Steuersatz und Steueraufkommen vgl. *R. D. Adams*, Tax Rates and Tax Collections: The Basic Analytics of Khaldun-Laffer Curves, in: Public Finance Quarterly, Vol. 9 (1981), S. 415 ff., *J. M. Buchanan* und *D. R. Lee*, Some Simple Analytics of the Laffer Curve, Paper presented at the 38th Congress of the International Institute of Public Finance, Copenhagen, August 23 - 26, 1982, dies., Tax Rates and Tax Revenues in Political Equilibrium: Some Simple Analytics, in: Economic Inquiry, Vol. 20 (1982), S. 344 ff., *E. F. Denison*, Is U. S. Growth Understated Because of the Underground Economy? Employment Ratios Suggest Not, in: Review of Income and Wealth, Series 28 (1982), S. 1 ff., *B. S. Frey* und *H. Weck*, Bureaucracy and the Shadow Economy: A Macro-Approach, in: H. Hanusch, (Hg.), Anatomy of Government Deficiencies, S. 89 ff., *D. Henderson*, Limitations of the Laffer Curve as a Justification for Tax Cuts, in: Cato Journal, Vol. 1, No. 1 (Spring 1981), S. 45 ff., *A. B. Laffer*, Government Exactions and Revenue Deficiencies, in: Cato Journal, Vol. 1, No. 1 (Spring 1981), S. 1 ff., *A. F. Laffer* und *J. P. Seymour*, (Hg.), The Economics of the Tax Revolt: A Reader, New York u. a. 1979, *M. Moszer*, A Comment on the Laffer Model, in: Cato Journal, Vol. 1, No. 1 (Spring 1981), S. 23 ff. und *J. Wanniski*, The Way the World Works. How Economies Fail and Succeed, New York 1978.

[5] Zum enormen Einfluß ideologischer Vorstellungen auf das tatsächliche Leistungsangebot vgl. beispielsweise die Studien von *J. B. Kau, D. Keenan* und *P. H. Rubin*, A General Equilibrium Model of Congressional Voting, in: Quarterly Journal of Economics, Vol. 97 (1982), S. 271 ff. sowie *J. B. Kau* und *P. H. Rubin*, Self Interest, Ideology, and Logrolling in Congressional Voting, in: Journal of Law and Economics, Vol. 21 (1979), S. 365 ff.

[6] Siehe *H. Hanusch*, Inefficiencies in the Public Sector, S. 7 f. und *W. W. Pommerehne* und *F. Schneider*, Does Government in a Representative Democracy Follow a Majority of Voters' Preferences?, S. 62 ff. Ähnlich äußern sich auch *A. B. Atkinson* und *J. E. Stiglitz*, Lectures on Public Economics, S. 308: „The view of political parties as simply organizations for winning political power is clearly only a caricature. Party platforms are influenced by ‚ideology'. A socialist party supports government provision; a big business party opposes taxation."

[7] Vgl. das „Leviathan-model-of-government" bei *G. Brennan* und *J. M. Buchanan*, Towards a Tax Constitution for Leviathan, in: Journal of Public Economics, Vol. 8 (1977), S. 255 ff., dies., The Power to Tax, und dies., Revenue Implications of Money Creation under Leviathan, in: American Economic Review, Papers and Proceedings, Vol. 71, No. 2 (1981), S. 347 ff.

zielle Leistungen anbieten, für die entweder ihre eigenen Mitglieder oder aber Interessengruppen, die sich politischen Führungskräften gegenüber erkenntlich zeigen („Gefälligkeitsgeschäfte"), eine hohe Präferenz haben.

Gegenüber den beiden ersten Modellansätzen des Steuerungs- und Kontrollprozesses I sollen sich auch die institutionalen Charakteristika der Tauschinteraktion zwischen Wählern und Gewählten ändern: Nicht die Beschränkungen, die Wähler und Interessengruppen politischen Führungskräften auferlegen, sondern vielmehr die autonomen Handlungsspielräume von Regierung und Parteien sollen im Vordergrund der Betrachtung stehen. Damit soll einer theoretischen Neuorientierung der Ökonomischen Theorie der Politik Rechnung getragen werden, die sich in jüngster Zeit abzeichnet und deren Konturen noch relativ verschwommen sind. Die Dominanz von Wählern und Interessengruppen im Steuerungsprozeß I wird zunehmend durch die Dominanz von Regierung und Parteien, das Konkurrenzmodell der Demokratie zunehmend durch ein Monopolmodell der Regierung ersetzt. Während die Regierung im Wettbewerbsmodell in der letzten Konsequenz keine allzu große Bedeutung hat,[8] wird im Monopolansatz unterstellt, der laufende politische Prozeß könne die politische Macht nur sehr unvollkommen beschränken.[9]

Im institutionalen Kontext repräsentativer Demokratien sollen sowohl Situationen mit vollkommener als auch mit unvollkommener Information der Wähler behandelt werden. Demgegenüber wollen wir im Zusammenhang mit direkten Abstimmungen über einzelne öffentliche Leistungen die Machtparameter der Regierung und die Auswirkungen ihres Einsatzes auf die Effizienz staatlicher Bürokratien lediglich für vollkommen informierte Wähler untersuchen und dabei der Frage nachgehen, ob selbst in diesem Fall mit nachfragebedingten Ineffizienzen zu rechnen ist.

---

[8] *G. Brennan* und *J. M. Buchanan*, The Power to Tax, S. 15 zufolge ist der herkömmliche Wettbewerbsansatz dadurch gekennzeichnet, daß „in a very real sense, ‚government', as such, does not exist".

[9] Vgl. *A. Breton*, Economics of Representative Democracy, in: The Institute of Economic Affairs, (Hg.), The Economics of Politics, S. 63 und *R. Mayntz* und *F. W. Scharpf*, Kriterien, Voraussetzungen und Einschränkungen aktiver Politik, in: R. Mayntz und F. W. Scharpf, (Hg.), Planungsorganisation. Die Diskussion um die Reform von Regierung und Verwaltung des Bundes, München 1973, S. 131.

A. Direkte Abstimmungen vollkommen informierter Staatsbürger

I. Machtparameter der Regierung

Um im Rahmen ihrer diskretionären Spielräume eigene Ziele zu verfolgen, stehen einer Regierung in direkten Demokratien hauptsächlich zwei Instrumentvariablen zur Verfügung: (1) der Einsatz verteilungspolitischer Parameter und (2) die Begrenzung der Abstimmungsalternativen.[10]

Da es sich bei den Abstimmungsgegenständen um die Angebotsmengen einzelner öffentlicher Leistungen handelt, soll von möglichen Finanzierungsbeeinträchtigungen infolge privater Anpassungsreaktionen jeweils abstrahiert werden können. Auch soll die mit der Absicht der Regierung, nach Ablauf der Legislaturperiode eine Wiederwahl anzustreben, verbundene politische Einschränkung bei der Bereitstellung einzelner öffentlicher Leistungen während der Legislaturperiode vernachlässigbar gering sein.[11] Allerdings soll die Regierung verfassungsmäßige Nebenbedingungen beachten müssen, die ihre diskretionären Spielräume einengen. Insbesondere soll sie gehalten sein, ihre Entscheidung über die Angebotsmenge einer öffentlichen Leistung am Abstimmungsergebnis auszurichten. Übertragen auf das hier verwendete Medianwählermodell bedeutet dies, daß der Medianwähler im institutionalen Kontext des Abstimmungsverfahrens sein Plazet für die dann realisierte Angebotsmenge geben muß.

---

10 Vgl. allgemein zum Einfluß der Kontrolle des Abstimmungsverfahrens auf das Abstimmungsergebnis *R. D. McKelvey*, Intransitivities in Multidimensional Voting Models and Some Implications for Agenda Control, in: Journal of Economic Theory, Vol. 12 (1976), S. 472 ff., *C. R. Plott* und *M. E. Levine*, A Model of Agenda Influence on Committee Decisions, in: American Economic Review, Vol. 68 (1978), S. 146 ff., *W. H. Riker*, A Reply to Ordeshook and Rae, in: American Political Science Review, Vol. 74 (1980), S. 457, *N. Schofield*, Instability of Simple Dynamic Games, in: Review of Economic Studies, Vol. 45 (1978), S. 575 ff., *K. A. Shepsle*, Institutional Arrangements and Equilibrium in Multidimensional Voting Models, in: American Journal of Political Science, Vol. 23 (1979), S. 27 ff., ders., The Role of Institutional Structure in the Creation of Policy Equilibrium, in: D. W. Rae und T. J. Eismeier, (Hg.), Public Policy and Public Choice, Beverly Hills/London, S. 249 ff. und *K. A. Shepsle* und *B. R. Weingast*, Structure-Induced Equilibrium and Legislative Choice, in: Public Choice, Vol. 37 (1981), S. 503 ff.

11 Wie uns *H. Rosenthal* mündlich mitteilte, sind wahlbedingte Restriktionen für „school boards" in vielen amerikanischen Staaten infolge der dort existierenden institutionalen Strukturen tatsächlich derart gering, daß sich die gewählten Inhaber von Schulämtern Monopolrenten aneignen können, ohne gleichzeitig Gefahr zu laufen, nicht wiedergewählt zu werden. Vgl. aber auch die Kritik von *K. A. Shepsle*, The Role of Institutional Structure in the Creation of Policy Equilibrium, S. 258: „In a context of competing agenda setters — as is typically assumed in models of electoral competition — those rents are competed away."

1. *Einsatz verteilungspolitischer Instrumentvariablen*

Prinzipiell kann der Einsatz verteilungspolitischer Instrumentvariablen zur Steuerung des Abstimmungsergebnisses sowohl die Finanzierungslastverteilung als auch, bei einem unreinen Kollektivgut, die Verteilung der öffentlichen Leistung auf die Staatsbürger umfassen. Hier wollen wir uns aber auf den Einsatz der Finanzierungslastverteilung als Instrument einer Regierung zur Beeinflussung der individuellen Wahlkalküle und damit auch des Abstimmungsergebnisses beschränken.[12] Aus der Sicht der Staatsbürger ist die Verteilung der Finanzierungslasten weiterhin exogen vorgegeben, ihre Wahlentscheidung bleibt eine ausschließliche Allokationsentscheidung.

Es soll gewährleistet sein, daß der direkt-demokratische Abstimmungsprozeß zu einem eindeutigen und stabilen Gleichgewicht führt, in dem der Medianwähler seinen individuellen Nettonutzen maximiert. Grafik 2.2. veranschaulicht eine Situation, in der eine „Rechtsregierung" das Instrument der Finanzierungslastverteilung bei der Bereitstellung eines reinen öffentlichen Gutes X einsetzt, um die öffentlichen Einnahmen und die Angebotsmenge, die der Medianwähler in der Abstimmung nachfragt, zu minimieren.[13]

Drei Wähler mit unterschiedlich hohen marginalen Zahlungsbereitschaften $MZB\,(X)_i$ $(i = 1, 2, 3)$ seien an der Abstimmung beteiligt. Die „Rechtsregierung" verteilt die individuellen Finanzierungslasten wie folgt: Der Wähler mit der hohen marginalen Zahlungsbereitschaft für die öffentliche Leistung $MZB\,(X)_1$ muß sich an der Finanzierung überhaupt nicht beteiligen. Seine marginale Finanzierungslast $MFL\,(X)_1$ nimmt den Wert Null an. Die beiden anderen Wähler werden, zusammen genommen, entsprechend höher belastet. Gegenüber der Situation in Grafik 2.1. erhöht sich die Summe ihrer marginalen Finanzierungslasten $MFL\,(X)_2 + MFL\,(X)_3$. Leistungsmenge und Budget können so lange verringert werden, bis sich die individuellen Optima des Medianwählers und des Wählers mit der geringen marginalen Zahlungsbereitschaft $MZB\,(X)_3$ entsprechen. In Grafik 2.2. ist dies bei $X_{R1} < X_{V2}$ der Fall.

---

12 Zum Einfluß eines sozial diskriminierenden Leistungsangebotes auf das Abstimmungsverhalten der Staatsbürger vgl. insbesondere *S. Rose-Ackerman*, Inefficiency and Reelection, S. 287 ff.

13 Zur Festlegung der Finanzierungslastverteilung durch eine budgetmaximierende Regierung vgl. vor allen Dingen *A. T. Denzau* und *R. J. Mackay*, A Model of Benefit and Tax Share Discrimination by a Monopoly Bureau, in: Journal of Public Economics, Vol. 13 (1980), S. 341 ff. und *R. J. Mackay* und *C. L. Weaver*, Monopoly Bureaus and Fiscal Outcomes: Deductive Models and Implications for Reform, in: G. Tullock und R. E. Wagner, (Hg.), Policy Analysis and Deductive Reasoning, Lexington/Toronto 1978, S. 141 ff.

Grafik 2.2.

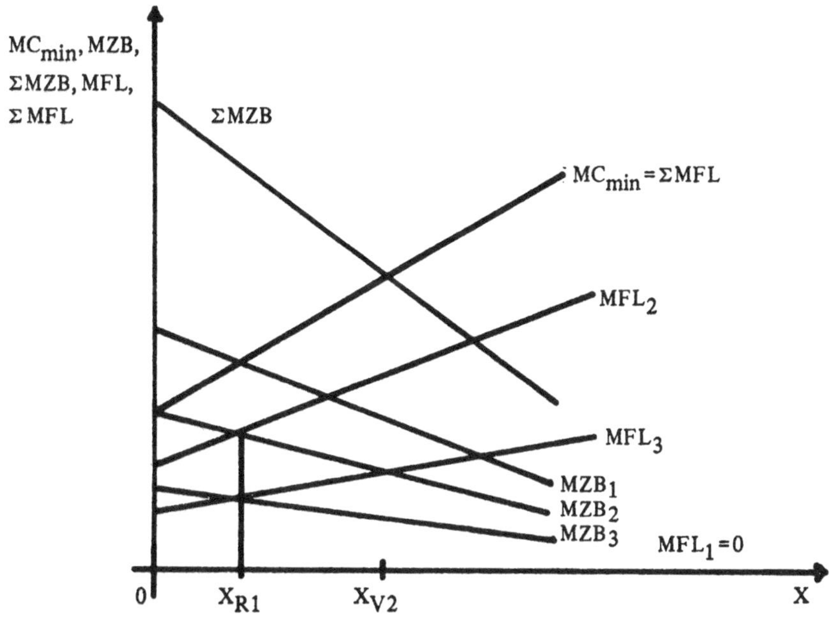

Eine „Leviathan"- oder „Linksregierung" würde hingegen die Verteilung der Finanzierungslasten so ausgestalten, daß die vom Medianwähler in der Abstimmung durchgesetzte Angebotsmenge größer als X_{V2} wäre. Dies hätte in der Regel zur Konsequenz, daß der Wähler mit der geringen marginalen Zahlungsbereitschaft enorm belastet und die beiden Wähler mit den hohen marginalen Zahlungsbereitschaften stark entlastet würden.[14]

2. Beschränkung der Abstimmungsalternativen

Im Unterschied zum bisherigen Medianwählermodell, in dem der Medianwähler seine Vorstellungen, im Rahmen der für ihn entscheidungsrelevanten Finanzierungsdaten, voll und ganz durchzusetzen vermochte, soll jetzt ein modifiziertes Medianwählermodell verwendet werden, in dem der Medianwähler für den Wahlausgang zwar weiterhin entscheidend bleibt, er aber seine Ziele nicht uneingeschränkt verwirklichen kann.

Es sei wiederum unterstellt, daß der Steuerungsprozeß I zu einem eindeutigen und stabilen Ergebnis führe. Die Regierung soll auf den

[14] Vgl. hierzu auch *H. Hanusch*, Inefficiencies in the Public Sector, S. 7 f.

Grafik 2.3.

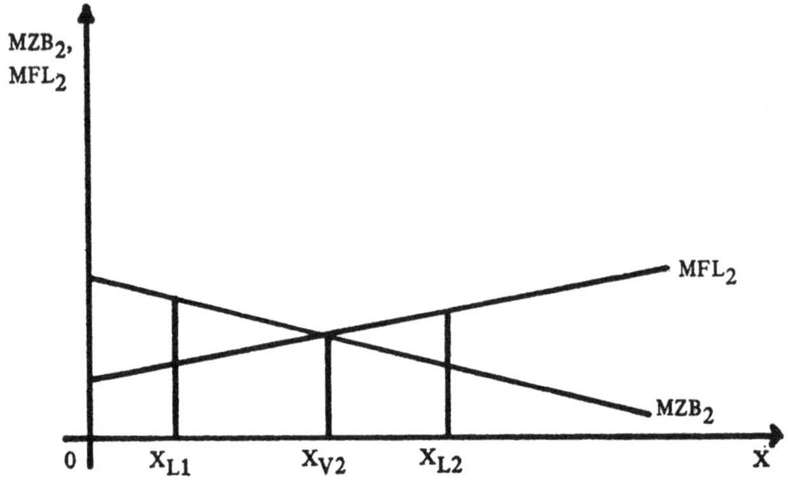

Einsatz verteilungspolitischer Instrumentvariablen verzichten und statt dessen die zur Abstimmung zugelassenen Alternativen kontrollieren.[15]

In einer derartigen Konstellation kann der Medianwähler nicht mehr zwischen einer im Prinzip unbeschränkten Anzahl alternativer Leistungsmengen auswählen. Seine Entscheidung ist vielmehr auf die von der Regierung zur Abstimmung zugelassenen Alternativen begrenzt. Im Extremfall muß er sich, wie in Grafik 2.3., auf eine von zwei möglichen Angebotsmengen für die öffentliche Leistung festlegen („two-point offer").

In Grafik 2.3. konfrontiert eine „Leviathan"- oder „Linksregierung" den Medianwähler mit der Möglichkeit, sich entweder für eine Leistungsmenge X_{L1}, die weit unter seiner nutzenmaximalen Angebots-

---

[15] Zur Kontrolle des Abstimmungsverfahrens über eine Beschränkung der Abstimmungsvorlagen vgl. vor allem *M. R. Flowers*, Agenda Control and Budget Size: An Extension of the Romer-Rosenthal Model, in: Public Choice, Vol. 37 (1981), S. 579 ff., *K. Ladha, T. Romer* und *H. Rosenthal*, If at First You Don't Succeed: Budgeting by a Sequence of Referenda, Paper presented at the 38th Congress of the International Institute of Public Finance, Copenhagen, August 23 - 26, 1982, *T. Romer* und *H. Rosenthal*, Political Resource Allocation, Controlled Agendas and the Status Quo, in: Public Choice, Vol. 33 (1978), S. 27 ff., dies., Bureaucrats versus Voters: On the Political Economy of Resource Allocation by Direct Democracy, in: Quarterly Journal of Economics, Vol. 93 (1979), S. 563 ff., dies., The Elusive Median Voter, S. 143 ff. und dies., Median Voters or Budget Maximizers: Evidence from School Expenditure Referenda, in: Economic Inquiry, Vol. 20 (1982), S. 556 ff.

menge X_{V2} liegt, oder für die Angebotsmenge X_{L2}, deren Entfernung von X_{V2} marginal geringer ist, zu entscheiden. Der Medianwähler wird in diesem Fall für X_{L2} votieren. Zwar ist seine marginale Zahlungsbereitschaft MZB_2 für $X_{V2} < X \leqslant X_{L2}$ geringer als seine marginale Finanzierungslast MFL_2. Dennoch kann er bei X_{L2} einen größeren individuellen Nettonutzen verwirklichen als bei X_{L1}. Im Gleichgewicht X_{L2} erreicht die Regierung ihr Ziel, die Höhe des Leistungsangebotes unter Berücksichtigung der Nebenbedingungen zu maximieren, zu Lasten der Optimalvorstellungen des Medianwählers.[16]

Eine „Rechtsregierung" würde demgegenüber die beiden Angebotsalternativen so festlegen, daß sich der Medianwähler für die geringere Leistungsmenge entschiede. Sie wäre gleichzeitig geringer als X_{V2}.

II. Effizienz des öffentlichen Angebotes

Inwieweit der Steuerungsprozeß I bei multifinal eigennutzorientierten Parteien, die über mindestens einen der beiden oben beschriebenen Machtparameter verfügen, funktionsfähig ist, hängt einerseits von den Regierungszielen und andererseits davon ab, ob ein von der Regierung unbeeinflußter Entscheidungsprozeß (1) zu einer allokationseffizienten Angebotsmenge oder (2) zu einer Unterversorgung oder (3) zu einer Überversorgung mit der öffentlichen Leistung geführt hätte.

Ad (1): Eine Regierung, die ihre Instrumentvariablen einsetzt, verursacht in jedem Falle nachfragebedingte Ineffizienzen der öffentlichen Verwaltung, wenn der Steuerungsprozeß I ohne Regierungsdominanz zu einem allokationseffizienten Ergebnis geführt hätte. Der Einfluß einer „Leviathan"- oder einer „Linksregierung" impliziert ein Überangebot, das Handeln einer „Rechtsregierung" ein Unterangebot der öffentlichen Leistung.

Ad (2): Verfügt eine „Rechtsregierung" über Machtparameter, dann verschlimmert sie eine bereits bestehende Unterversorgung im Steuerungsprozeß I. Demgegenüber steigert eine „Leviathan"- oder eine „Linksregierung" in der gleichen Situation die Effizienz der staatlichen Bürokratie immer dann, wenn die Abweichung der tatsächlichen von der allokativ effizienten Angebotsmenge durch ihren Einfluß reduziert wird.

Ad (3): Würde der Steuerungsprozeß I hingegen ohne Regierungseinfluß zu einer Überversorgung mit der öffentlichen Leistung führen,

---

[16] Je geringer X_{L1} ist, desto weiter entfernt liegt X_{L2} von X_{V2}. Im äußersten Fall nimmt X_{L1} den Wert Null an, und die Regierung verkürzt den Entscheidungsprozeß auf eine „All-or-nothing"-Abstimmung.

dann verstärkt eine „Leviathan"- oder eine „Linksregierung" die allokative Ineffizienz der öffentlichen Verwaltung. Eine ihren Eigennutz verfolgende „Rechtsregierung" bedingt andererseits eine Erhöhung der Verwaltungseffizienz — es sei denn, sie vergrößert durch den Einsatz ihrer Machtparameter die Differenz zwischen allokationseffizienter und realisierter Menge der öffentlichen Leistung.

B. Bereitstellung öffentlicher Leistungen in repräsentativen Demokratien

I. Instrumentvariablen der Parteien

1. Diskretionäre Spielräume bei vollkommener Information der Wähler

Unseres Erachtens gibt es vor allen Dingen vier Möglichkeiten für (Regierungs-)Parteien, sich selbst gegenüber vollkommen informierten Staatsbürgern durchzusetzen und sich Monopolrenten aus der Bereitstellung öffentlicher Leistungen anzueignen: (1) die Ausnutzung einer unvollständigen Mobilität der Oppositionspartei(en), (2) die direkte Einschränkung des Wettbewerbes zwischen den politischen Parteien, (3) die Beeinflussung des Abstimmungsverfahrens in Situationen mit zyklischen Mehrheiten und (4) die Abstraktion von Wiederwahlüberlegungen.

Ad (1): Ist die Mobilität der Opposition eingeschränkt,[17] so kann es für einen Staatsbürger selbst dann rational sein, für die Regierung zu stimmen, wenn deren Programm nicht in allen Leistungsbereichen seinen Optimalvorstellungen entspricht.[18] Die Notwendigkeit, die Regierungspolitik am Wählerwillen auszurichten, ist, mit anderen Worten, um so geringer, je unattraktiver die programmatischen Alternativen der Opposition sind. In dem Umfang, in dem die Regierung die Wünsche der Staatsbürger in ihren Entscheidungen nicht zu berücksichtigen braucht, kann sie sich Monopolrenten aus der Bereitstellung öffentlicher Leistungen aneignen.

Ad (2): Absprachen zwischen politischen Parteien mit dem Ziel, die Intensität des Wettbewerbes um öffentliche Ämter zu verringern und eine Parteienkonkurrenz durch ein Parteienkartell oder ein De-facto-Parteienmonopl zu substituieren, sind immer dann möglich, wenn die folgenden drei Voraussetzungen erfüllt sind:

---

17 Vgl. beispielsweise *E. Gruner*, Politik, Politische Ökonomie und Neue Politische Ökonomie, in: Schweizerische Zeitschrift für Volkswirtschaft und Statistik, Bd. 115 (1979), S. 726 f.

18 Vgl. auch *A. Seldon*, Charge, London 1977, S. 19 f.

— Erstens muß die Kollusionslösung gegenüber der Wettbewerbslösung für das gesamte Parteiensystem von Vorteil sein. Der mit der Kollusionslösung verbundene Nutzenzuwachs in Form höherer Monopolrenten aus der Bereitstellung öffentlicher Leistungen muß mit anderen Worten die Kosten der Absprache übersteigen.[19]

— Zweitens muß die Kollusionslösung für jede einzelne der beteiligten Parteien mit einem Nettovorteil verbunden sein. Eine Regierung muß mithin in der Lage sein, die Oppositionspartei(en) via Kompensationszahlungen faktisch, und nicht nur potentiell, besserzustellen. Dies gelingt ihr beispielsweise, indem sie öffentliche Ämter mit Mitgliedern der Oppositionsparteien besetzt.[20]

— Drittens müssen sich die an der Absprache beteiligten Parteien darauf verständigen können, institutionale Zugangsbarrieren für politische Märkte zu errichten, um die Abschöpfung monopolistischer Renten gegen potentielle Konkurrenten wirksam abzusichern.[21]

Ad (3): Demokratische Wahlverfahren, die verteilungspolitische Fragestellungen zum Gegenstand haben, implizieren im allgemeinen instabile Ergebnisse und zyklische Mehrheiten. Ist die Regierung allerdings aufgrund ihrer institutionalen Machtstellung in der Lage, ihr Wahlprogramm zuletzt bekanntzugeben, dann kann sie ihre verteilungswirksamen Instrumentvariablen in jedem Falle so einsetzen, daß sie die Wahl gewinnt. Eine „Leviathan"- oder eine „Linksregierung" verfügt in diesem Fall über ein diskretionäres Budget, das sie zur Verfolgung eigener Ziele verwenden kann.[22]

Ad (4): Ein weiterer Grund, warum die Wünsche der Staatsbürger selbst in einer Konkurrenzdemokratie für das Regierungshandeln nicht ausschlaggebend sein müssen, liegt in der zeitlichen Undifferenziertheit des Abstimmungsprozesses. Eine einmal gewählte Regierung hat für die gesamte Wahlperiode, in den Grenzen der Verfassung, ein Ent-

---

[19] *G. Brennan* und *J. M. Buchanan*, The Power to Tax, S. 22 sind in diesem Zusammenhang der Auffassung, daß „the costs of cooperation in the two-party case are surely too low to rule out collusive behavior".

[20] Vgl. *R. D. Auster* und *M. Silver*, The State as a Firm. Economic Forces in Political Development, Boston u. a. 1979, S. 70 f., *R. Dinkel*, Collusion and Spatial Models of Party Competition, in: Public Choice, Vol. 27 (Fall 1976), S. 98 f. und *G. Engelhardt*, Comment to R. Dinkel, Imperfect Political Competition in Representative Democracy and the Supply of Public Goods, Paper presented at the International Symposium „Anatomy of Government Deficiencies", Dießen am Ammersee, July 22 - 25, 1980.

[21] Siehe *G. Tullock*, Entry Barriers in Politics, in: American Economic Review, Papers and Proceedings, Vol. 55 (1965), S. 458 ff.

[22] Vgl. auch *G. Brennan* und *J. M. Buchanan*, The Power to Tax, S. 21.

scheidungsmonopol.[23] Erst nach Ablauf der Legislaturperiode kann eine Mehrheit der Staatsbürger eine Regierung, mit deren Verhalten sie unzufrieden ist, abwählen.[24] Aus diesem Grunde wird eine Regierung, für die die Höhe der Wiederwahlwahrscheinlichkeit eine untergeordnete Bedeutung hat oder deren Chance, wiedergewählt zu werden, selbst bei einem vollständigen Verzicht auf die Aneignung von Monopolrenten verschwindend gering ist, die Höhe ihres politischen Einkommens maximieren.[25]

2. Aneignung von Monopolrenten bei unvollkommen informierten Wählern

Wenn Staatsbürger über die Bereitstellung und Finanzierung öffentlicher Leistungen und die davon ausgehenden individuellen Wohlfahrtsimplikationen nur unvollkommen informiert sind, verfügt die Regierung auch dann über Handlungsspielräume, wenn das Wiederwahlziel für sie von entscheidender Bedeutung ist. Insbesondere in Situationen, in denen (1) Staatsbürger zeitlich zurückliegende Bereitstellungs- und Finanzierungsentscheidungen vergessen und sich in ihren Wahlentscheidungen hauptsächlich am Regierungsverhalten kurz vor den Wahlen orientieren[26] und in denen (2) die für die Regierung bedeutsamen Wahltermine relativ weit auseinanderliegen[27], kann sie zwischen den

---

23 Vgl. *W. W. Pommerehne* und *F. Schneider*, Does Government in a Representative Democracy Follow a Majority of Voters' Preferences?, S. 62 ff. sowie *D. K. Whynes* und *R. A. Bowles*, The Economic Theory of the State, Oxford 1981, S. 147 ff.

24 Die zeitliche Undifferenziertheit politischer Wahlen bedingt damit einen wesentlichen Unterschied zwischen wirtschaftlichem und politischem Wettbewerb, der durch die Anwendung der ökonomischen Duopol- und Oligopoltheorie auf den politischen Bereich verwischt wird. Vgl. auch *J. M. Buchanan*, Democracy and Duopoly: A Comparison of Analytical Models, in: American Economic Review, Papers and Proceedings, Vol. 58 (1968), S. 322 ff.

25 Dabei muß sie allerdings neben den verfassungsmäßigen constraints insbesondere auch mögliche Begrenzungen des ihr zur Verfügung stehenden Finanzierungsaufkommens berücksichtigen.

26 Vgl. *M. Beetz*, Sozialökonomische Analyse des Zusammenhangs von Wahlenprozeß und Konjunktur, Dissertation, Köln 1978, S. 116 ff. und *G. Schwarting*, Positive Theorien der Staatsausgaben: Ein kritischer Überblick, in: Schweizerische Zeitschrift für Volkswirtschaft und Statistik, 116. Jg. (1980), S. 88. Vgl. in diesem Zusammenhang auch *A. Breton*, The Economic Theory of Representative Government, S. 135 ff. sowie *E. G. West* und *S. L. Winer*, Optimal Fiscal Illusion and the Size of Government, in: Public Choice, Vol. 35 (1980), S. 607 ff. Während West und Winer auf die Fiskalillusion als Machtparameter der Regierung aufmerksam machen, betont Breton, daß die Möglichkeiten für die Opposition, den Vergessensfaktor der Wähler zu beeinflussen, sehr begrenzt seien.

27 Vgl. *R. Dinkel*, Die Interdependenz von Wahlen und ihre wirtschaftspolitischen Konsequenzen, in: E. Boettcher, P. Herder-Dorneich und K.-E. Schenk, (Hg.), Neue Politische Ökonomie als Ordnungstheorie, S. 68 ff. zur

Wahlterminen Zielvorstellungen zu Lasten der Wünsche einer Wählermehrheit verfolgen, ohne sich gleichzeitig ihrer Wiederwahlchancen zu begeben. Rationale, multifinal eigennutzorientierte Regierungsparteien werden ihr Handeln dann um so eher am Willen einer Wählermehrheit ausrichten, je geringer ihre Wiederwahlchancen sind und je näher der nächste Wahltermin liegt. Umgekehrt wird die Höhe der abgeschöpften Monopolrenten um so größer sein, je weiter die nächsten Wahlen entfernt und je größer die Wiederwahlchancen sind.[28]

II. Bürokratisches Handeln und Effizienz

Wiederum sind, je nach Ausgangslage und Art der monopolistischen Rentenaneignung, verschiedene Effizienzergebnisse möglich. Während bei einer eingeschränkten Mobilität der Opposition sowie in Situationen, in denen das Abstimmungsverfahren beeinflußt oder in denen von Wiederwahlüberlegungen abstrahiert wird, keine grundsätzlich neuen Gesichtspunkte auftreten, ergeben sich gegenüber den direkten Abstimmungen neue Effizienzaspekte, wenn (1) der Wettbewerb zwischen politischen Parteien eingeschränkt wird oder (2) die Staatsbürger über öffentliche Angelegenheiten nicht vollkommen informiert sind.

Ad (1): Absprachen zwischen politischen Parteien, die eine Erhöhung der Anzahl der zu vergebenden politischen Ämter zum Inhalt haben, bedingen Produktionsineffizienzen im Steuerungsprozeß I, es sei denn, die Entscheidungsfindung wird dadurch verbessert und die damit verbundenen positiven Effekte übersteigen die Kosten der Ämtervermehrung.

Eine weitere Möglichkeit, die abschöpfbaren Monopolrenten vermittels einer Kollusionslösung zu erhöhen, besteht darin, daß alle Parteien in ihren Entscheidungen und Programmen bestimmten Verbandsforderungen entgegenkommen und dafür entsprechende Gegen-

---

begrenzten Handlungsfähigkeit einer Zentralregierung in einem föderativen System, in dem auf untergeordneten Ebenen permanent Wahlen stattfinden, die wichtige Auswirkungen für die Zentralinstanz haben.

[28] Zur theoretischen Ableitung wechselnder Dominanzen im Verlauf einer Legislaturperiode vgl. auch *P. Herder-Dorneich*, Konkurrenzdemokratie — Verhandlungsdemokratie. Empirisch überprüft wird die These von der multifinalen Eigennutzorientierung für „Links-“ und „Rechtsregierungen“ bei *W. W. Pommerehne* und *F. Schneider*, Does Government in a Representative Democracy Follow a Majority of Voters' Preferences?, S. 61 ff. Vgl. kritisch hierzu auch *J. Müller*, Comment to W. W. Pommerehne und F. Schneider, Does Government in a Representative Democracy Follow a Majority of Voters' Preferences? — An Empirical Examination, in: H. Hanusch, (Hg.), Anatomy of Government Deficiencies, S. 85 ff. und *L. Thürmer*, Comment to W. W. Pommerehne und F. Schneider, Does Government in a Representative Democracy Follow a Majority of Voters' Preferences? — An Empirical Examination, in: H. Hanusch, (Hg.), Anatomy of Government Deficiencies, S. 87 f.

leistungen erhalten. Inwieweit damit nachfragebedingte Ineffizienzen im bürokratischen Angebot einhergehen, hängt von der Effizienz der Ausgangssituation und der Wirkung der sich durchsetzenden Verbandsforderungen ab.

Ad (2): Lassen sich Staatsbürger im Hinblick auf öffentliche Leistungen durch ein Kurzzeitgedächtnis charakterisieren, so ist damit zu rechnen, daß das Regierungshandeln am Anfang einer Legislaturperiode am relativ weitesten von den Wünschen einer Wählermehrheit entfernt ist und sich um so mehr an die effektiv wirksame Nachfrage der Staatsbürger nähert, je kürzer der Abstand zum nächsten Wahltermin wird. Welche Effizienzeffekte für das Verhalten öffentlicher Verwaltungen mit dem zyklischen Abweichen und Annähern von Allokations- und Finanzierungsentscheidungen auf der einen und Wählerwünschen auf der anderen Seite verbunden sind, wird wiederum durch das Zusammenspiel von den Regierungszielen und der Effizienz der Ausgangslage bestimmt.

Kritik an den nachfragebezogenen Ansätzen

Anstatt eine Detailkritik zu üben, wollen wir hier lediglich auf die weitaus gravierendste Unzulänglichkeit der Nachfrageansätze zur Bestimmung der Effizienz staatlicher Bürokratien eingehen. Sie besteht darin, daß eine monokausale Begründung staatsbürokratischer (In-)Effizienz mit der Funktions(un)fähigkeit des Steuerungssystems I eine passive Anbieterseite beziehungsweise ein vollkommen funktionsfähiges Steuerungssystem II voraussetzt.

Nun könnten die Verfechter der Nachfrageansätze, um die Annahme einer Nachfragedominanz abzusichern, zwar den Standpunkt vertreten, daß die Ziele der öffentlichen Verwaltung mit denjenigen der Regierung harmonieren würden oder daß die budgetbewilligende politische Instanz vollkommen über das bürokratische Produktionsverfahren informiert sei und jedwede Abweichungen bürokratischer Entscheidungen von ihren eigenen Vorstellungen via hierarchische Koordinierungsverfügungen unterbinden könne. Sie würden sich damit die Auffassung der „klassischen" Bürokratietheorie[1] zu eigen machen, die im verwaltungswissenschaftlichen und -rechtlichen Schrifttum[2] ebenso wie in der

[1] *J. A. Stockfish*, The Political Economy of Bureaucracy, New York 1972, S. 5 verwendet in diesem Zusammenhang den Begriff „‚ideal' model", dem er ein „more ‚realistic' model" gegenüberstellt.

[2] Vgl. *M. Weber*, Staatssoziologie. Soziologie der nationalen Staatsanstalt und der modernen politischen Parteien und Parlamente, Berlin 1966, S. 45 und *R. Zippelius*, Die Rolle der Bürokratie im pluralistischen Staat, in: W. Leisner, (Hg.), Das Berufsbeamtentum im demokratischen Staat. Beiträge zum Dienstrecht und zur Dienstrechtsreform, Berlin 1975, S. 221.

theoretischen Wohlfahrtsökonomie[3] eine überragende Stellung einnimmt und die ganz wesentlich durch den Ansatz von *Max Weber* beeinflußt wird. Für Weber ist die Bürokratie ein rationales Instrument der Herrschaft. Die Ziele des Verwaltungshandelns sind politisch vorgegeben und unterliegen keinerlei bürokratie-internen Einflüssen. Die Bürokratie erfüllt die ihr vorgegebenen Ziele wertneutral auf die technisch effizienteste Art und Weise. Sie ist allen anderen Organisationsformen „technisch" überlegen.[4]

Konfrontiert mit real existierenden öffentlichen Verwaltungen, geraten ein derartiges Argumentationsschema und das ihm zugrunde liegende Bürokratiekonzept jedoch sehr schnell ins Wanken. Es ist zum einen evident, daß öffentliche Verwaltungen gegenüber der Regierung autonome Handlungsspielräume innehaben und daß sie folglich keineswegs auf die Rolle bloßer Ausführungsorgane politischer Vorgaben reduziert werden können.[5]

Zum anderen findet man im Schrifttum zur „modernen" Bürokratietheorie die fast einhellige Auffassung, daß ex ante die Ziele der Ver-

---

[3] Vgl. *W. Hettich*, Bureaucrats and Public Goods, in: Public Choice, Vol. 21 (Spring 1975), S. 15.

[4] Vgl. *M. Weber*, Wirtschaft und Gesellschaft, S. 124 ff. Ob der Ansatz bei Weber letzten Endes mit dem Bürokratiekonzept Hegels identisch ist, oder ob er sich davon wesentlich unterscheidet, darüber gibt es recht unterschiedliche Auffassungen. Nach *S. Avineri*, Hegel's Theory of the Modern State, Cambridge 1972, S. 160 konzipiert Hegel „a model of bureaucracy almost identical with the Weberian ideal type". *W. J. Dannhauser*, Reflections on Statesmanship and Bureaucracy, in: R. A. Goldwin, (Hg.), Bureaucrats, Policy Analysts, Statesmen: Who Leads?, Washington, D. C. 1980, S. 123 f. betont hingegen die Unterschiede zwischen beiden Konzepten. Ihm zufolge betrachtet Hegel die Bürokratie schlechthin als effizient. Bürokraten hätten sowohl ein inhärentes Bedürfnis als auch die Fähigkeit, dem Gemeininteresse zu dienen. Bei Weber sei demgegenüber die bürokratische Effizienz ausschließlich instrumentell zu verstehen. Gemeinsam ist den beiden konzeptionellen Alternativen des klassischen Verwaltungsmodelles jedoch, daß sie eine effiziente öffentliche Verwaltung immer dann sicherstellen, wenn die Regierungspolitiker ihrerseits an einem effizienten öffentlichen Angebot interessiert sind.

[5] Zur Verselbständigung der Verwaltung gegenüber der Regierung vgl. *G. Banner*, Zur politisch-administrativen Steuerung in der Kommune, in: Archiv für Kommunalwissenschaften, 21. Jg. (1982), S. 33 ff., *R. Bendix*, Über die Macht der Bürokratie, in: R. Mayntz, (Hg.), Bürokratische Organisation, Köln/Berlin 1968, S. 359 ff., *A. W. Dobelstein*, Politics, Economics, and Public Welfare, Englewood Cliffs, N. J. 1980, S. 53 ff., *T. Ellwein*, Kontrolle der Bürokratie oder Kontrolle durch die Bürokratie?, in: Politische Vierteljahresschrift, 11. Jg. (1970), Sonderheft 2, S. 170 ff., *M. Hirszowicz*, The Bureaucratic Leviathan. A Study in the Sociology of Communism, Oxford 1980, S. 13 ff., *F. E. Rourke*, Bureaucratic Autonomy and the Public Interest, in: American Behavioral Scientist, Vol. 22 (1979), S. 537 ff. und *B. Steinkemper*, Klassische und politische Bürokratien in der Ministerialverwaltung der Bundesrepublik Deutschland. Eine Darstellung sozialstruktureller Merkmale unter dem Aspekt politischer Funktionen der Verwaltung, Köln u. a. 1974, S. 96 ff.

waltungsangehörigen mit den Regierungszielen nicht deckungsgleich seien[6] und daß auch das Anreiz- und Sanktionssystem im öffentlichen Dienst nicht imstande sei, eine alleinige Ausrichtung bürokratischer Entscheidungen an der Nachfrageposition der Regierung ex post herbeizuführen.[7]

Somit ist unseres Erachtens die Annahme eines passiven Anbieterverhaltens unhaltbar. Im folgenden Teil sehen wir uns daher vor die Aufgabe gestellt, mögliche Effizienzeffekte, die von aktiven staatlichen Bürokratien ausgehen, zu untersuchen.

---

[6] „For a positive theory of bureaucracy ... the beginning of wisdom is the recognition that bureaucrats are people who are, at least, not entirely motivated by the general welfare or the interests of the state." *W. A. Niskanen,* Bureaucracy and Representative Government, S. 36. Vgl. auch *W. Albers,* Ziele und Bestimmungsgründe der Finanzpolitik, in: Handbuch der Finanzwissenschaft, 3. Aufl., Bd. I, Tübingen 1977, S. 150, *V. Ostrom* und *E. Ostrom,* Public Choice: A Different Approach to the Study of Public Administration, in: Public Administration Review, Vol. 31 (1971), S. 203 f. und *C. H. Weiss,* Bureaucratic Maladies and Remedies, in: American Behavioral Scientist, Vol. 22 (1979), S. 479.

[7] Zur Anreizproblematik im administrativen System vgl. auch *A. H. Barton,* A Diagnosis of Bureaucratic Maladies, in: American Behavioral Scientist, Vol. 22 (1979), S. 484 ff., *C. L. Schultze,* The Role of Incentives, Penalties, and Rewards in Attaining Effective Policy, in: R. H. Haveman und J. Margolis, (Hg.), Public Expenditures and Policy Analysis, Chicago 1971, S. 145 ff. und *L. von Rosenstiel,* Folgewirkungen einer funktionsbezogenen Bezahlung, in: H. Siedentopf, (Hg.), Bewertungssysteme für den öffentlichen Dienst. Zur Problematik einer leistungs- und funktionsgerechten Bezahlung in der öffentlichen Verwaltung, Baden-Baden 1978, S. 141 ff.

Dritter Teil

Die Effizienz staatlicher Bürokratien im Lichte angebotsbezogener Ansätze

Theoretisches Konzept und Gang der Untersuchung

(1) Im vorangegangenen Teil wurde die Effizienz bürokratischen Handelns mit Hilfe von Modellansätzen untersucht, in denen die Nachfrageseite die staatliche Bürokratie bei der Bereitstellung öffentlicher Leistungen dominierte. Demgegenüber soll in diesem Teil der Arbeit unterstellt werden, daß zwar der Steuerungsprozeß I vollkommen funktioniere, die Regierung also im Budgetierungsprozeß gegenüber der Verwaltung eine produktions- und allokationseffiziente Position vertrete, daß aber der Steuerungsprozeß II vollkommen funktionsunfähig sei und eine aktive Bürokratie eine passive Regierung dominiere. Untersuchungsgegenstand sollen angebotsbezogene Ineffizienzen der öffentlichen Verwaltung sein, die ausschließlich auf Funktionsdefekte des Steuerungsprozesses II zurückzuführen sind.

(2) Die folgenden Überlegungen stützen sich auf die Ökonomische Theorie der Bürokratie als jenem Teilbereich der Ökonomischen Theorie der Politik, der sich mit dem Angebotsverhalten öffentlicher Verwaltungen auseinandersetzt.[1] Um mögliche Effizienzimplikationen des bürokratischen Angebotes ausleuchten zu können, wollen wir zwei al-

---

[1] Einen ersten Überblick über die Ökonomische Theorie der Bürokratie vermitteln *C. B. Blankart*, Zur Ökonomischen Theorie der Bürokratie, in: Public Finance Quarterly, Vol. 30 (1975), S. 166 ff., *A. Breton* und *R. Wintrobe*, The Logic of Bureaucratic Conduct. An Economic Analysis of Competition, Exchange, and Efficiency in Private and Public Organizations, Cambridge u. a. 1982, *M. Dole, Jr.*, An Economic Theory of Bureaucracy, Dissertation, Los Angeles 1974, *P. M. Jackson*, The Political Economy of Bureaucracy, *W. A. Niskanen*, Nonmarket Decision Making. The Peculiar Economics of Bureaucracy, in: American Economic Review, Papers and Proceedings, Vol. 58 (1968), S. 293 ff., ders., Bureaucracy: Servant or Master?, London 1973, ders., Bureaucrats and Politicians, in: Journal of Law and Economics, Vol. 18 (1975), S. 617 ff., *W. Orzechowski*, Economic Models of Bureaucracy: Survey, Extensions, and Evidence, in: T. E. Borcherding, (Hg.), Budgets and Bureaucrats, S. 229 ff., *U. Roppel*, Ökonomische Theorie der Bürokratie. Beiträge zu einer Theorie des Angebotsverhaltens staatlicher Bürokratien in Demokratien, Freiburg 1979 und *W. Weber* und *W. Weigel*, Government Bureaucracy: A Survey in Positive and Normative Theory, in: Acta Oeconomica, Vol. 24 (1980), S. 341 ff.

ternative Modellansätze formulieren, denen folgende Charakteristika gemeinsam sein sollen:

— Die Komplexität des tatsächlichen Budgetierungsprozesses wird weitgehend reduziert: Eine einzige öffentliche Verwaltung verhandelt direkt mit einer einzigen budgetbewilligenden politischen Instanz, der Regierung, um die Höhe des ihr zur Verfügung gestellten Etats und die dafür bereitzustellende Menge einer öffentlichen Leistung.[2] Somit nimmt die Verwaltung gegenüber der Regierung die Stellung eines Angebotsmonopolisten ein.[3] Auch wird von vertikalen und horizontalen Koordinationsbeziehungen in der öffentlichen Verwaltung abstrahiert.[4] Ferner bleiben die Effekte einer

[2] Vgl. aber auch die Ansätze von *P. Eichhorn* und *P. Friedrich*, Verwaltungsökonomie I. Methodologie und Management der öffentlichen Verwaltung, Baden-Baden 1976, S. 136 ff. und *P. Friedrich*, Comment to A. Peacock, Public *X*-Inefficiency: Informational and Institutional Constraints, in: H. Hanusch, (Hg.), Anatomy of Government Deficiencies, S. 138 ff., in denen der Verwaltung ein bestimmtes Budget zur Verfügung gestellt und als Gegenleistung die Bereitstellung einer bestimmten Mindestmenge der öffentlichen Leistung erwartet wird. Die Beschränkung auf eine Verwaltung hat zur Konsequenz, daß Funktionsdefekte im Steuerungsprozeß II, die auf Strukturinflexibilitäten im Zusammenhang mit dem Budgetinkrementalismus zurückzuführen sind, außerhalb der Analyse bleiben. Vgl. hierzu *D. Kiefer*, The Dynamic Behavior of Public Budgets: An Empirical Study of Australian Local Government, in: Review of Economics and Statistics, Vol. 63 (1981), S. 422 ff., *C. E. Lindblom*, Zur Analysemethode in der staatlichen Wirtschaftspolitik, in: G. Gaefgen, (Hg.), Grundlagen der Wirtschaftspolitik, 3. Aufl., Köln/Berlin 1970, S. 323 und *A. Wildavsky*, The Politics of the Budgetary Process, 2. Aufl., Boston/Toronto 1974, S. 8 ff. Die Begrenzung auf eine Leistung erlaubt ferner die Abstraktion von Ineffizienzen, die bei bürokratischen Präferenzen für bestimmte Leistungsstrukturen auftreten können. Vgl. hierzu *B. S. Frey* und *W. W. Pommerehne*, An Economic Analysis of the Museum, in: W. S. Hendon, J. L. Shanahan und A. J. MacDonald, (Hg.), Economic Policy for the Arts, Cambridge, Mass. 1980, S. 248 ff., *C. M. Lindsay*, A Theory of Government Enterprise, in: Journal of Political Economy, Vol. 84 (1976), S. 1061 ff., *D. McFadden*, The Revealed Preferences of a Government Bureaucracy: Theory, in: Bell Journal of Economics and Management Science, Vol. 6 (1975), S. 401 ff., ders., The Revealed Preferences of a Government Bureaucracy: Empirical Evidence, in: Bell Journal of Economics and Management Science, Vol. 7 (1976), S. 55 ff. und *W. W. Pommerehne* und *B. S. Frey*, The Museum from an Economic Perspective, in: International Social Science Journal, Vol. 32 (1980), S. 323 ff.

[3] Vgl. *W. A. Niskanen*, Bureaucrats between Self Interest and Public Interest, S. 113 und *H. C. Recktenwald*, Potential Welfare Losses in the Public Sector, S. 50 f.

[4] Siehe demgegenüber *D. L. Brito* und *M. D. Intriligator*, A Game-Theoretic Approach to Bureaucratic Behavior, in: P.-T. Liu, (Hg.), Dynamic Optimization and Mathematical Economics, New York/London 1980, S. 223 ff., dies., Strategic Arms Limitation Treaties and Innovations in Weapons Technology, in: Public Choice, Vol. 37, No. 1 (1981), Carnegie Papers on Political Economy, S. 44 ff. und *P. Friedrich*, Comment to A. Paecock, S. 138 ff. Diese Beiträge verwenden Dreiebenenmodelle, in denen neben der übergeordneten politischen Instanz und der untergeordneten operativen Verwaltungsebene auch eine „mittlere“ Instanz berücksichtigt wird. Die untere

Mischfinanzierung bei der Bereitstellung der öffentlichen Leistung in föderativen Systemen ausgeklammert.[5]

— Im Budgetierungsprozeß nimmt die öffentliche Verwaltung gegenüber der Regierung aus zwei Gründen eine dominierende Stellung ein. Zum einen sollen die Kosten direkter politischer Maßnahmen zur Kontrolle der Verwaltungseffizienz, vor allen Dingen aufgrund der Komplexität des Leistungserstellungsprozesses[6], des unzulänglichen Rechnungswesens für öffentliche Verwaltungen[7] sowie von Informationsverzerrungen in bürokratischen Hierarchien[8], prohibitiv hoch sein. Zum anderen sollen Interessengruppen, die relativ gute Kenntnisse über die Effizienz bürokratischen Handelns besitzen, keinen Anreiz haben, die Regierung über produktions- beziehungsweise kosteneffiziente Verfahren bei der Bereitstellung der öffentlichen Leistung zu informieren.

— Während die Regierung ausschließlich über die Nachfragefunktionen beziehungsweise die Zahlungsbereitschaften der Staatsbürger für die untersuchte öffentliche Leistung vollkommen informiert ist, ist

---

Verwaltungsebene umfaßt mehrere Verwaltungseinheiten. Zur kritischen Würdigung des Ansatzes von Brito und Intriligator vgl. auch *R. J. Mackay*, Strategic Arms Limitation Treaties and Innovations in Weapons Technology. A Comment, in: Public Choice, Vol. 37, No. 1 (1981), Carnegie Papers on Political Economy, S. 63 ff. Mögliche Ineffizienzen, die von der Verwaltungsstruktur ausgehen, werden in der vorliegenden Studie nicht behandelt. Vgl. hierzu beispielsweise *S. Michelson*, The Working Bureaucrat and the Nonworking Bureaucracy, in: American Behavioral Scientist, Vol. 22 (1979), S. 585 ff. und *R. K. Yin*, Decentralization of Government Agencies. What Does it Accomplish?, in: American Behavioral Scientist, Vol. 22 (1979), S. 525 ff.

5 Zu den Auswirkungen eines interkollektiven Finanzausgleichs auf das bürokratische Entscheidungskalkül vgl. *J. H. Beck*, Budget-Maximizing Bureaucracy and the Effects of State Aid on School Expenditures, in: Public Finance Quarterly, Vol. 9 (1981), S. 159 ff., *R. Filimon, T. Romer* und *H. Rosenthal*, Asymmetric Information and Agenda Control. The Bases of Monopoly Power in Public Spending, in: Journal of Public Economics, Vol. 17 (1982), S. 51 ff., *J. P. Magaddino* und *R. E. Meiners*, Bureaucracy and Grants-in-Aid, in: Public Choice, Vol. 34 (1979), S. 467 ff. und *T. Romer* und *H. Rosenthal*, An Institutional Theory of the Effect of Intergovernmental Grants, in: National Tax Journal, Vol. 33 (1980), S. 451 ff. Zur Bereitstellung öffentlicher Leistungen in föderalistischen Systemen vgl. auch allgemein *H. Hanusch*, Tendencies in Fiscal Federalism, in: H. C. Recktenwald, (Hg.), Secular Trends of the Public Sector, Proceedings of the 32nd Congress of the International Institute of Public Finance, Paris 1978, S. 129 ff.

6 Vgl. *C. Wolf, Jr.*, A Theory of Non-Market Failures, in: Public Interest, No. 55 (1979), S. 118 f. und ders., A Theory of Nonmarket Failure: Framework for Implementation Analysis, in: Journal of Law and Economics, Vol. 22 (1979), S. 113.

7 Vgl. *H. C. Recktenwald*, Potential Welfare Losses in the Public Sector, S. 48 f.

8 Siehe *G. Tullock*, The Politics of Bureaucracy, S. 137 ff.

die öffentliche Verwaltung sowohl über die bürokratischen Produktions- und Kostenbedingungen als auch über die Zahlungsbereitschaften der Staatsbürger wie der Regierung für ihre Leistung vollkommen informiert.

— In einer derartigen Situation wird die Regierung mit einer bürokratischen Kostenkalkulation konfrontiert, die sie in Ermangelung von Kontrollmöglichkeiten als Grundlage für ihr eigenes Entscheidungskalkül akzeptieren muß. Da die öffentliche Verwaltung über die marginalen Zahlungsbereitschaften der Regierung für alternative Leistungsmengen vollkommen informiert ist, kann sie die intramarginalen Zahlungsbereitschaften der Regierung abschöpfen, indem sie die Kostenillusionierung als Aktionsparameter einsetzt. Dabei lassen sich im Prinzip zwei Illusionierungsvarianten unterscheiden:

Die Verwaltung kann die Regierung zum einen in bezug auf das gewählte Produktionsverfahren und die damit implizierten Kostenfunktionen täuschen. Der von der budgetbewilligenden Instanz angenommene und der tatsächliche bürokratische Produktionsprozeß weichen dann voneinander ab. Zum anderen kann sich die Bürokratie aus einer Vielzahl von technisch realisierbaren Produktionsverfahren für dasjenige entscheiden, das im Rahmen der relevanten Nebenbedingungen eine Maximierung ihrer Nutzenfunktion impliziert. In diesem Fall entsprechen sich zwar die von der Regierung perzipierten und die tatsächlichen Kosten für die Bereitstellung der öffentlichen Leistung. Das gewählte Produktionsverfahren stimmt aber nicht mit dem effizienten überein. Beide Illusionierungsvarianten haben zur Konsequenz, daß die dem Entscheidungskalkül der Regierung zugrunde gelegten Daten mit dem effizienten Produktionsverfahren nicht übereinstimmen.

— Die Kostenillusionierung der Regierung ist der einzige Aktionsparameter, der der staatlichen Bürokratie zur Verfügung steht. Will die Verwaltung eigene Ziele verfolgen, so kann sie folglich allein ihren Informationsvorsprung hinsichtlich der bürokratischen Produktions- und Kostenfunktionen gegenüber der Regierung ausnutzen.[9] Hingegen ist sie weder in der Lage, die Nachfrage der Staatsbürger oder der Regierung nach ihrer Leistung direkt über die Zahlungsbereitschaften[10] oder indirekt über eine Erhöhung der relativen

[9] Vgl. ähnlich *M. Ott*, Bureaucracy, Monopoly, and the Demand for Municipal Services, in: Journal of Urban Economics, Vol. 8 (1980), S. 368 und *D. K. Whynes* und *R. A. Bowles*, The Economic Theory of the State, S. 140 f.

[10] Vgl. dazu *F. E. Rourke*, Bureaucracy, Politics, and Public Policy, Boston 1969, S. 3 und passim.

Preise für private Güter[11] zu beeinflussen, noch kann sie auf eine „Agenda-control"-Macht zurückgreifen, die sie befähigen würde, die Regierung mit einer „Alles-oder-Nichts"-Entscheidung zu konfrontieren.[12]

— Je erfolgreicher die öffentliche Verwaltung ihre eigenen Ziele durchzusetzen vermag, desto weiter weicht das tatsächliche Angebot vom Referenzoptimum der Produktions- und Allokationseffizienz ab. Das Anreiz- und Sanktionssystem für Verwaltungsangehörige impliziert, mit anderen Worten, eine negative Korrelation zwischen individueller und sozialer Wohlfahrt. Ein effizienzsteigerndes Verhalten von Verwaltungsangehörigen wird nicht — beispielsweise über eine Beteiligung am Effizienzgewinn[13] — belohnt, sondern vielmehr — beispielsweise via verringerter Etatzuweisungen als Reaktion auf Ef-

---

[11] Vgl. aber *S. Andic* und *R. J. Cao-Garcia*, Regulation in a Democracy: Inefficiency or Efficiency?, und *A. Peacock*, On the Anatomy of Collective Failure, in: Public Finance, Festschrift Paul Senf, Vol. 35 (1980), S. 33 ff. Sie vertreten die Auffassung, daß Staatsversagen immer auch Marktversagen implizieren müsse. Die Anpassungsreaktionen privater Unternehmen auf staatsbürokratische Regulationen seien mit einem Abbau der Effizienz im Marktsystem verbunden. Siehe hierzu auch *J. T. Bennett* und *M. H. Johnson*, Paperwork and Bureaucracy, in: Economic Inquiry, Vol. 17 (1979), S. 435 ff., *E. Hamer*, Bürokratieüberwälzung auf die Wirtschaft, Hannover 1979, *F. Klein-Benkers*, Die Belastung von Industrieunternehmen durch administrative Leistungen für den Staat — unter besonderer Berücksichtigung kleiner und mittlerer Unternehmen, Göttingen 1980, *R. B. McKenzie* und *H. H. Macaulay*, A Bureaucratic Theory of Regulation, in: Public Choice, Vol. 35 (1980), S. 297 ff., *W. K. Tabb*, Government Regulations: Two Sides of the Story, in: Challenge, Vol. 23, No. 5 (1980), S. 40 ff., *M. L. Weidenbaum*, The High Cost of Government Regulation, in: Challenge, Vol. 22, No. 5 (1979), S. 32 ff. und *M. L. Weidenbaum* und *R. de Fina*, The Cost of Federal Regulation of Economic Activity, Washington 1978.

[12] Prominente Vertreter der Ökonomischen Theorie der Bürokratie, die von einer bürokratischen „Agenda-control"-Macht ausgehen, sind beispielsweise *R. J. Mackay* und *C. L. Weaver* (Monopoly Bureaus and Fiscal Outcomes; Agenda Control by Budget Maximizers in a Multi-Bureau Setting, in: Public Choice, Vol. 37 (1981), S. 447 ff.), *W. A. Niskanen* (Bureaucracy and Representative Government, S. 25 und passim) sowie *T. Romer* und *H. Rosenthal* (Political Resource Allocation; Bureaucrats versus Voters; The Elusive Median Voter). Kritisiert wird diese Annahme bei *M. Ott*, Bureaucracy, Monopoly, and the Demand for Municipal Services, S. 371, *K.-E. Schenk*, Ökonomische Theorie der bürokratisch organisierten Produktion, in: E. Helmstädter (Hg.), Neuere Entwicklungen in den Wirtschaftswissenschaften, S. 594, *J. A. Stockfish*, The Political Economy of Bureaucracy, S. 14 f. und *E. A. Thompson*, Book Review of W. A. Niskanen, Bureaucracy and Representative Government, in: Journal of Economic Literature, Vol. 11 (1973), S. 951.

[13] Vgl. hierzu auch *U. Ben-Zion* und *M. Spiegel*, Efficiency and Compensation of Public Officials, in: Public Choice, Vol. 35 (1980), S. 85 ff., *R. G. Holcombe* und *E. O. Price III*, Optimality and the Institutional Structure of Bureaucracy, in: Public Choice, Vol. 33 (1978), S. 55 ff. und *C. R. Knoeber*, Improving the Behavior of Public Officials: Changing the Method of Compensation and Changing Officials, in: Public Choice, Vol. 38 (1983), S. 21 ff.

fizienzgewinne und Etateinsparungen der Verwaltung in der vorangegangenen Periode[14] — bestraft. Belohnt wird hingegen ein ineffizientes Verhalten öffentlich Bediensteter.[15]

— Bürokratische Führungskräfte maximieren ihren Nutzen unter Nebenbedingungen,[16] die bei gegebenen technischen Relationen von den Zielen und dem Informationsstand der anderen Akteure sowie von den institutionalen Charakteristika der Tauschinteraktion zwischen den Akteuren abhängen. Insbesondere darf die staatliche Bürokratie (a) gegen keine Gesetze, Erlasse, Verordnungen, Richtlinien usw. verstoßen, (b) keine Kosten verursachen, die das ihr zur Verfügung stehende Budgetvolumen übersteigen, und (c) in keiner für die Regierung offenkundigen Weise vom Referenzoptimum der Produktions- und Allokationseffizienz abweichen. Der Anteil, den bürokratische Führungskräfte an der Finanzierung ihres Angebotes selbst tragen müssen, soll hingegen vernachlässigbar gering bleiben, so daß endogene Finanzierungsbeschränkungen für das bürokratische Verhalten keine Rolle spielen.[17]

— Infolge eines vollkommen funktionierenden Steuerungsprozesses I ist die Regierung ausschließlich an der Produktions- und Allokationseffizienz bei der Bereitstellung der öffentlichen Leistung interessiert.[18]

---

14 Vgl. *M. Ott*, Bureaucracy, Monopoly, and the Demand for Municipal Services, S. 366 sowie *A. Stobbe*, Volkswirtschaftslehre II. Mikroökonomik, Berlin u. a. 1983, S. 533.

15 Vgl. *H. C. Recktenwald*, Zur Unwirtschaftlichkeit öffentlicher Einrichtungen, in: Volkswirtschaftliche Korrespondenz der Adolf-Weber-Stiftung, 17. Jg. (1978), Nr. 9, ohne Seite.

16 Vgl. auch *B. S. Frey*, Theorie demokratischer Wirtschaftspolitik, S. 160 f.

17 Die vorliegende Studie verwendet die mikroökonomische Perspektive einer einzelnen öffentlichen Verwaltung mit einem nur geringen Anteil am Gesamtetat des öffentlichen Sektors. Demgegenüber muß eine makrotheoretische Analyse der gesamten öffentlichen Verwaltung endogene Finanzierungsbeschränkungen für das bürokratische Verhalten berücksichtigen, da auch öffentlich Bedienstete der Besteuerung unterliegen und Beiträge zur Finanzierung des öffentlichen Leistungsangebotes übernehmen müssen. Vgl. *H. Hanusch* und *K.-H. Weiss*, Polit-ökonomisches Gleichgewicht und Ineffizienz im öffentlichen Sektor.

18 Dies ist eine sehr weitgehende Annahme. Verfolgen die Regierungsmitglieder keine klaren und von allen geteilten Ziele, so führt dies zu einer Erhöhung des bürokratischen Ineffizienzpotentiales. Vgl. *H.-U. Derlien*, Comment to F. P. Scioli, Jr., Problems of Improving the Efficiency of Public Administration, Paper presented at the International Symposium „Anatomy of Government Deficiencies“, Dießen am Ammersee, July 22 - 25, 1980, *K.-D. Henke*, Comment to F. P. Scioli, Jr., Problems of Improving the Efficiency of Public Administration, in: H. Hanusch, (Hg.), Anatomy of Government Deficiencies, S. 184 und *F. P. Scioli, Jr.*, Problems of Improving the Efficiency of Public Administration, in: H. Hanusch, (Hg.), Anatomy of Government Deficiencies, S. 167 f.

— Direkte Interaktionsbeziehungen zwischen der öffentlichen Verwaltung auf der einen Seite sowie Staatsbürgern[19], privaten Unternehmen[20] und Interessenverbänden[21] auf der anderen Seite bleiben außerhalb der Analyse.

(3) Unsere Untersuchung soll den folgenden Gang nehmen. Im sechsten Kapitel soll zunächst ein Modellansatz zur Analyse der Effizienzeffekte des Steuerungsprozesses II verwendet werden, der von einer bürokratischen Dominanz im Budgetierungsprozeß ausgeht und der unterstellt, bürokratische Führungskräfte würden im Rahmen der für sie geltenden Nebenbedingungen das ihnen zur Verfügung stehende (laufende) Budget oder die Höhe des öffentlichen Leistungsangebotes maximieren. Im Hinblick auf die Kosten- und Nachfragebedingungen für die öffentliche Leistung werden dabei zwei Fälle differenziert.

Hieran anschließend soll in einem zweiten Modellansatz zwar die bürokratische Zielfunktion geändert, die Annahme einer unterlegenen Verhandlungsposition der Regierung gegenüber der Verwaltung jedoch aufrechterhalten bleiben.

---

19 Zu direkten Interaktionen zwischen Bürgern und öffentlichen Verwaltungen vgl. beispielsweise *K. Arzberger, M. Murck* und *J. Schumacher*, Die Bürger. Bedürfnisse — Einstellungen — Verhalten, Königstein, Ts. 1979, dies., Beteiligungsverhalten und Gemeindegröße, in: Archiv für Kommunalwissenschaften, 19. Jg. (1980), S. 78 ff., *J. B. Cook* und *H. G. Frederickson*, Citizen Participation and the Administration of Public Policy, in: H. G. Frederickson und C. R. Wise, (Hg.), Public Administration and Public Policy, Lexington, Mass./Toronto 1977, S. 99 ff., *D. Grunow*, Bürger und Verwaltung, Bd. 3, Alltagskontakte mit der Verwaltung, Frankfurt/New York 1978, *B. D. Jones, S. R. Greenberg, C. Kaufman* und *J. Drew*, Bureaucratic Response to Citizen-Initiated Contacts: Environmental Enforcement in Detroit, in: American Political Science Review, Vol. 21 (1977), S. 148 ff. und *K. R. Mladenka*, Citizen Demand and Bureaucratic Response. Direct Dialing Democracy in a Major American City, in: R. L. Lineberry, (Hg.), The Politics and Economics of Urban Services, Beverly Hills/London 1978, S. 11 ff.

20 Vgl. in diesem Zusammenhang *A. Peacock*, Macroeconomic Controls of Spending as a Device for Improving Efficiency in Government, Paper presented at the 38th Congress of the International Institute of Public Finance, Copenhagen, August 23 - 26, 1982.

21 Direkte Interaktionen zwischen öffentlicher Verwaltung und Interessenverbänden werden im neunten Kapitel behandelt.

Sechstes Kapitel

Eine budget- oder outputmaximierende öffentliche Verwaltung

A. Darstellung des Modellansatzes

I. Annahmen und Ergebnisse

Auf welche Illusionierungsvariante(n) eine expansive öffentliche Verwaltung zur Erhöhung ihres Eigennutzes zurückgreift und zu welchem Ergebnis der Steuerungsprozeß II führt, hängt unter den getroffenen Annahmen (1) von den Kosten- und Nachfragebedingungen für die öffentliche Leistung sowie (2) von der Bedeutung der Budgethöhe für die staatliche Bürokratie ab.

Ad (1): Die aggregierte durchschnittliche Zahlungsbereitschaft der Staatsbürger, die qua Annahme der durchschnittlichen Zahlungsbereitschaft der Regierung entspricht, sei $\Sigma\, AZB$, und die minimalen Durchschnittskosten für die öffentliche Leistung seien $AC_{\min}$, wobei gelten soll, daß

$$\Sigma\, AZB = \Sigma\, AZB\,(X) = \Sigma\, TZB\,(X)/X \quad \text{und}$$
$$AC_{\min} = AC_{\min}\,(X) = TC_{\min}\,(X)/X\ , \quad \text{mit } dAC_{\min}/dX > 0 \quad \text{und}$$
$$d^2\, AC_{\min}/dX^2 = 0\ .$$

Hinsichtlich der Kosten- und Nachfragebedingungen für die öffentliche Leistung lassen sich zwei relevante Situationen differenzieren. Zum einen können sich, wie in Grafik 3.1., $\Sigma\, AZB$ und $AC_{\min}$ bei einer Angebotshöhe der öffentlichen Leistung, bei der die aggregierte marginale Zahlungsbereitschaft $\Sigma\, MZB$ einen positiven Wert annimmt, entsprechen (K 1).

Zum anderen ist es denkbar, wie Grafik 3.2 zum Ausdruck bringen soll, daß sich die Kurve der aggegrierten durchschnittlichen Zahlungsbereitschaft und die Kurve der minimalen Durchschnittskosten erst bei einer Angebotsmenge schneiden, bei der $\Sigma\, MZB$ bereits einen negativen Wert[1] annimmt (K 2).

[1] Anhand eines Beispiels soll verdeutlicht werden, daß die aggregierte marginale Zahlungsbereitschaft ab einer bestimmten Leistungsmenge grundsätzlich auch negative Werte annehmen kann. Mit einer Erhöhung der Anzahl „sichtbarer“ Polizeikontrollen können zwei entgegengesetzt wirkende Effekte einhergehen. Einerseits wird das Sicherheitsbedürfnis der Staatsbürger besser befriedigt. Andererseits wird, möglicherweise, bei einem mehr oder weniger großen Anteil in der Bevölkerung das — unangenehme — Gefühl der Über-

Grafik 3.1.

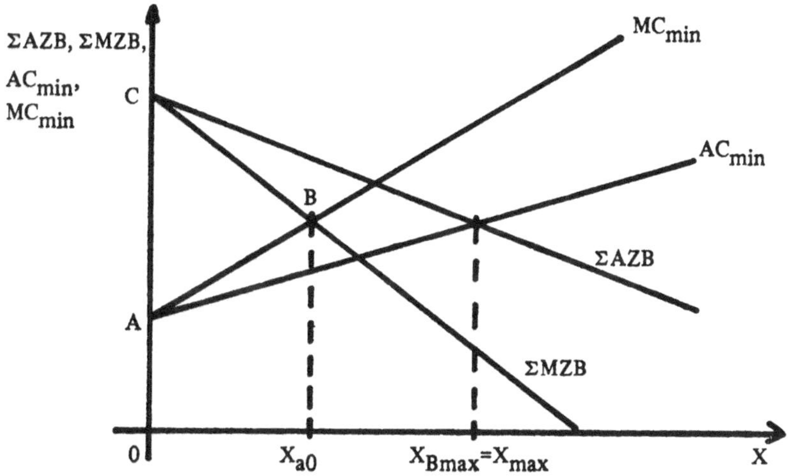

Grafik 3.2.

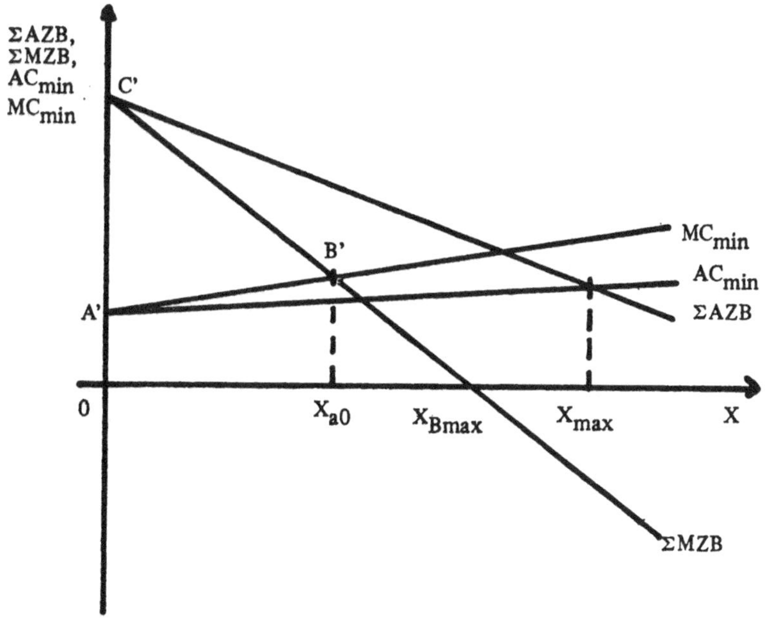

---

wachung und Kontrolle evoziert oder verstärkt. Es kann nicht ausgeschlossen werden, daß von einem bestimmten Umfang an die negativen Aspekte einer zusätzlichen Polizeipräsenz in der Gesamtbewertung überwiegen. Verbunden damit wäre dann eine negative aggregierte marginale Zahlungsbereitschaft.

Ad (2): Die staatliche Bürokratie kann einerseits ihren Etat zu maximieren versuchen, weil alle Argumente in ihrer Nutzenfunktion U^B mit der Höhe des Etats B positiv korreliert sind oder weil ihr Überleben notwendigerweise mit der Verfolgung einer Budgetmaximierungsstrategie verbunden ist:

$$U^B = U^B(B) \quad \text{mit} \quad dU^B/dB > 0 \ .$$

In einer derartigen Situation besteht ein positiver Anreiz oder ein indirekter Zwang zur Budgetmaximierung (Z 1).[2]

Andererseits kann es aber auch Situationen geben, in denen die Verwaltung letzten Endes an der Bereitstellung einer möglichst großen Menge der öffentlichen Leistung X interessiert ist:[3]

$$U^B = U^B(X) \quad \text{mit} \quad dU^B/dX > 0 \ .$$

Um das originäre Ziel zu verwirklichen, sieht sich die Verwaltung in den Budgetverhandlungen veranlaßt, in Abhängigkeit von den Kosten- und Nachfragebedingungen eine budgetmaximale oder eine budgetsubmaximale Position zu vertreten (Z 2).

Kombiniert man die vier Situationen *K* 1, *K* 2, *Z* 1 und *Z* 2, so lassen sich mit Hilfe des hier verwendeten Modellansatzes vier Fälle unterscheiden. Die Literatur zur Ökonomischen Theorie der Bürokratie rekurriert vor allem auf den ersten Fall, während sie insbesondere den vierten Fall vernachlässigt.

Erster Fall: Es sollen *K* 1 und *Z* 1 gelten. Das bürokratische Expansionsstreben wird dann durch die Nebenbedingung, daß die Kosten das Budget nicht überschreiten dürfen, begrenzt, nicht hingegen durch die Nachfrage der Regierung, da deren marginale Zahlungsbereitschaft $\Sigma\, MZB$ für die maximal realisierbare Angebotsmenge X_{max} einen positiven Wert annimmt. In dieser „budgetbeschränkten Niskanen-Lösung" des bürokratiedominierten Steuerungsprozesses II entsprechen sich, wie in Grafik 3.1. ersichtlich ist, X_{max} und die Leistungsmenge X_{Bmax}, bei der die Verwaltung den ihr zur Verfügung stehenden Etat unter den gel-

[2] *W. A. Niskanen*, Bureaucracy and Representative Government, S. 38 ff. begründet das Ziel einer Budgetmaximierung mit beiden Argumenten. Er spricht in diesem Zusammenhang vom „rationality argument" und vom „survival argument" der Budgetmaximierung. Siehe auch *H. H. von Arnim*, *R. Borell* und *G. Vogt*, Privatisierung öffentlicher Dienstleistungen. Karl-Bräuer-Institut des Bundes der Steuerzahler, Heft 41, Wiesbaden 1978, S. 12.

[3] Diese Auffassung vertritt beispielsweise *J. A. Stockfish*, The Political Economy of Bureaucracy, S. 22. Ihm zufolge ist das primäre Anliegen eines Verwaltungsleiters „to further and apply the operating expertise of his bureau".

tenden Nebenbedingungen maximiert.[4] Um $X_{B\max} = X_{\max}$ zu realisieren, setzt die Bürokratie die erste Illusionierungsvariante ein.

Zweiter Fall: Es sollen $K\,2$ und $Z\,1$ gelten. Wie aus Grafik 3.2. hervorgeht, würde in diesem Fall die maximal realisierbare Leistungsmenge zu keinem maximalen Budget führen, da $\Sigma\, MZB < 0$ für $X_{B\max} < X \leqslant X_{\max}$. Eine budgetmaximierende Bürokratie realisiert folglich $X_{B\max}$, und sie verwendet beide Illusionierungsvarianten gleichzeitig. Der zweite Fall kann, da auch die Nachfrage der Regierung die Budgetexpansion der öffentlichen Verwaltung beschränkt, als „nachfragebeschränkte Niskanen-Lösung“ bezeichnet werden.[5]

Dritter Fall: Es sollen $K\,1$ und $Z\,2$ gelten. Gegenüber der „budgetbeschränkten Niskanen-Lösung“ sind mit dieser „budgetbeschränkten Stockfish-Lösung“ keinerlei Veränderungen verbunden, da, wie der Grafik 3.1. entnommen werden kann, für $0 \leqslant X \leqslant X_{\max}\; dB\,/\,dX \geqslant 0$ gilt. Die maximal realisierbare und die budgetmaximale Leistungsmenge entsprechen sich somit wiederum. Wie auch im ersten Fall beschränkt sich die Verwaltung auf die erste Illusionierungsvariante.

Vierter Fall: Es sollen $K\,2$ und $Z\,2$ gelten. Obschon *Stockfish* selbst die Möglichkeit einer „nachfragebeschränkten Stockfish-Lösung“ des Steuerungsprozesses II außer acht läßt, ist gerade sie interessant. Im vierten Fall weicht, wie auch im zweiten Fall, die maximale Leistungsmenge $X_{\max}$ von der budgetmaximalen Angebotsmenge $X_{B\max}$ ab. Nur im Bereich $0 \leqslant X \leqslant X_{B\max}$ gilt nämlich $dB\,/\,dX \geqslant 0$, während für $X_{B\max} < X \leqslant X_{\max}\; dB\,/\,dX < 0$ gilt. Im Gegensatz zur „Niskanen-Bürokratie“ wird aber eine „Stockfish-Bürokratie“ $X_{\max}$ realisieren und ausschließlich auf die erste Illusionierungsvariante zurückgreifen.

II. Bewertung des bürokratischen Verhaltens

Welche Wohlfahrtseffekte und welche Abweichungen vom Referenzoptimum sind mit der Bereitstellung der öffentlichen Leistung verbunden, wenn eine budget- oder outputmaximierende öffentliche Verwaltung die Regierung im Steuerungsprozeß II dominiert? Zunächst führt ihre Machtposition im Budgetprozeß dazu, daß die staatliche Bürokratie die Regierung so weit kostenillusionieren kann, bis die gesamte Konsumentenrente, die in Grafik 3.1. der Fläche des Dreieckes *ABC* und

[4] Vgl. auch *B. Külp*, Wohlfahrtsökonomik II. Maßnahmen und Systeme, Tübingen/Düsseldorf 1976, S. 139 und *U. Roppel*, Ökonomische Theorie der Bürokratie, S. 97. Schlichtweg falsch ist die Darstellung bei *D. C. Mueller*, Public Choice, S. 159.

[5] Siehe auch *B. Külp*, Wohlfahrtsökonomik II, S. 139 und *U. Roppel*, Ökonomische Theorie der Bürokratie, S. 96.

in Grafik 3.2. der Fläche des Dreieckes $A'B'C'$ entspricht, zur Finanzierung eines Überangebotes oder von ineffizienten Produktionsverfahren aufgebraucht ist. Die soziale Wohlfahrt kann durch das öffentliche Leistungsangebot folglich überhaupt nicht erhöht werden.

Alle oben angeführten Lösungsmöglichkeiten des Steuerungsprozesses II implizieren angebotsbezogene Ineffizienzen des bürokratischen Verhaltens. Mit Ausnahme des zweiten Falles verursacht die Verwaltung aber allein Allokationsineffizienzen.[6] Da sie produktionseffiziente Verfahren verwendet, kann sie im Budgetprozeß ausschließlich auf die erste Illusionierungsvariante zurückgreifen. Im zweiten Fall wird hingegen nur ein Teil der Konsumentenrente zur Bereitstellung eines allokationsineffizienten Überangebotes verwendet. Der andere Teil dient der Finanzierung von produktionsineffizienten Verfahren. In diesem Fall muß sich die Verwaltung beider Illusionierungsvarianten gleichzeitig bedienen.

B. Kritik am Modellansatz

Die in der Literatur vorgetragene Kritik zum hier verwendeten Modellansatz bezieht sich vor allen Dingen (1) auf die Machtlosigkeit von Regierung und Interessengruppen im Steuerungsprozeß II[7] sowie (2) auf die Verhaltensannahme der Budget- oder Outputmaximierung. Im folgenden können wir uns auf die Kritik an der Verhaltensannahme beschränken, da dem zuerst genannten Kritikpunkt weiter unten ausführlich Rechnung getragen wird.

In der wissenschaftlichen Diskussion fällt die Kritik an der Budget- oder Outputmaximierungsannahme[8] recht unterschiedlich aus. Sie reicht von einer situationsbezogenen Relativierung bis hin zur entschiedenen Ablehnung.

---

[6] Vgl. in diesem Zusammenhang auch den interessanten Beitrag von *E. A. Thompson*, The Perfect Competitive Production of Collective Goods, in: Review of Economics and Statistics, Vol. 50 (1968), S. 1 ff. und insbesondere S. 7. Er weist nach, daß auch der Marktmechanismus unter bestimmten Voraussetzungen zu einem ähnlichen Überangebot an ausschließbaren nichtrivalisierenden Gütern und, als Konsequenz, zu keiner Wohlfahrtserhöhung für die Konsumenten führt. Siehe auch *J. G. Head*, Misleading Analogies in Public Goods Analysis, in: Finanzarchiv, N. F., Bd. 36 (1977), S. 9.

[7] Vgl. auch *J. Margolis*, Comment, in: Journal of Law and Economics, Vol. 18 (1975), S. 645.

[8] *A. Breton*, The Economic Theory of Representative Government, S. 161 modifiziert die Niskanen-Annahme, indem er dem Leiter einer Verwaltung die Maximierung seines Budgetanteils am Gesamtetat der öffentlichen Verwaltung unterstellt. Eine derartige Modifikation impliziert für die Analyse allerdings keine neuen Gesichtspunkte, da eine Bretonsche Anteilsmaximierung und eine Niskanensche Budgetmaximierung zu identischen Ergebnissen führen.

So sind *Breton/Wintrobe* der Meinung, daß die Hypothese der Budgetmaximierung hinsichtlich Verwaltungsart und -größe spezifiziert werden müsse. Sie sei zum einen nur für die Fälle plausibel, in denen die interadministrative Mobilität der öffentlichen Manager begrenzt ist, beispielsweise im Verteidigungsministerium.[9] Zum anderen steige der Kontrollverlust für das Verwaltungsmanagement mit zunehmender Größe der Bürokratie. Dies habe zur Konsequenz, daß „there will be a point, beyond which an income- or prestige-maximizing bureaucrat would not seek further budget increases“[10].

Entschieden abgelehnt wird die Annahme der Budgetmaximierung hingegen von *Hartle*[11], *Lindsay*[12] und *Musgrave*[13]. *Breton/Wintrobe*[14] und *Peters*[15] sind der Ansicht, Bürokratien würden unabhängig von den Etatimplikationen ihre Macht maximieren und dazu ausnutzen, politische Entscheidungen in der von ihnen gewünschten Richtung zu beeinflussen. Schließlich bestehe für eine Verwaltung, so argumentieren *Breton/Wintrobe*, die sich aus budgetstrategischen Erwägungen heraus für ein kurzfristig nicht veränderbares Produktionsverfahren mit einem hohen Fixkostenanteil entschieden habe, bei einer rückläufigen politischen Nachfrage nach ihrem Leistungsangebot die Gefahr, daß sie ganz aufgelöst werde.[16] In derartigen Bürokratien würden sich allenfalls risikofreudige Verwaltungsleiter budgetmaximierend verhalten.[17]

9 Vgl. *A. Breton* und *R. Wintrobe*, The Equilibrium Size of a Budget-Maximizing Bureau: A Note on Niskanen's Theory of Bureaucracy, in: Journal of Political Economy, Vol. 83 (1975), S. 204.

10 Ebenda, S. 198.

11 „If anything, the reverse is the case“. *D. G. Hartle*, A Theory of the Expenditure Budgetary Process, Toronto/Buffalo 1976, S. 24.

12 „Realistically, the size of the budget is of peripheral importance“. *C. M. Lindsay*, A Theory of Government Enterprise, S. 1063.

13 Vgl. *R. A. Musgrave*, Comment to W. A. Niskanen, Bureaucrats between Self Interest and Public Interest, in: H. Hanusch, (Hg.), Anatomy of Government Deficiencies, S. 121.

14 Siehe *A. Breton* und *R. Wintrobe*, Bureaucracy and State Intervention: Parkinson's Law?, in: Canadian Public Administration, Vol. 22 (1979), S. 218 ff.

15 *B. G. Peters*, The Problem of Bureaucratic Government, in: Journal of Politics, Vol. 43 (1981), S. 59 rückt das „professional and almost ideological behavior of many bureaucratic actors, who do at least apparently have ideas about policy which they seek to have implemented without regard to the budgetary consequences“, in den Vordergrund.

16 Vgl. *A. Breton* und *R. Wintrobe*, Bureaucracy and State Intervention, S. 217 f. Verwaltungen, die in den Budgetverhandlungen zwar hohe Fixkosten vortäuschen, tatsächlich aber Produktionsverfahren mit geringeren Fixkosten verwenden, steht bei sinkender politischer Nachfrage die Möglichkeit offen, über fiktive Produktivitätsgewinne die in den Budgetkalkulationen verwendeten Kostenkurven zu senken und so ihrer Auflösung entgegenzuwirken.

17 Bei Risikoaversion wird ein Verwaltungsmanagement somit selbst dann auf eine Budgetmaximierungsstrategie verzichten, wenn sich sein system-

Die eben vorgetragenen Ansichten und Überlegungen bleiben allerdings so lange dem Bereich des Spekulativen verhaftet, wie die Verhaltensannahme der Budget- oder Outputmaximierung keiner direkten empirischen Überprüfung unterzogen wird.[18]

Unseres Erachtens kommt dem Verwaltungsetat zwar eine gewisse Bedeutung zu. Wir sind aber der Ansicht, daß die bürokratische Zielfunktion nicht nur das Argument der Budgethöhe umfaßt.[19] Wir wollen uns deshalb im folgenden der Frage zuwenden, welche zusätzlichen Argumente im Entscheidungskalkül der Verwaltung eine Rolle spielen können.

---

immanentes Eigeninteresse auf die Höhe des Budgets bezieht. Zur Dominanz und zur Rationalität der Risikoaversion in öffentlichen Verwaltungen vgl. *F. Forte* und *A. di Pierro*, A Pure Model of Public Bureaucracy, in: Public Finance, Festschrift Paul Senf, Vol. 35 (1980), S. 91 ff.

18 Der bisherige empirische Befund erlaubt keine eindeutige Schlußfolgerung in bezug auf die Verhaltensannahme der Budget- oder Outputmaximierung. Einerseits läßt die Untersuchung von *T. G. McGuire*, Budget-Maximizing Governmental Agencies: An Empirical Test, in: Public Choice, Vol. 36 (1981), S. 313 ff., die zu dem Ergebnis gelangt, daß das öffentliche Angebotsverhalten auf staatlicher und lokaler Ebene in den Vereinigten Staaten mit den aus dem Niskanen-Modell abgeleiteten Hypothesen nicht zu vereinbaren ist, die Frage offen, ob damit die Verhaltensannahme der Budget- oder Outputmaximierung oder die Annahme der bürokratischen Dominanz im Budgetprozeß oder beide Annahmen zusammen in Frage gestellt werden. Andererseits könnten vorliegende Untersuchungen, die darauf hindeuten, daß in den USA in den zurückliegenden Jahren die tatsächliche Budgethöhe über der stimmenmaximalen lag, allenfalls unter Zuhilfenahme zusätzlicher Annahmen als Bestätigung der Verhaltensannahme angesehen werden. Vgl. *T. J. Eismeier*, Budgets and Ballots: The Political Consequence of Fiscal Choice, in: D. W. Rae and T. J. Eismeier, (Hg.), Public Policy and Public Choice, Beverly Hills/London 1979, S. 121 ff., *G. R. Gist* und *R. C. Hill*, The Economics of Choice in the Allocation of Federal Grants: An Empirical Test, in: Public Choice, Vol. 36 (1981), S. 63 ff. und *W. A. Niskanen*, Economic and Fiscal Effects on the Popular Vote for the President, in: D. W. Rae und T. J. Eismeier, (Hg.), Public Policy and Public Choice, S. 93 ff.

19 Die Ergebnisse der Studien, die die relative Effizienz öffentlicher versus privater Anbieter empirisch untersuchen, legen die Vermutung nahe, daß sich öffentliche Verwaltungen im allgemeinen (auch) produktionsineffizient verhalten. Nur im zweiten Fall des oben dargestellten Modellansatzes können Produktionsineffizienzen erklärt werden. Wir bezweifeln aber, daß die dort angenommenen Kosten- und Nachfragebedingungen für das öffentliche Angebot generell gültig sind.

Siebentes Kapitel

Eine am fiskalischen Residuum orientierte öffentliche Verwaltung

A. Darstellung des Modellansatzes

I. Annahmen und Ergebnisse

Gegenüber dem vorangegangenen Kapitel verlieren die Kosten- und Nachfragebedingungen für die öffentliche Leistung ihre Bedeutung als Bestimmungsgröße für das bürokratische Entscheidungskalkül. Deshalb können wir uns hier auf die in Grafik 3.1. veranschaulichte budgetbeschränkte Lösung des Steuerungsprozesses II beschränken. Die Annahme einer Dominanz der staatlichen Bürokratie gegenüber der Regierung im Budgetprozeß soll weiterhin gelten. Allerdings wird jetzt unterstellt, die öffentliche Verwaltung sei daran interessiert, über ein fiskalisches Residuum verfügen und diskretionäre Entscheidungen treffen zu können, die Abweichungen von den Minimalkosten implizieren. Das fiskalische Residuum der Bürokratie ist die Differenz zwischen dem von der Regierung für eine bestimmte Leistungsmenge maximal bewilligten Etat und den bei der Bereitstellung anfallenden Mindestkosten.[1] Um über ein fiskalisches Residuum disponieren zu können, muß sich die Verwaltung folglich die Konsumentenrente aus der Bereitstellung der öffentlichen Leistung aneignen.

Im folgenden sollen zwei Ausprägungen einer am fiskalischen Residuum orientierten Bürokratie behandelt werden. Zunächst soll das Augenmerk auf einer Bürokratie liegen, die das unspezifizierte Ziel einer Maximierung ihres fiskalischen Residuums verfolgt. Sodann soll das fiskalische Residuum in einem zweiten Schritt produktionstheoretisch spezifiziert werden.

1. *Maximierung des fiskalischen Residuums*

Ziel der staatlichen Bürokratie sei es, das ihr zur Verfügung stehende fiskalische Residuum *FR* zu maximieren:[2]

---

[1] Vgl. auch *W. Orzechowski*, Economic Models of Bureaucracy, S. 231, Fn. 4.

[2] Vgl. in neuester Zeit auch *E. F. Toma* und *M. Toma*, Research Activities and Budget Allocations Among Federal Reserve Banks, unveröffentlichtes Manuskript 1982 und *M. Toma*, Inflationary Bias of the Federal Reserve

$$U^B = U^B(FR) \text{ mit } dU^B/dFR > 0 \ .$$

Bei gegebenen Kosten- und Zahlungsbereitschaftsfunktionen hat eine Dominanz der Bürokratie zur Folge, daß zwischen dem fiskalischen Residuum und der Leistungsmenge ein funktionaler Zusammenhang besteht:

$$FR = FR(X) \ .$$

In Grafik 3.1. ist FR für jedes $0 \leqslant X \leqslant X_{max}$ die Differenz zwischen

$$X \cdot \Sigma AZB(X) \text{ bzw. } \int_0^X \Sigma MZB(X)\, dX$$

und

$$X \cdot AC_{min}(X) \text{ bzw. } \int_0^X MC_{min}(X)\, dX \ .$$

Grafik 3.3. soll den Zusammenhang zwischen FR und X direkt veranschaulichen:

Grafik 3.3.

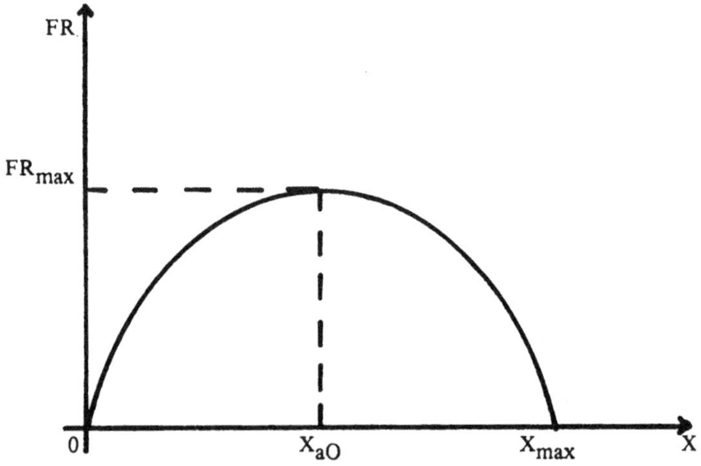

Mit zunehmender Leistungsmenge steigt das fiskalische Residuum zunächst, um bei X_{a0} seinen maximalen Wert zu erreichen. Da für $X_{a0} < X \leqslant X_{max}$ die aggregierte marginale Zahlungsbereitschaft zunehmend kleiner als die Höhe der minimalen Grenzkosten wird, sinkt FR in diesem Bereich. Eine ihr fiskalisches Residuum maximierende Bürokratie wird folglich X_{a0} realisieren und ausschließlich die zweite

System: A Bureaucratic Perspective, in: Journal of Monetary Economics, Vol. 10 (1982), S. 163 ff.

Kostenillusionierungsvariante verwenden, das heißt sie wird sich für ein ineffizientes Produktionsverfahren entscheiden. Ob damit eine verzerrte Arbeits- beziehungsweise Kapitalintensität des Produktionsprozesses oder eine mangelhafte Ausübung der dispositiven Managementfunktion in der öffentlichen Verwaltung impliziert wird, soll Gegenstand des folgenden Abschnittes sein.

2. Produktionstheoretische Spezifizierung des fiskalischen Residuums

Bislang wurde lediglich angenommen, die Verwaltung maximiere im Rahmen der geltenden Nebenbedingungen ihr fiskalisches Residuum bei X_{a0}. Jetzt soll das fiskalische Residuum produktionstheoretisch spezifiziert werden. Es sei unterstellt, daß in der Verwaltung die Inputfaktoren Arbeit A, Kapital K und dispositive Managementfunktion D kombiniert und gleichzeitig zur Erstellung der öffentlichen Leistung X und zur Realisierung eigennutzorientierter Ziele eingesetzt würden. Es gilt somit:

$$X = X(A, K, D) \quad \text{und}$$
$$U^B = U^B(A, K, D) \ .$$

Im Prinzip lassen sich drei „reine" Spezifizierungsalternativen für das fiskalische Residuum unterscheiden:[3]

[3] Bei der produktionstheoretischen Spezifizierung des fiskalischen Residuums beziehungsweise bei der Frage, welche Zielvorstellungen für die öffentliche Verwaltung und ihr Management verhaltensrelevant sein können, liegt es nahe, auf die Ergebnisse der Theorie der Firma und der Theorie der Eigentumsrechte zurückzugreifen. In beiden Theorien wird nämlich die Verwendung des fiskalischen Residuums beziehungsweise die Ausnutzung diskretionärer Spielräume durch die Entscheidungsträger in sozialen Organisationen thematisiert: „The basic issue is simply how managerial discretion will be exercised." *G. D. Keim*, Managerial Behavior and the Social Responsibility Debate: Goals versus Constraints, in: Academy of Management Journal, Vol. 21 (1978), S. 60. Beide Theorien widmen den Managementpräferenzen für bestimmte Ausgaben beziehungsweise Produktionsfaktoren eine breite Aufmerksamkeit. Zum Terminus „expense preference theory" vgl. auch *R. Rees*, A Reconsideration of the Expense Preference Theory of the Firm, in: Economica, N. S., Vol. 41 (1974), S. 295. Aus der Vielzahl der Beiträge zur Theorie der Firma und zur Theorie der Eigentumsrechte vgl. exemplarisch *A. Alchian*, Corporate Management and Property Rights, in: H. Manne, (Hg.), Economic Policy and the Regulation of Corporate Securities, Washington, D. C. 1969, S. 337 ff., *W. J. Baumol*, Business Behavior. Value and Growth, New York u. a. 1967, *A. A. Berle* und *G. C. Means*, The Modern Corporation and Private Property, New York 1968, *R. H. Coase*, The Problem of Social Cost, in: Journal of Law and Economics, Vol. 3 (1960), S. 1 ff., *R. M. Cyert* und *J. G. March*, A Behavioral Theory of the Firm, Englewood Cliffs, N. J. 1963, *H. Demsetz*, Toward a Theory of Property Rights, in: American Economic Review, Papers and Proceedings, Vol. 57 (1967), S. 347 ff., *E. Furubotn* und *S. Pejovich*, Property Rights and Economic Theory: A Survey of

(1) Das Verwaltungsmanagement ist an einer möglichst hohen Bequemlichkeit („leisure") bei X_{a0} interessiert:

$$\delta U^B/\delta A = 0, \ \delta U^B/\delta K = 0, \ \delta U^B/\delta D < 0 \ .$$

(2) Die Verwaltung strebt für sich eine möglichst große Beschäftigtenzahl bei X_{a0} an:

$$\delta U^B/\delta A > 0, \ \delta U^B/\delta K = 0, \ \delta U^B/\delta D = 0 \ .$$

(3) Die Bürokratie versucht, den Inputfaktor Kapital bei X_{a0} zu maximieren:

$$\delta U^B/\delta A = 0, \ \delta U^B/\delta K > 0, \ \delta U^B/\delta D = 0 \ .$$

Ad (1): Bezogen auf die bürokratische Produktionsfunktion impliziert die Präferenz des Verwaltungsmanagements für Bequemlichkeit[4] einen zu geringen Einsatz des Inputfaktors „dispositive Managementfunktion". Eine suboptimale Ausübung der Kontroll- und Koordinierungsleistungen des Managements hat bei eigennutzorientierten Mitarbeitern eine zu geringe Intensität des Arbeitseinsatzes zur Folge.[5] Grafik 3.4. soll dies verdeutlichen.

Wird X_{a0} produktionseffizient (PE_{max}) angeboten, so setzt dies einen optimalen Einsatz der dispositiven Managementfunktion D_{opt} voraus. Die bürokratische Dominanz im Budgetierungsprozeß erlaubt dem Management jedoch Abweichungen von D_{opt} und von PE_{max}. Bürokratische Führungskräfte, die ihre Bequemlichkeit zu maximieren trachten, üben ihre dispositive Funktion nur im minimal erforderlichen Umfang D_{min} aus. Damit verbunden ist eine maximal mögliche Produktionsineffizienz PE_{min}.

Ad (2): Im Mittelpunkt einer produktionstheoretischen Spezifizierung des fiskalischen Residuums steht die Präferenz des Verwaltungsmana-

---

Recent Literature, in: Journal of Economic Literature, Vol. 10 (1972), S. 1137 ff., *R. Marris*, The Economic Theory of ‚Managerial' Capitalism, New York 1964, *E. T. Penrose*, The Theory of the Growth of the Firm, Oxford 1959, O. *E. Williamson*, The Economics of Discretionary Behavior: Managerial Objectives in a Theory of the Firm, London 1974 and ders., Markets and Hierarchies: Analysis and Antitrust Implications. A Study in the Economics of Internal Organization, New York/London 1975.

4 Zur offensichtlichen Bedeutung von „leisure" als Argument in der Nutzenfunktion des Verwaltungsmanagements vgl. insbesondere *A. Peacock*, The Economics of Bureaucracy: An Inside View, in: A. Peacock, (Hg.), The Economic Analysis of Government and Related Themes, Oxford 1979, S. 240 f. und ders., Public *X*-Inefficiency, S. 126 ff.

5 Vgl. hierzu auch *H. Leibenstein*, Motivations and Constraints in the Supply-Cost of Government Services: A Game Theoretic Analysis, Paper presented at the 38th Congress of the International Institute of Public Finance, Copenhagen, August 23 - 26, 1982.

Grafik 3.4.

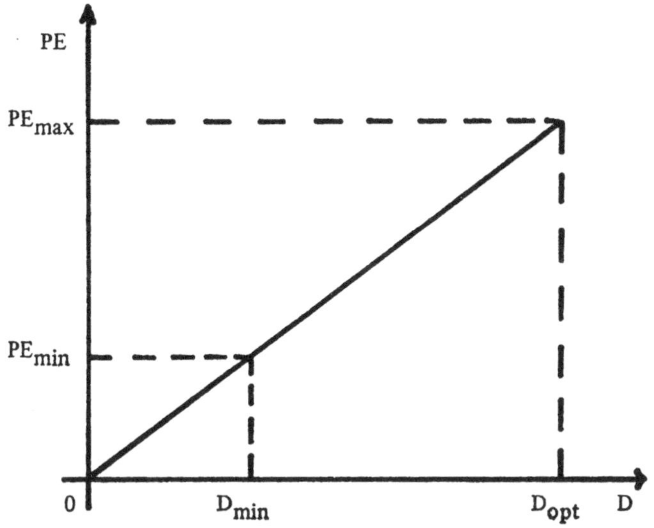

gements für überhöhte Personalstäbe.[6] Begründet wird dies in der Literatur hauptsächlich damit, daß zwischen den Gehältern und der Sicherheit des Verwaltungsmanagements auf der einen Seite und der Anzahl der unterstellten Dienstposten auf der anderen Seite eine positive Korrelation bestehe.

Bei einem vorgegebenen Budget $\overline{B}$ und einer politisch geforderten Ausbringungsmenge $\overline{X}$ hat die Verwaltungsleitung auch bei einer optimalen Ausübung ihrer dispositiven Funktion $\overline{D}_{opt}$ gewisse Ermessensspielräume hinsichtlich der Arbeitsintensität des Produktionsprozesses. In Grafik 3.5. kann sie sich zwischen den zwei alternativen Arbeits- und Kapitaleinsatzkombinationen (A_1, K_2) und (A_2, K_1) entscheiden.

Eine produktionseffiziente Lösung wäre mit (A_{eff}, K_{eff}) verbunden. Das bürokratische Optimum (A_2, K_1) beinhaltet im Vergleich hierzu einen zu großen Arbeits- und einen zu geringen Kapitaleinsatz. Die

[6] Siehe beispielsweise *M. Dole, Jr.*, An Economic Theory of Bureaucracy, S. 10 ff., *F. R. Edwards,* Managerial Objectives in Regulated Industries: Expense-Preference Behavior in Banking, in: Journal of Political Economy, Vol. 85 (1977), S. 147 f., *C. N. Parkinson,* Parkinson's Law and Other Studies in Administration, New York 1957 und *G. Tullock*, The Politics of Bureaucracy, S. 134 ff.

Grafik 3.5.

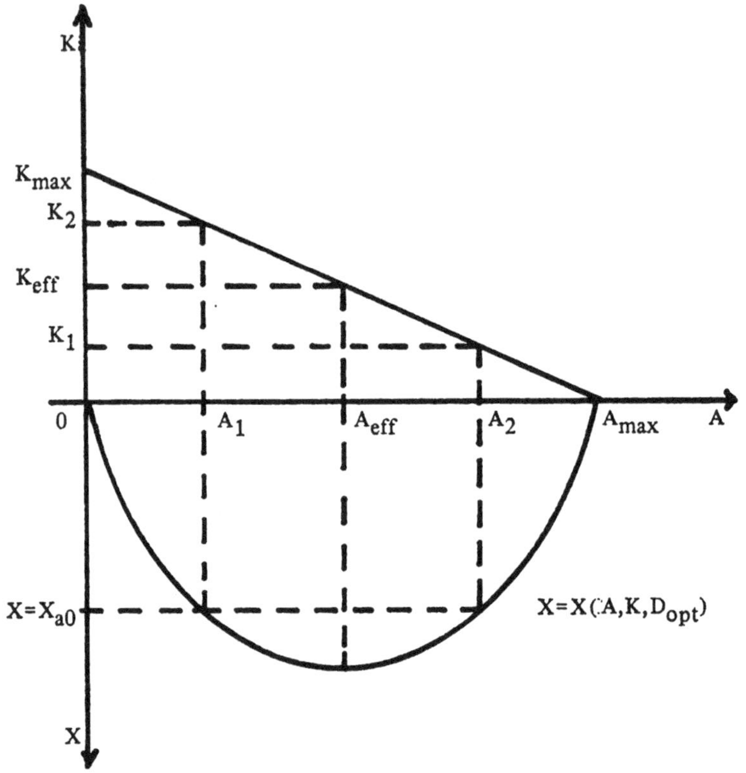

Arbeitsintensität des Produktionsprozesses ist, mit anderen Worten, zu groß.[7]

Ad (3): Im krassen Gegensatz zu (2) stellt die dritte Spezifizierungsalternative für das fiskalische Residuum auf einen maximalen Kapitaleinsatz bei X_{a0} ab.[8] Bezogen auf Grafik 3.5. hat eine Präferenz für den Faktor Kapital zur Folge, daß im bürokratischen Optimum (A_1, K_2) gewählt wird. Gemessen an der effizienten Faktoreinsatzkombination

[7] Zu diesem Ergebnis gelangt auch *R. Vaubel*, Wenn Beamte Unternehmer spielen ..., Die Ökonomische Theorie des Staatsversagens, in: Die Zeit vom 2. 11. 1979, S. 34: „Da der rationale Beamte die Zahl seiner Untergebenen maximieren will, bevorzugt er möglichst arbeitsintensive, d. h. wenig mechanisierte Produktionsmethoden."

[8] Vgl. beispielsweise *L. de Alessi*, An Economic Analysis of Government Ownership and Regulation: Theory and Evidence from the Electric Power Industry, in: Public Choice, Vol. 19 (Fall 1974), S. 20 f. und *W. Orzechowski*, Labor Intensity, Productivity, and the Growth of the Federal Sector, in: Public Choice, Vol. 19 (Fall 1974), S. 123 ff.

(A_{eff}, K_{eff}) ist der Kapitaleinsatz überhöht, der Arbeitseinsatz hingegen zu gering. Die Kapitalintensität des Produktionsprozesses ist zu groß.

II. Effizienzeffekte für das öffentliche Angebot

Auch im zweiten Modellansatz zur theoretischen Untersuchung der Effizienzimplikationen einer anbieterdominanten Tauschinteraktion zwischen Regierung und Verwaltung führt das öffentliche Angebot zu keiner Erhöhung der sozialen Wohlfahrt. Wiederum wird die gesamte Konsumentenrente aus der Bereitstellung der öffentlichen Leistung zur Finanzierung der bürokratischen Abweichungen vom Referenzoptimum verwendet.

Eine ihr fiskalisches Residuum maximierende staatliche Bürokratie bietet zwar die allokativ effiziente Leistungsmenge X_{a0} an. Da sie sich das fiskalische Residuum jedoch nicht direkt aneignen, sondern nur für diskretionäre Entscheidungen verwenden kann, die zu Abweichungen von den Minimalkosten führen, ist das öffentliche Angebot in jedem Fall mit Produktionsineffizienzen verbunden.

B. Kritik am Modellansatz

An kritischen Einwänden gegen den hier vorgetragenen Modellansatz herrscht kein Mangel. Zum einen ist die Annahme der bürokratischen Dominanz im Budgetierungsprozeß auf massiven Widerspruch gestoßen. Hierauf wollen wir jedoch erst weiter unten genauer eingehen. Zum anderen hat sich die Kritik an der Verhaltensannahme einer ausschließlichen Orientierung der Bürokratie am fiskalischen Residuum entzündet. *Shapiro* vertritt beispielsweise die Auffassung, daß zwischen dem Einkommen öffentlicher Manager und der Größe der Verwaltung, die sie leiten, ein enger Zusammenhang bestehe.[9] Er wird hierin von *Staaf* unterstützt, der eine positive Korrelation zwischen Verwaltungsetat und Macht, Status sowie Einkommen der Verwaltungsangehörigen festzustellen glaubt.[10]

Wir sind der Ansicht, und wir wollen diese im folgenden substantiieren, daß sowohl das Budget als auch die Bequemlichkeit für das Verwaltungsmanagement von entscheidender Bedeutung sind.

---

[9] Vgl. *D. L. Shapiro*, Can Public Investment Have a Positive Rate of Return?, in: Journal of Political Economy, Vol. 81 (1973), S. 402 f. Siehe auch *W. J. Baumol*, Economic Theory and Operations Analysis, 2. Aufl., Englewood Cliffs, N. J. 1965, S. 296, der diesen Zusammenhang sogar für den privaten Sektor vermutet.

[10] Vgl. *R. J. Staaf*, The Growth of the Educational Bureaucracy: Do Teachers Make a Difference?, in: T. E. Borcherding, (Hg.), Budgets and Bureaucrats, S. 148 ff.

Angebotsbezogene Ansätze: Kritische Würdigung und punktuelle Weiterentwicklung

Schwerpunktmäßig hat sich die Kritik an den beiden oben diskutierten Modellansätzen auf

(1) die Zielfunktion der Verwaltung(sleitung) sowie

(2) die anbieterdominante Tauschinteraktion zwischen Regierung und Bürokratie im Budgetierungsprozeß

bezogen.

Ad (1): Solange keine empirischen Untersuchungen vorliegen, die eindeutige Schlußfolgerungen hinsichtlich der Motivation bürokratischen Verhaltens zulassen, muß man, will man die Ziele öffentlicher Verwaltungen bestimmen, nolens volens einen von zwei denkbaren, mehr oder weniger unbefriedigenden Wegen beschreiten. Zum einen besteht die Möglichkeit, für verschiedene Verwaltungsarten spezielle Zielfunktionen mit jeweils unterschiedlichen Argumenten zu formulieren[1] beziehungsweise eine zielbezogene Typologie bürokratischer Führungskräfte zu entwickeln[2]. Derartige Versuche sehen sich zwangsläufig dem Vorwurf der willkürlichen Differenzierung ausgesetzt.[3]

Bei unserem nachfolgenden Versuch, die Ökonomische Theorie der Bürokratie punktuell weiterzuentwickeln, wollen wir deshalb die zweite Richtung einschlagen und eine allgemeine bürokratische Zielfunktion postulieren, die zugleich einfach und für alle Verwaltungen plausibel sein soll. Damit nehmen wir allerdings in Kauf, die jeweils spezifischen Besonderheiten einzelner öffentlicher Verwaltungen nicht berücksichtigen zu können.

Sichtet man das Schrifttum im Hinblick auf Beiträge, die auf einfache und plausible Zielfunktionen für die gesamte staatliche Bürokratie abstellen, so zieht vor allen Dingen der Ansatz von *Migué/Bélanger* die Aufmerksamkeit auf sich.[4] Er untersucht das Angebotsverhalten öffent-

---

[1] Vgl. beispielsweise *P. Friedrich,* Ansätze zu einer Wachstumstheorie für einzelne Verwaltungen, Universität Bamberg, Diskussionspapier Nr. 2, Bamberg 1981, S. 19 ff.

[2] Vgl. *A. Downs,* Nichtmarktwirtschaftliche Entscheidungssysteme — Eine Theorie der Bürokratie, in: H. P. Widmaier, (Hg.), Politische Ökonomie des Wohlfahrtsstaates, S. 201 f., der in diesem Zusammenhang zwischen „Aufsteigern", „Bewahrern", „Eiferern", „Anwälten" und „Staatsmännern" differenziert.

[3] Siehe hierzu auch *D. G. Puchta,* Inflation und Deutsche Bundesbank. Elemente einer politisch-ökonomischen Theorie der schleichenden Inflation mit endogenisiertem Zentralbankverhalten, Freiburg 1981, S. 176 f.

[4] Vgl. *J. L. Migué* und *G. Bélanger,* Toward a General Theory of Managerial Discretion, in: Public Choice, Vol. 17 (Spring 1974), S. 31 ff.

licher Verwaltungen, die sowohl aus dem fiskalischen Residuum als auch aus der bereitgestellten Leistungsmenge Nutzen ziehen:

$$U^B = U^B(FR, X)$$
$$\text{mit} \quad \delta U^B / \delta FR > 0 \quad \text{und} \quad \delta U^B / \delta X > 0 \ .$$

Dominiert die staatliche Bürokratie im Budgetierungsprozeß, so wird sie, bei einer exogen gegebenen Produktions- und Nachfragefunktion, mit einem Trade-off zwischen FR und X konfrontiert, der in der Transformationskurve RBX_{max} in Grafik 3.6. zum Ausdruck gebracht werden soll:

Grafik 3.6.

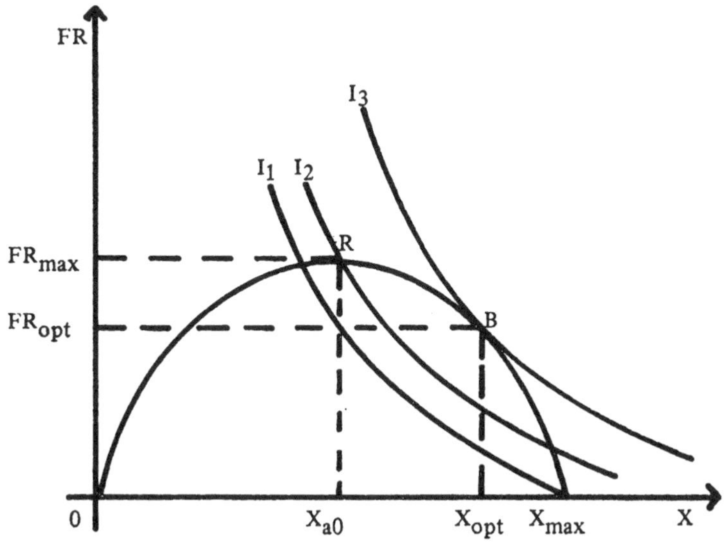

Die Bürokratie realisiert ihr Optimum in (FR_{opt}, X_{opt}). In Punkt B entsprechen sich nämlich die Grenzraten der Substitution und der Transformation zwischen FR und X. Während B auf der Indifferenzkurve I_3 liegt, hätte eine Maximierung des fiskalischen Residuums in Punkt R eine Nutzenverringerung auf I_2, eine Outputmaximierung in X_{max} sogar auf I_1 zur Konsequenz. Um ihr Optimum, das sowohl Produktions- als auch Allokationsineffizienzen im öffentlichen Angebot evoziert,[5] zu erreichen, muß die staatliche Bürokratie beide Kostenillusionierungsvarianten verwenden.

[5] Vgl. auch *W. A. Niskanen,* Bureaucrats and Politicians, S. 617 ff. und *J. L. Migué* und *G. Bélanger,* Toward a General Theory of Managerial Discretion, S. 27 ff.

So einfach der Ansatz von *Migué/Bélanger* auch ist, so wenig sind unseres Erachtens die Höhe der Leistungsmenge sowie der Umfang des fiskalischen Residuums als Argumente einer allgemeinen bürokratischen Zielfunktion plausibel. Wir sind mit *Niskanen* der Ansicht, daß die Etathöhe in allen öffentlichen Verwaltungen eine bedeutende Rolle spielt, und wir vertreten mit *Jackson* und *Peacock* die Auffassung, daß die Leiter aller Staatsbürokratien, mehr oder weniger stark ausgeprägt, nach Bequemlichkeit streben. Deshalb wollen wir den Niskanen-Ansatz, der, alles in allem, die ökonomische Bürokratieforschung am nachhaltigsten beflügelt hat, weiterentwickeln, indem wir ihn mit den Überlegungen von Jackson und Peacock, deren Petitum die Berücksichtigung von „leisure" in öffentlichen Verwaltungen ist, verknüpfen.

Bei Niskanen umfaßt die bürokratische Nutzenfunktion „salary, perquisites of the office, public reputation, power, patronage, output of the bureau, ease of making changes, and ease of managing the bureau"[6]. Da er weiterhin eine positive Korrelation zwischen dem Verwaltungsetat auf der einen Seite und allen Argumenten in der Nutzenfunktion auf der anderen Seite unterstellt, verhalten sich Bürokraten rational, wenn sie ihr Budget innerhalb der für sie geltenden Nebenbedingungen maximieren. Demgegenüber legt die Argumentation bei Jackson und Peacock die Vermutung nahe, daß zwischen „leisure" beziehungsweise „ease of managing the bureau" und der Höhe des Verwaltungsetats eine Trade-off-Beziehung vorliegen kann.[7] Aus diesem Grunde scheint es unseres Erachtens nicht zulässig zu sein, eine A-priori-Identität zwischen dem Ziel der Budgetmaximierung und der bürokratischen Nutzenmaximierung zu unterstellen.[8] Vielmehr hängen die Argumente in der bürokratischen Nutzenfunktion U^B sowohl vom Budgetvolumen B als auch von der Höhe der maximal realisierbaren Bequemlichkeit L ab:

$$U^B = U^B(B, L) \quad \text{mit } \delta U^B/\delta B > 0 \quad \text{und} \quad \delta U^B/\delta L > 0 \quad \text{sowie}$$
$$\delta^2 U^B/\delta B^2 < 0 \text{ und } \quad \delta^2 U^B/\delta L^2 < 0 \; .$$

Stellt die Bürokratie ein Angebot bereit, das das allokativ effiziente übersteigt, so besteht zwischen B und L ein Zielkonflikt. Budgetsteigerungen haben dann nämlich einen Rückgang des fiskalischen Residuums und damit auch des Bequemlichkeitspotentials zur Folge.

---

[6] *W. A. Niskanen*, Bureaucracy and Representative Government, S. 38.

[7] Vgl. *P. M. Jackson*, The Political Economy of Bureaucracy, S. 133 und *A. Peacock*, The Economics of Bureaucracy, S. 240 f.

[8] Vgl. ähnlich *D. K. Whynes* und *R. A. Bowles*, The Economic Theory of the State, S. 137. Zur Kritik am Ansatz einer ausschließlich budgetmaximierenden Bürokratie siehe auch *L. L. Wade*, Public Administration, S. 354 f., demzufolge „the mere size of a budget ... may result more in headaches than enhanced benefits".

Zwischen welchen Kombinationen der Leistungsmenge X, dem Budget B und der Bequemlichkeit L kann sich die Bürokratie entscheiden, wenn sie die Regierung im Budgetprozeß dominiert und wenn Verbände ihr Kalkül nicht beeinflussen? Zwischen L und B sowie zwischen B und X bestehen funktionale Zusammenhänge:

$$L = L(B) \quad \text{und} \quad B = B(X) .$$

Grafik 3.7. soll diese Zusammenhänge für den Fall illustrieren, daß die Kosten- und Nachfragebedingungen für das bürokratische Angebot denjenigen entsprechen, die in Grafik 3.1. zugrunde gelegt werden:

Grafik 3.7.

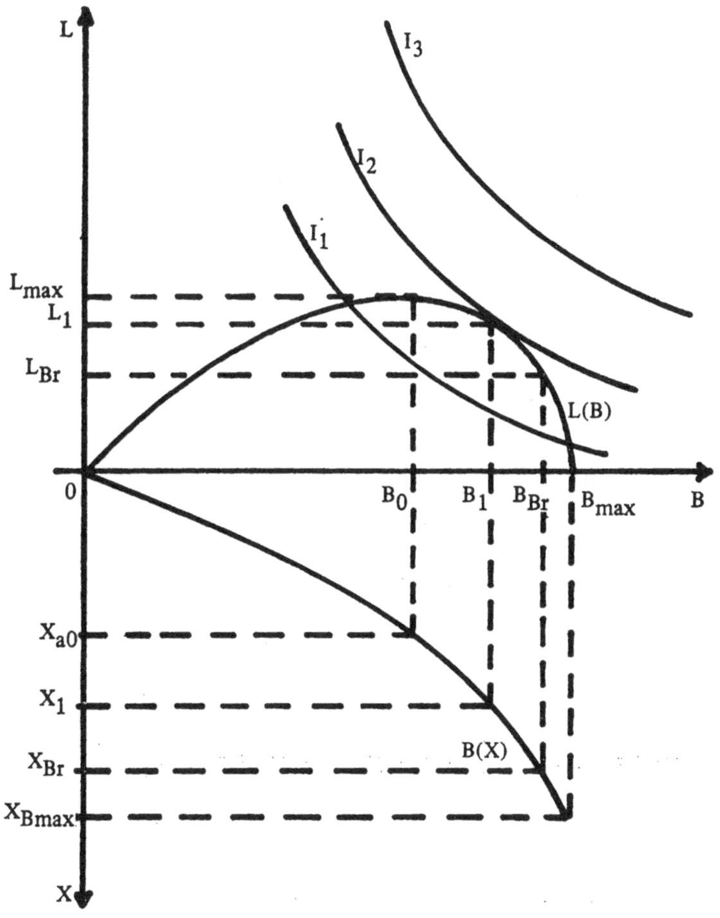

Mit zunehmender Leistungsmenge wachsen zunächst im Bereich $0 \leqslant X < X_{a0}$ sowohl die Budgethöhe als auch das Bequemlichkeitspotential für die Bürokratie. Für $X = X_{a0}$ und $B = B_0$ erreicht L sein Maximum. Im Bereich $X_{a0} < X \leqslant X_{B\max}$ sinkt L, während B noch steigt. Bei $X = X_{B\max}$ schließlich erreicht B sein Maximum, und L nimmt den Wert 0 an.

$L(B)$ bringt für den Bereich $B_0 < B \leqslant B_{\max}$, in dem $dL / dB < 0$ gilt, die Grenzrate der Transformation zwischen B und L beziehungsweise den relativen Preis des Budgets, gemessen in „leisure"-Einheiten, zum Ausdruck. Die bürokratische Grenzrate der Substitution zwischen B und L wird durch das Indifferenzkurvensystem I_1, I_2 und I_3 veranschaulicht. In Grafik 3.7. bietet eine nutzenmaximierende Bürokratie die Leistungsmenge $X = X_1$ an. Sie verfügt dann über ein Budget $B = B_1$ und ein Bequemlichkeitspotential $L = L_1$.[9] Bei (B_1, L_1) entsprechen sich die Grenzrate der Substitution und die Grenzrate der Transformation zwischen B und L. Eine budgetmaximierende Verwaltung würde sich demgegenüber für $(B_{\max}, 0)$ entscheiden, und ein ausschließlich an seiner Bequemlichkeit orientiertes Management hätte $(B_0, L_{\max})$ durchgesetzt.

Als Ergebnis unseres Versuches, eine allgemeine staatsbürokratische Zielfunktion zu formulieren, bleibt festzuhalten, daß sich eine öffentliche Verwaltung mit einer Niskanenschen Nutzenfunktion und konsequenterweise (!) multiplen Zielfunktion in der Regel nicht als budgetmaximierende Niskanen-Bürokratie verhält. Ein Budgetmaximum hat nämlich im allgemeinen kein Nutzenmaximum zur Folge. Beschränkt wird eine bürokratische Budgetmaximierungsstrategie demnach nicht

---

[9] Die Bürokratie maximiert ihre Nutzenfunktion $U^B = U^B(B, L)$ unter der Nebenbedingung $L = L(B)$. Die Nebenbedingung kann auch, in der impliziten Schreibweise, als $F(B, L) = 0$ angegeben werden, wobei die wechselseitige Abhängigkeit zwischen B und L durch die Funktion F gegeben ist. Im beschränkten Maximum müssen dann folgende zwei Bedingungen erfüllt sein:

(1) Bedingung erster Ordnung:

$$\frac{\delta U^B / \delta B}{\delta F / \delta B} = \frac{\delta U^B / \delta L}{\delta F / \delta L}$$

(2) Bedingung zweiter Ordnung (positiver Wert der geränderten Hesse-Determinante):

$$\begin{vmatrix} 0 & \delta F/\delta B & \delta F/\delta L \\ \delta F/\delta B & \delta^2 U^B/\delta B^2 - \dfrac{\delta U^B/\delta B}{\delta F/\delta B}\,\delta^2 F/\delta B^2 & \delta^2 U^B/\delta B\,\delta L - \dfrac{\delta U^B/\delta B}{\delta F/\delta B}\,\delta^2 F/\delta B\,\delta L \\ \delta F/\delta L & \delta^2 U^B/\delta B\,\delta L - \dfrac{\delta U^B/\delta B}{\delta F/\delta B}\,\delta^2 F/\delta B\,\delta L & \delta^2 U^B/\delta L^2 - \dfrac{\delta U^B/\delta B}{\delta F/\delta B}\,\delta^2 F/\delta L^2 \end{vmatrix} > 0$$

Vgl. hierzu auch *D. S. Huang*, Introduction to the Use of Mathematics in Economic Analysis, New York u. a. 1964, S. 106 ff.

nur durch exogene Nebenbedingungen, sondern auch, endogen, durch einen Zielkonflikt zwischen einem möglichst großen Verwaltungsetat und einer möglichst hohen Bequemlichkeit.

Ad (2): Auch sind die Annahme, die der Regierung zur Verfügung stehenden Informationen könnten von der Verwaltung ad libitum gesteuert werden, und die hieraus gezogene Schlußfolgerung, die Verwaltung dominiere die Regierung im Budgetprozeß, nicht unwidersprochen geblieben. *Breton/Wintrobe*[10], *Hettich*[11] und *Wade*[12] gehen sogar so weit zu behaupten, die Regierung dominiere die öffentliche Verwaltung bei den Budgetverhandlungen. Demgegenüber betonen *Miller*[13] und *Schenk*[14] zu Recht das gegenseitige Abhängigkeitsverhältnis zwischen Bürokratie und Regierung. In tatsächlichen Budgetprozessen haben beide Akteure Macht. Die Bürokratie wird mit einer mehr oder minder restriktiven politischen Nebenbedingung konfrontiert. Ihre Machtposition im Budgetprozeß hängt unseres Erachtens hauptsächlich von drei Einflußfaktoren ab.

Erstens kann die politische Instanz Kontroll- und Sanktionsmaßnahmen ergreifen. Das Ausmaß der Kontrollen hängt, wie noch gezeigt werden wird, von einem politischen Kosten-Nutzen-Kalkül ab.

Des weiteren beeinflußt die Wettbewerbsintensität in der Gesamtverwaltung die relative Machtposition einer Teilbürokratie im Budgetprozeß. Allgemein gesprochen gilt: Je größer die Konkurrenz zwischen einzelnen Verwaltungen um Etatanteile ist, desto geringer ist die relative Machtstellung bürokratischer Führungskräfte im Budgetprozeß. Zwei Gründe sind hierfür ausschlaggebend. Zum einen führt eine Konkurrenzsituation zwischen Verwaltungseinheiten dazu, daß die Berücksichtigung politischer Vorstellungen im bürokratischen Eigeninteresse liegt, und zum anderen bedingt die Möglichkeit eines Leistungsvergleiches von öffentlichen Anbietern eine Verringerung der Kontroll-

---

10 Siehe *A. Breton* und *R. Wintrobe*, The Equilibrium Size of a Budget-Maximizing Bureau, S. 198.

11 Vgl. *W. Hettich*, Bureaucrats and Public Goods, S. 23 f.

12 *L. L. Wade*, Public Administration, Public Choice and the Pathos of Reform, in: Review of Politics, Vol. 41 (1979), S. 352 bezeichnet die Annahme einer bürokratischen Dominanz als „a mistaken view of actual power relations".

13 „The bureau head's supply decision and the sponsor's budget appropriation decision must be analyzed in strategic interaction." *G. J. Miller*, Bureaucratic Compliance as a Game on the Unit Square, in: Public Choice, Vol. 29 (Spring 1977), S. 37.

14 Vgl. *K.-E. Schenk*, Ökonomische Theorie der bürokratisch organisierten Produktion, S. 594.

kosten sowie der Schwierigkeiten bei der Implementation eines effizienzkompatiblen Anreizsystems.[15]

Schließlich und drittens hängt die Machtposition der staatlichen Bürokratie vom Einfluß und von der Zielsetzung der Interessengruppen im Budgetprozeß ab. Interessengruppen können aufgrund ihrer Informationskapazitäten in der Lage sein, bestimmte Bürokratien effektiv zu kontrollieren und potentielle Ineffizienzen den politischen Instanzen mitzuteilen. Ob sie allerdings von ihren Möglichkeiten tatsächlich Gebrauch machen, wird durch ihre Entscheidungskalküle bestimmt, auf die im folgenden noch näher einzugehen sein wird.

[15] *F. A. Kramer*, Dynamics of Public Bureaucracy. An Introduction to Public Administration, Cambridge, Mass. 1977, S. 275 zufolge „the establishment of competing working groups ... might provide more avenues for bureaucratic advancement based on performance". Siehe auch *T. McGuire, M. Coiner* und *L. Spancake*, Budget-Maximizing Agencies and Efficiency in Government, S. 333 ff., *W. A. Niskanen*, Competition Among Government Bureaus, in: The Institute of Economic Affairs, (Hg.), The Economics of Politics, S. 161 ff. und ders., Competition Among Government Bureaus, in: American Behavioral Scientist, Vol. 22 (1979), S. 517 ff.

Vierter Teil

Effizienzbetrachtungen für öffentliche Verwaltungen mit Hilfe integrierter Ansätze

Theoretisches Konzept und Gang der Untersuchung

(1) Wie bereits einleitend bemerkt wurde, ist der rudimentäre Stand der theoretischen Effizienzforschung für staatliche Bürokratien vor allen Dingen in der einseitigen Betrachtungsweise der entweder allein angebotsbezogenen oder ausschließlich nachfrageorientierten Ansätze begründet. Angebots- und Nachfrageelemente stehen bislang weitgehend unverbunden nebeneinander: Während die Nachfrageansätze passive Anbieter und eine Dominanz der Nachfrager im Steuerungsprozeß II unterstellen, gehen die Angebotsansätze von passiven Nachfragern und einer Dominanz der Anbieter im Budgetierungsprozeß aus. Solange die Ökonomische Theorie der Politik Angebots- und Nachfrageelemente nur isoliert betrachtet und damit zur Erklärung des tatsächlichen Verwaltungshandelns nur sehr bedingt tauglich ist, muß der „state of the art“ dieser Forschungsrichtung, notwendigerweise, als äußerst unbefriedigend empfunden werden.

Aus diesem Grunde heraus beabsichtigen die folgenden Ausführungen, einen bescheidenen Beitrag zu leisten, um die enorme Lücke zwischen der Ökonomischen Theorie der Politik in ihrer heutigen Form und der Realität des Steuerungsprozesses II schließen zu helfen. Sie greifen die Kritik an den Nachfrage- und Angebotsansätzen auf und verknüpfen angebots- und nachfrageorientierte Argumentationslinien zu zwei integrierten Modellansätzen.

Während bislang die Tauschinteraktion zwischen Regierung und Verwaltung als angebots- oder als nachfragedominant charakterisiert und der Steuerungsprozeß II als entweder vollkommen funktionsfähig oder aber als vollkommen funktionsunfähig behandelt wurde, unterstellen die folgenden Überlegungen eine undominierte Tauschinteraktion sowie ein partiell funktions(un)fähiges Steuerungssystem II. Weder die Regierung noch die öffentliche Verwaltung kann dann, a priori, ihre jeweilige Optimalposition realisieren. Um die effizienzanalytischen Betrachtungen nicht übermäßig und unnötigerweise zu komplizieren, wollen wir wiederum ein vollkommen funktionsfähiges Steuerungssystem I voraussetzen.

(2) Gemeinsam sind den hier diskutierten integrierten Ansätzen folgende zentrale Modellbestandteile:

— Die Regierung vertritt, da das Steuerungssystem I vollkommen funktionsfähig ist, in den Budgetverhandlungen gegenüber der öffentlichen Verwaltung eine allokations- und produktionseffiziente Position.

— Als die der Verwaltung übergeordnete politische Instanz hat die Regierung Machtmittel, die sie in die Lage versetzen, ihr bekannte Ineffizienzen im bürokratischen Verhalten wirksam zu unterbinden.[1] Ihre Macht- beziehungsweise Verhandlungsposition gegenüber der Verwaltung hängt ausschließlich von ihrem Informationsstand ab.[2]

— Die Verwaltung ist über ihre Produktionsbedingungen und über die Zahlungsbereitschaften für ihre Leistung vollkommen informiert.

— Die Regierung hat eine vollkommene Kenntnis der Zahlungsbereitschaften für die von der Verwaltung bereitgestellte Leistung. Ihr Informationsstand hinsichtlich der bürokratischen Produktionsmöglichkeiten hängt einerseits davon ab, in welchem Umfang sie Verfahren zur Eruierung bürokratischer Effizienz einsetzt, und zum anderen vom Verhalten derjenigen Verbände, die über die Minimalkostenbedingungen der öffentlichen Verwaltung orientiert sind.

— Die staatliche Bürokratie will eigene, von den Wünschen der Regierung abweichende Ziele verfolgen.

— Die einzige Möglichkeit, um ihre Ziele zu erreichen, besteht für die öffentliche Verwaltung darin, die Regierung zu kostenillusionieren.

(3) Aus der Menge aller denkmöglichen undominierten Interaktionen zwischen Anbieter- und Nachfrageakteuren wollen wir die beiden her-

---

[1] Vgl. *K.-E. Schenk,* Ökonomische Theorie der bürokratisch organisierten Produktion, S. 594 und *E. A. Thompson,* Book Review of W. A. Niskanen, S. 951. Eine eingeschränkte Reaktion des administrativen Systems auf einen politischen Druck hat Funktionsdefekte zur Konsequenz, auf die hier nicht eingegangen werden soll. Vgl. *K. Reding,* Comment to A. Peacock, Public X-Inefficiency: Informational and Institutional Constraints, in: H. Hanusch, (Hg.), Anatomy of Government Deficiencies, S. 146 f.

[2] Angebotsbedingte Ineffizienzen, die auf mangelnde Anreize für politische Entscheidungsträger, die staatliche Bürokratie effektiv zu kontrollieren, zurückzuführen sind, bleiben mithin außerhalb der Analyse. Vgl. dazu beispielsweise *W. Z. Hirsch,* The Economics of Shirking and its Implications for the Public Sector, in: H. C. Recktenwald, (Hg.), Secular Trends of the Public Sector, Proceedings of the 32nd Congress of the International Institute of Public Finance, Paris 1978, S. 317 ff.

ausgreifen und untersuchen, die unseres Erachtens am interessantesten sind.

Zunächst soll im achten Kapitel eine undominierte Tauschinteraktion zwischen Regierung und Bürokratie unter dem Effizienzgesichtspunkt beleuchtet werden. In das Zentrum unserer Überlegungen wollen wir dabei den Einsatz von Maßnahmen rücken, die der Regierung zur Durchsetzung staatsbürokratischer Effizienz offenstehen. Vom direkten Verbandseinfluß auf den Budgetierungsprozeß soll hingegen abstrahiert werden.

Im neunten Kapitel wollen wir hingegen die direkte Einflußnahme eines aktiven Interessenverbandes auf die Budgetverhandlungen zwischen Regierung und Verwaltung in ihrer Bedeutung für die Effizienz des bürokratischen Angebotes in den Mittelpunkt unserer Untersuchung stellen. Allerdings soll die Regierung in einem derartigen Kontext darauf verzichten, von sich aus Kontrollmaßnahmen zur Erhöhung der Verwaltungseffizienz zu ergreifen.

Achtes Kapitel

Tauschinteraktion zwischen einer aktiven Regierung und einer aktiven Bürokratie

Unseren Überlegungen liegt die Annahme zugrunde, daß sich die Regierung in den Budgetverhandlungen nicht länger passiv verhält. Sie begegnet vielmehr der bürokratischen Strategie der Informationsverzerrung, indem sie Maßnahmen zur Ermittlung und Durchsetzung bürokratischer Effizienz ergreift. Das Ausmaß, in dem die Verwaltung bei der Abschöpfung der Konsumentenrente gehindert wird, hängt von den Effizienzmaßnahmen, die der Regierung im Prinzip offenstehen, und davon ab, in welchem Umfang sie tatsächlich ergriffen werden. Im folgenden wollen wir das Ausmaß der von der Regierung zur Erhöhung der Verwaltungseffizienz ergriffenen Maßnahmen theoretisch ableiten und dabei eine gegebene Effektivität der zur Verfügung stehenden Instrumente unterstellen.

A. Entscheidungskalkül der Regierung

Im Extremfall soll die Regierung technisch imstande sein, derart umfangreiche Effizienzmaßnahmen zu ergreifen, daß sie die Verwaltung auf die produktionseffiziente Bereitstellung eines allokationseffizienten Leistungsumfanges verpflichten kann. Die Bürokratie ist dann nicht mehr in der Lage, einen Teil der Konsumentenrente abzuschöpfen.[1] In Grafik 4.1. beträgt der Umfang der Maßnahmen zur Erhöhung der bürokratischen Effizienz CD in diesem Fall CD_1.

Sind die Effizienzverfahren allerdings mit Kosten verbunden, wird eine rationale Regierung nur so lange die bürokratische Effizienz erhöhen, bis die marginalen Effizienzgewinne MB den Grenzkosten MC entsprechen.[2] In Grafik 4.1. ist diese Bedingung bei CD_0 erfüllt.[3]

---

[1] Hat die Regierung allerdings Schwierigkeiten, der Verwaltung die für die Implementationsphase benötigten operationalen Kriterien vorzugeben, dann verbleiben der staatlichen Bürokratie selbst in einer derart extremen Situation notwendigerweise diskretionäre Spielräume. Vgl. ähnlich *D. K. Whynes* und *R. A. Bowles*, The Economic Theory of the State, S. 151 ff.

[2] „Any attempts to gain full control would involve prohibitive costs." *J. M. Buchanan*, The Limits of Liberty, S. 161.

[3] Während die nachfragebezogenen Ansätze zur Bestimmung der staatsbürokratischen Effizienz implizit kostenlose Effizienzverfahren unterstellen,

Grafik 4.1.

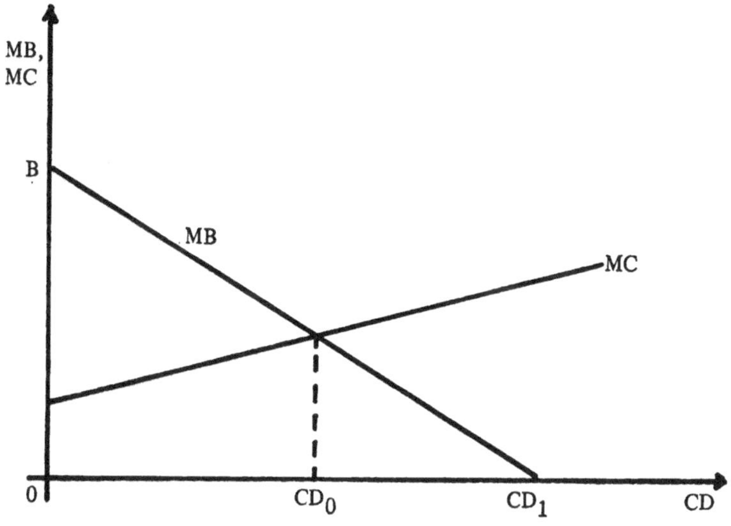

Eine derartige Formulierung des politischen Kontroll- und Durchsetzungsverhaltens, die auf *Breton/Wintrobe*[4] zurückgeht, weist jedoch zwei erhebliche Schwächen auf. Zum einen unterstellt sie eine vollkommene Information der Regierung hinsichtlich der mit den Effizienzmaßnahmen verbundenen marginalen Gewinne. Zum anderen läßt sie außer acht, daß die Verwaltung ihrerseits das politische Kontrollverhalten beeinflussen kann.

Um diese gravierenden Mängel zu beheben, soll der Ansatz von *Breton/Wintrobe* in zweifacher Hinsicht modifiziert werden. Erstens nehmen wir an, daß die Regierung in bezug auf die marginalen Effizienznutzen lediglich Erwartungswerte *EMB* habe. Zweitens unterstellen wir einen Zusammenhang zwischen der bürokratischen Budgetstrategie und dem Kontrollverhalten der Regierung.[5]

In Grafik 4.2. bringen die Kurven EMB_i $(i = 1, 2, 3)$ unterschiedlich hohe Erwartungen der Regierung hinsichtlich der marginalen Effizienznutzen zum Ausdruck:

---

setzen die angebotsorientierten Ansätze eine diametral entgegengesetzte Situation voraus, nämlich prohibitiv hohe Kosten bei der Ermittlung und Durchsetzung bürokratischer Effizienz.

[4] Vgl. *A. Breton* und *R. Wintrobe*, The Equilibrium Size of a Budget-Maximizing Bureau, S. 199 ff.

[5] Siehe auch *A. Wildavsky*, The Politics of the Budgetary Process, S. 21.

Grafik 4.2.

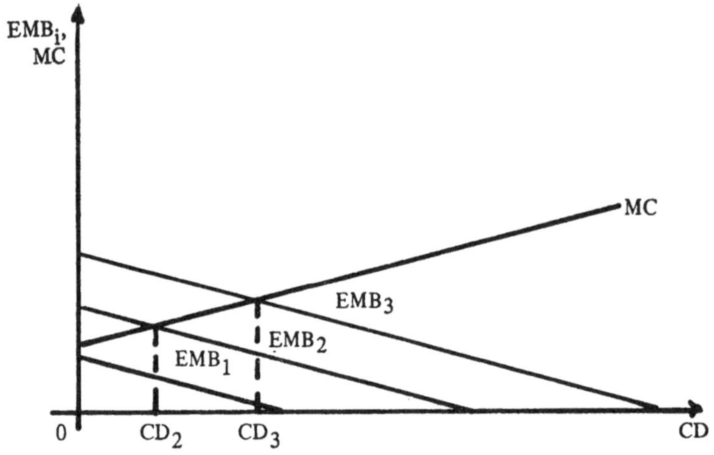

Erwartet die Regierung nur geringe Effizienzgewinne im Zusammenhang mit ihren Kontrollaktivitäten EMB_1, so verzichtet sie gänzlich auf den Einsatz von Effizienzmaßnahmen. Bei einer mittleren Erwartung EMB_2 beträgt der Umfang der Kontrollmaßnahmen CD_2, bei einer hohen Erwartung EMB_3 sogar CD_3.

Die marginalen Nutzenerwartungen EMB_i der politischen Instanz sollen von der öffentlichen Verwaltung beeinflußt werden können. Dabei ist die Annahme plausibel, daß die Regierungserwartungen unmittelbar von der Glaubwürdigkeit der Verwaltung beziehungsweise vom Vertrauen, das die politische Instanz der Bürokratie und ihren Kostenkalkulationen entgegenbringt, und mittelbar von der bürokratischen Budgetstrategie beziehungsweise von der Höhe des damit implizierten Konsumentenrententransfers an die Bürokratie CS_{int} abhängen:

$$EMB = EMB\,(CS_{int})\ .$$

Darüber hinaus werden

$$dEMB/dCS_{int} > 0 \quad \text{sowie}$$
$$d^2\,EMB/dCS_{int}^2 > 0$$

unterstellt.

Für Grafik 4.2. bedeutet dies, daß EMB um so weiter vom Ursprung entfernt und CD um so größer ist, je höher der mit der bürokratischen Budgetstrategie verbundene Rententransfer ist.

B. Bürokratisches Verhaltenskalkül

Es sei vereinfachend angenommen, daß die Verwaltung das nicht näher spezifizierte Ziel verfolge, die bürokratische Abschöpfung der Konsumentenrente aus der Bereitstellung der öffentlichen Leistung zu maximieren.[6] Allerdings soll sie nicht naiv sein und den Konsumentenrententransfer CS_{int} zu maximieren versuchen, ohne die erwarteten Reaktionen der Regierung auf ihre Budgetstrategie zu berücksichtigen. Vielmehr gehen wir von einem anderen Extremfall aus: Die Verwaltung soll über die politischen Reaktionen im Budgetprozeß vollkommen informiert sein, und sie soll sie in ihre Budgetstrategie mit einbeziehen. Sie soll dann Kostenkalkulationen verwenden, die eine Maximierung der politisch tolerierten und tatsächlich transferierbaren Konsumentenrente CS_{tat} zur Folge haben. Dabei ist CS_{tat} die Differenz zwischen dem mit der Budgetstrategie unmittelbar implizierten Konsumentenrententransfer CS_{int} und der durch die politischen Effizienzmaßnahmen reallozierten Konsumentenrente CS_{reall}:

$$CS_{tat} = CS_{int} - CS_{reall} \; .$$

Die von der Verwaltung tatsächlich abgeschöpfte Konsumentenrente hängt somit sowohl von der bürokratischen Budgetstrategie als auch von der Reaktion der Regierung hierauf ab.

Aufgrund der getroffenen Annahmen hängt CS_{reall} bei einer gegebenen Effektivität der zur Verfügung stehenden Kontrollverfahren von *CD*, *CD* von *EMB* und *EMB* von CS_{int} ab. Somit gilt:

$$CS_{tat} = CS_{int} - CS_{reall}\,(CS_{int}) \; .$$

Schaubild 4. 1. bringt die Wirkungszusammenhänge zum Ausdruck.

Die Verwaltung, die die politische Reaktion auf ihre Budgetvorschläge kennt, beeinflussen kann und in ihre Strategie mit einbezieht, kann und wird CS_{int} so wählen, daß CS_{tat} maximiert wird. Grafik 4.3. soll dies veranschaulichen.

Während eine naive Verwaltung die politischen Reaktionen auf ihre Budgetstrategie außer acht läßt, lediglich die Budgetrestriktion berücksichtigt und in ihrer Strategie CS_{intmax} wählt, entscheidet sich eine „sophisticated bureaucracy“ für CS_{intopt}. Sie kann sich damit die politisch maximal tolerierte Konsumentenrente aneignen.[7]

---

[6] Würde die Zielfunktion der Verwaltung spezifiziert, so müßten, um zu Aussagen über das Verhalten von Regierung und Verwaltung zu gelangen, die politischen Effizienzmaßnahmen hinsichtlich ihrer Allokations- und Produktionseffizienzeffekte untersucht werden.

[7] Siehe weiterführend auch *L. Thürmer*, Potential Efficiency Losses of the Law Bureaucracy, Paper presented for the Workshop in Law and Economics

Schaubild 4.1.:

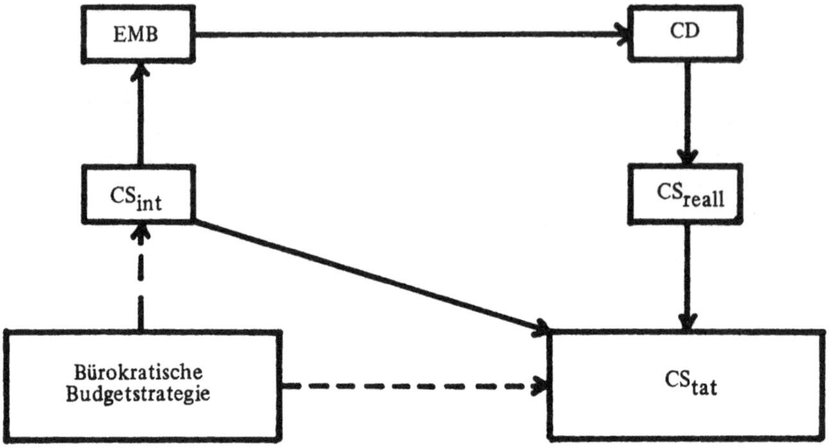

Grafik 4.3.

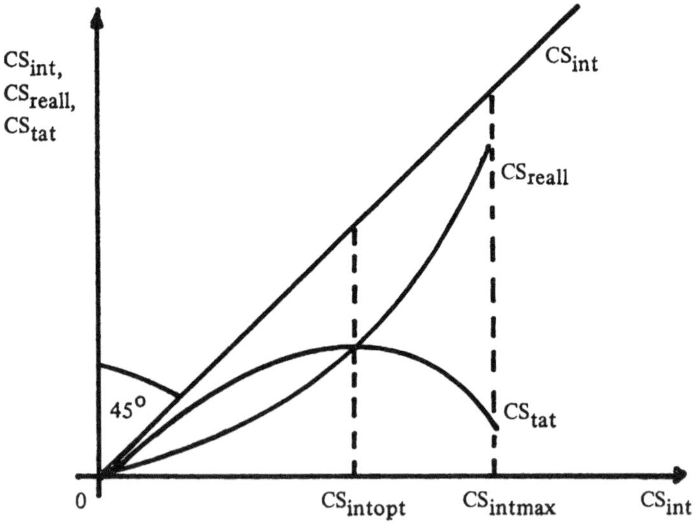

at the University of California in Los Angeles, unveröffentlichtes Manuskript, Los Angeles 1982. Dort formulieren wir ein einfaches mathematisches Modell der Interaktion zwischen einer aktiven Regierung und einer aktiven Verwaltung, in dem die Inzidenz der Konsumentenrente auf Regierung und Bürokratie vom Vertrauen der politischen Führungskräfte in die staatliche Verwaltung sowie von den Kosten und von der Effektivität der Maßnahmen zur Effizienzsteigerung abhängt.

Neuntes Kapitel

Der Einfluß aktiver Interessengruppen auf den Steuerungsprozeß II

Alle bisherigen Effizienzbetrachtungen für aktive staatliche Bürokratien hatten ausschließlich die Beziehung zwischen Regierung und Verwaltung zum Gegenstand und abstrahierten vom Einfluß der Interessengruppen auf den Steuerungsprozeß II. Damit wird die Tatsache reflektiert, daß in der herkömmlichen Ökonomischen Theorie der Bürokratie die Interaktion zwischen staatlichen Bürokratien und Interessengruppen vernachlässigt wird. Dies ist vermutlich zu einem überwiegenden Teil auf zwei Faktoren zurückzuführen. Zum einen herrscht in der politik- und verwaltungswissenschaftlichen Literatur die Auffassung vor, daß öffentliche Verwaltungen und Interessengruppen letzten Endes die gleichen Ziele verfolgen würden.[1]

---

[1] In der Literatur finden sich zahlreiche Argumente zur Begründung der These von der Interessensymbiose zwischen öffentlichen Verwaltungen und Verbänden. Eine Identität der Ziele von staatsbürokratischen und Interessenorganisationen manifestiere sich vor allen Dingen, so wird behauptet, im gemeinsamen Bestreben, die jeweils eigene Organisation langfristig zu erhalten und, wenn möglich, zu vergrößern. Eine staatliche Bürokratie verfolge, so wird ferner unterstellt, in vielen Leistungsbereichen, ebenso wie die die gleichen Probleme bekämpfende Teilindustrie, dann am besten ihr Eigeninteresse, wenn sie zwar offensichtliche und legitimationsnotwendige Teilerfolge bei der Behandlung eines Problems erziele, den von ihr zu behandelnden Problembestand aber erhalte oder sogar noch vergrößere. Siehe beispielsweise *M. Jänicke,* Blauer Himmel über den Industriestädten — eine optische Täuschung. Zur Kritik der Strategie technologischer Symptombekämpfung, in: M. Jänicke, (Hg.), Umweltpolitik. Beiträge zur Politologie des Umweltschutzes, Opladen 1978, S. 156 und ders., Wie das Industriesystem von seinen Mißständen profitiert. Kosten und Nutzen technokratischer Symptombekämpfung: Umweltschutz, Gesundheitswesen, innere Sicherheit, Opladen 1979, S. 110. Akzeptiert man die These von den überhöhten Kosten einer Symptombekämpfung gegenüber der „Ursachentherapie" in einigen Leistungsbereichen, dann läßt sich ein angebotsorientierter Begründungszusammenhang für die These der Interessenidentität beider Akteure herstellen. Vgl. auch *C. Leipert,* Kompensatorische Ausgaben, Symptombekämpfung und Kontraproduktivität im Staatssektor, in: IFO-Studien, Zeitschrift für empirische Wirtschaftsforschung, 27. Jg. (1981), S. 47. Demgegenüber würde eine nachfragebezogene Betrachtung eine „Interessenharmonie" implizieren, die auf eine Anpassung der Verwaltung an die Wünsche und Forderungen der Verbände zurückzuführen wäre. Eine Vorherrschaft der Interessengruppen im politischen Prozeß hätte dann zur Folge, daß eine rationale

Die Annahme einer Interessensymbiose ist zum anderen für die Einbeziehung von Interessengruppen in die ökonomische Bürokratietheorie insofern relativ unergiebig, als sie weder die Verwaltungsziele noch die externen Bedingtheiten bürokratischen Verhaltens tangiert.

Aufgrund des enormen Einflusses, den die Interaktion zwischen aktiven öffentlichen Verwaltungen und aktiven Interessengruppen im Steuerungsprozeß II auf die Bereitstellung öffentlicher Leistungen tatsächlich hat,[2] muß die Ökonomische Theorie der Bürokratie aber dergestalt fortentwickelt werden, daß sie den Steuerungsprozeß II auch dann zu erklären imstande ist, wenn Verwaltung und Interessengruppen unterschiedliche Ziele verfolgen.

A. Grundlagen des Verbandseinflusses im Budgetierungsprozeß

I. Institutionaler Rahmen

Im Mittelpunkt der folgenden Überlegungen steht eine staatliche Bürokratie, deren Verhalten durch zwei andere Akteure, die Regierung und einen Interessenverband, beschränkt wird. Als monopolistischer Anbieter einer öffentlichen Leistung verhandelt sie direkt mit der Regierung als budgetbewilligender Instanz über die Leistungsmenge X und die Etathöhe B. Darüber hinaus ist die bürokratische Bequemlichkeit L, da sie sich aus den beiden anderen Größen ableiten läßt, ein impliziter Verhandlungsgegenstand im Budgetprozeß. Ein von der öffentlichen Leistung direkt und merklich betroffener Verband ver-

---

Bürokratie sich der Unterstützung „ihrer" Lobby versichern müßte. Siehe auch *P. Woll*, American Bureaucracy, 2. Aufl., New York 1977, S. 50. Einige Verwaltungen sind hierin derart erfolgreich, daß sie unsterblich zu sein scheinen! Vgl. *H. Kaufman*, Are Government Organizations Immortal?, Washington, D. C. 1976. Derartige Überlegungen sollen hier aber nicht weiter verfolgt werden.

2 Einige Autoren vertreten sogar die Ansicht, daß verfestigte Interaktionssysteme von Verbänden und Verwaltungen den Prozeß der Bereitstellung vieler öffentlicher Leistungen dominieren würden. Der politischen Instanz, die, formal betrachtet, nach wie vor die übergeordneten Entscheidungskompetenzen innehabe, verbleibe dann oft nur noch eine Legitimierungsfunktion, während die tatsächliche Politik durch die Interaktionssysteme von Bürokratien und Interessengruppen bestimmt werde. So attestiert beispielsweise *M. Jänicke*, Zur Theorie des Staatsversagens, in: Beilage zu „Das Parlament" vom 5. 4. 1980, S. 37 „bürokratisch-industriellen Komplexen" in vielen Bereichen eine Machtfülle, „der gegenüber politische Entscheidungsinstanzen zunehmend ins Hintertreffen geraten". *F. Lehner*, Grenzen des Regierens, vertritt die Auffassung, daß „im modernen Wohlfahrtsstaat die Politiksteuerung überwiegend durch Bürokratien und organisierte Interessen erfolgt" (S. 104), „während den Parlamenten und Parteiensystemen zumeist lediglich eine Legitimierungsfunktion verbleibt" (S. 113).

sucht, die Position der Bürokratie in den Verhandlungen mit der Regierung zu beeinflussen.[3] Er hat die Wahl, das Ergebnis des Budgetprozesses zu akzeptieren oder sich an die budgetbewilligende Instanz zu wenden und das Ergebnis zu verändern. Akzeptiert der Verband das Ergebnis des politisch-administrativen Entscheidungsprozesses, so dominiert die Bürokratie aufgrund ihres Informationsvorsprunges hinsichtlich der Kosten- und Produktionsfunktion die Regierung im Budgetprozeß. In diesem Fall verzichtet die Regierung darauf, Maßnahmen zur Erhöhung der bürokratischen Effizienz zu ergreifen.[4] Wird das Ergebnis hingegen vom Verband abgelehnt, setzt sich die Regierung gegenüber der Verwaltung durch.[5]

Dominiert die Bürokratie im Budgetprozeß, so hat sie die Möglichkeit, die Konsumentenrente aus der Bereitstellung von X abzuschöpfen und für das Angebot eines über das allokative Optimum hinausgehenden Leistungsumfanges und/oder für ihre Bequemlichkeit („job on the leisure") zu verwenden. Grafik 3.7. verdeutlicht die möglichen Ergebnisse des Budgetprozesses: Es besteht ein Zusammenhang sowohl zwischen X und B als auch zwischen B und L. Die Verwaltung kann und wird diejenige (X, B, L)-Kombination durchsetzen, für die ihre Nutzen(erwartungs)funktion einen maximalen Wert annimmt.

Demgegenüber hat eine Vormachtstellung der budgetbewilligenden Instanz zur Konsequenz, daß die Bürokratie den allokativ effizienten Leistungsumfang produktionseffizient anbieten muß. Es gilt:

$$L = 0 \ ,$$

$$B = B_0' < B_0 \ .$$

$(X_{a0}, B_0', 0)$ ist dann das Ergebnis des Budgetierungsprozesses.

---

[3] Zum Einfluß von Verbänden auf staatliche Bürokratien vgl. exemplarisch von Beyme und Groser. „Die These, daß der Schwerpunkt des Verbandseinflusses sich von Parteien, Abgeordneten und Wählern zunehmend auf die Administration verlagert hat, kann bereits den Rang einer neuen Orthodoxie beanspruchen. Sie beruht auf zwei plausiblen Voraussetzungen. Einmal, daß die Verbände ihren Einfluß dort geltend machen, wo die Entscheidungen fallen und zweitens, daß innerhalb des politischen Systems die Administration an Gewicht gewonnen hat." *M. Groser*, Sozialökonomische Theorien der Verbände, S. 94. „Die Bürokratie wird im modernen Daseinsvorsorgestaat als Adressat des Einflusses von Interessengruppen zunehmend wichtiger." *K. von Beyme*, Interessengruppen in der Demokratie, München 1970, S. 113.

[4] In diesem Fall werden also prohibitiv hohe Kosten für die Regierung bei der Ermittlung und Durchsetzung bürokratischer Effizienz unterstellt.

[5] Die Regierung soll demnach in dieser Situation über kostenlose Effizienzverfahren verfügen können.

II. Die Interessengruppe

Die Interessengruppe ist in der Lage, die Effizienz bürokratischer Produktionsverfahren zu beurteilen.[6] Sie ist über die Angebotsalternativen und die damit verbundenen bürokratischen Produktionskosten vollständig informiert. Als Machtparameter steht ihr die Kostendesillusionierung der budgetbewilligenden Instanz zur Verfügung. Eine Kostendesillusionierung der Regierung bewirkt den Zusammenbruch der Informations- und Verhandlungsmacht der Bürokratie und damit eine Dominanz der politischen Instanz im Budgetprozeß. Die Verwaltung ist somit immer dann, wenn sie in ihrem Angebotsverhalten von den Regierungspräferenzen abweichen will, vom Verhalten des Verbandes abhängig.[7]

Ihre Entscheidung, das bürokratische Verhalten zu akzeptieren oder im Rahmen einer Konfliktstrategie zu verändern, leitet die Interessengruppe aus einem Nutzen-Kosten-Kalkül ab. Es berücksichtigt sowohl die bürokratischen Angebotseffekte in der Gegenwart als auch alle, durch einen Konflikt bedingten, erwarteten zukünftigen Verhaltensänderungen der Bürokratie. Dabei hat der Interessenverband subjektive Wahrscheinlichkeiten p^I für alle möglichen Reaktionen der Bürokratie auf einen Konflikt. In der Wahl seiner Strategie geht er folgendermaßen vor: Zunächst kalkuliert er die mit verschiedenen subjektiven Wahrscheinlichkeiten erwarteten Effekte seiner beiden Strategiealternativen auf (X, B, L) in allen Perioden seines Planungshorizontes. In einem zweiten Schritt bewertet er die Effekte und homogenisiert sie in zeitlicher Hinsicht. Schließlich vergleicht er die bewerteten und auf die Gegenwart bezogenen Effekte und entscheidet sich für die Strategiealternative, deren erwarteter Nettonutzen positiv ist.

Der Verband ist entweder ausschließlich am Konsum der bürokratischen Leistung interessiert, oder er bietet Produktionsfaktoren an, die die Verwaltung im Prozeß der Leistungserstellung benötigt. Im zweiten Fall wird darüber hinaus angenommen, daß zwischen den Mitgliedern des Verbandes ein Preiswettbewerb herrsche. In beiden Fällen soll der Finanzierungsanteil der Interessengruppe an den bürokratischen Kosten vernachlässigbar klein sein, so daß ihr Nutzen U^I positiv mit X korreliert ist:

$$U^I = U^I(X) \quad \text{mit}$$
$$dU^I/dX > 0 \quad \text{und}$$
$$d^2U^I/dX^2 < 0 \; .$$

6 Vgl. B. S. *Frey*, Theorie demokratischer Wirtschaftspolitik, S. 172.

7 Auf eine Modifizierung dieser Annahme, die eine differenziertere Betrachtung über die Verteilung der Macht- und Durchsetzungsparameter auf die Bürokratie und die Interessengruppe zuließe, wird hier verzichtet, da damit keine grundlegend neuen Einsichten gewonnen würden.

III. Die Regierung

Die Regierung verhält sich insofern passiv, als sie bei fehlenden Verbandsaktivitäten die von der Bürokratie bekanntgegebenen Kostenfunktionen als Minimalkostenfunktionen akzeptiert. Stellt der Verband hingegen seine Informationsressourcen kostenlos zur Verfügung, so verpflichtet die budgetbewilligende Instanz die Bürokratie, sich allokations- und produktionseffizient zu verhalten. Die Regierung selbst übernimmt keine Informationskosten.

Darüber hinaus ist sie nicht in der Lage zu verhindern, daß die Bürokratie nach einer Konfliktaustragung mit dem Verband ihre alte Machtposition in den Folgeperioden wiederherstellen kann. Im speziellen Fall bedeutet dies, daß die budgetbewilligende Instanz nicht lernfähig ist.[8]

IV. Die Verwaltung

Ob sich die Bürokratie oder die politische Instanz im Budgetprozeß durchsetzt, hängt ausschließlich von der eingeschlagenen Verbandsstrategie ab. Alle Argumente in der bürokratischen Nutzenfunktion U^B hängen vom Bequemlichkeitspotential L und von der Etathöhe B ab, so daß gilt:

$$U^B = U^B(B, L) \ .$$

Akzeptiert der Verband die Verhandlungsposition der Verwaltung und kann die Bürokratie im Steuerungsprozeß II folglich dominieren, so läßt sich die bürokratische Nutzenfunktion auch in der Form

$$U^B = U^{BA}(X)$$

darstellen. Ist der Verband hingegen mit der von der Bürokratie vorgeschlagenen (X, B, L)-Position nicht einverstanden und sucht er deshalb in einer Konfliktstrategie Zuflucht, dann gilt:

$$U^B = U^B(B_0', 0) \quad \text{beziehungsweise}$$

$$U^B = U^{BK}(X_{a0}) \ .$$

Grafik 4.4. soll den Zusammenhang zwischen dem bürokratischen Nutzen U^B und der Leistungsmenge X veranschaulichen.

Akzeptiert der Verband die Verwaltungsposition im Budgetprozeß nicht, und wird die Regierung kostendesillusioniert, dann muß sich die Bürokratie in Punkt K mit einem Nutzen in Höhe von $U^{BK}(X_{a0}) =$

---

[8] Wäre die politische Instanz lernfähig, so hätte ein Konflikt zur Konsequenz, daß sich die zukünftigen Renten, die zwischen der Verwaltung und dem Verband aufgeteilt werden können, verringern würden und daß sie im Extremfall sogar vollständig von der Regierung angeeignet werden könnten.

Grafik 4.4.

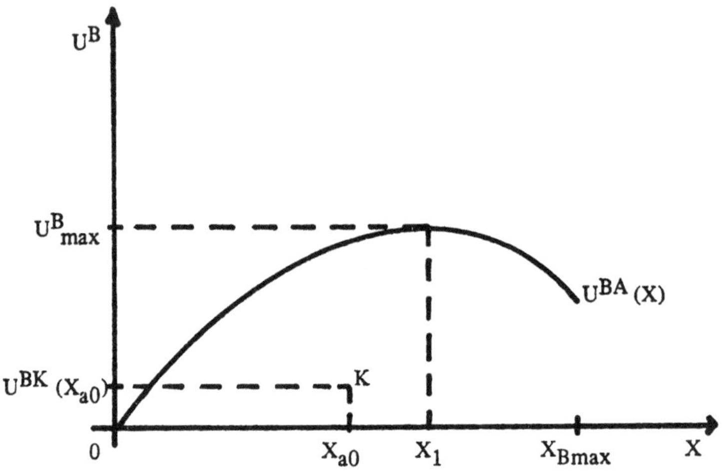

$= U^B (B'_0, 0)$ bescheiden. Ist der Verband hingegen mit dem bürokratiedominierten Ergebnis des Steuerungsprozesses II einverstanden, so kann sich die Verwaltung auf $U^{BA}(X)$ bewegen. Wie auch aus Grafik 3.7. abgeleitet werden kann, steigt $U^{BA}(X)$ mit zunehmender Leistungsmenge zunächst, erreicht bei X_1 einen maximalen Wert $U^B{}_{\max}$ und nimmt dann im Bereich $X_1 < X \leqslant X_{B\max}$ wieder ab.

Die Bürokratie ist nicht mit Sicherheit darüber informiert, ob der Verband ihre Entscheidungen akzeptiert. Sie kennt aber die Verbandsziele, und sie hat subjektive Wahrscheinlichkeiten $p^B(X)$ und $1 - p^B(X)$ für die Verbandsstrategien der Einwilligung und des Konfliktes bei alternativen Leistungsmengen. Sie verhält sich ferner risikoneutral und trifft die Angebotsentscheidung, bei der ihr erwarteter Nutzen W^B maximiert wird. Für W^B gilt:

$$W^B = W^B(p^B(X), U^{BA}(X), U^{BK}(X_{a0})) \; .$$

B. Modell einer Interaktion zwischen Verband und Verwaltung

I. Verwaltungskalkül

Der Verband soll der Verwaltung für den Fall $X < X_{B\max}$ drohen, die Regierung über die tatsächlichen Minimalkostenbedingungen zu informieren und damit den Aktionsparameter der Bürokratie zur Durchsetzung der eigenen Interessen wirkungslos zu machen. Die Verwaltung ist sich aber darüber im klaren, daß die Drohung nicht notwendigerweise einen tatsächlich ausgetragenen Konflikt implizieren muß. Eine vom Verband in $t = 0$ realisierte Konfliktstrategie hat nämlich zum einen zur Konsequenz, daß in $t = 0$ lediglich die von der Regierung gewünschte Menge X_{a0} angeboten wird. Beabsichtigt die Verwaltung, eine Menge $X_{a0} < X < X_{B\max}$ anzubieten, fallen beim Verband bei einer Konfliktstrategie Opportunitätskosten in Höhe des mit der Mengenreduktion zusammenhängenden Nutzenentganges an. Darüber hinaus hat der Verband zum anderen, und darüber ist die Bürokratie informiert, bei einer Konfliktstrategie „operative" Kosten zu tragen.

Die subjektive Wahrscheinlichkeit p^B der Bürokratie, daß der Verband eine bürokratische Mengenentscheidung $0 \leqslant X < X_{a0}$ akzeptiert, ist „sehr klein": Dem Verband fallen in $t = 0$ neben den operativen Kosten keine Opportunitätskosten in Form einer Mengenreduktion an. Im Gegenteil: Eine Intervention bei der Regierung hat eine Angebotsausdehnung in $t = 0$ von X auf X_{a0} zur Konsequenz.

Demgegenüber erhöht sich die Wahrscheinlichkeit, daß der Verband keine Konfliktstrategie wählt, bei $X = X_{a0}$ sprunghaft: Ein Konflikt hat in $t = 0$ keine Angebotserhöhung zur Folge. Im Bereich $X_{a0} < X < X_{B\max}$ steigt p^B, da der Verband zunehmend höhere Opportunitätskosten in $t = 0$ zu tragen hat. Bei $X_{B\max}$ schließlich befindet sich der Verband in seinem Nutzenoptimum, so daß

$$p^B(X_{B\max}) = 1$$

gilt. Grafik 4.5. veranschaulicht den Zusammenhang zwischen p^B und X:

Grafik 4.5.

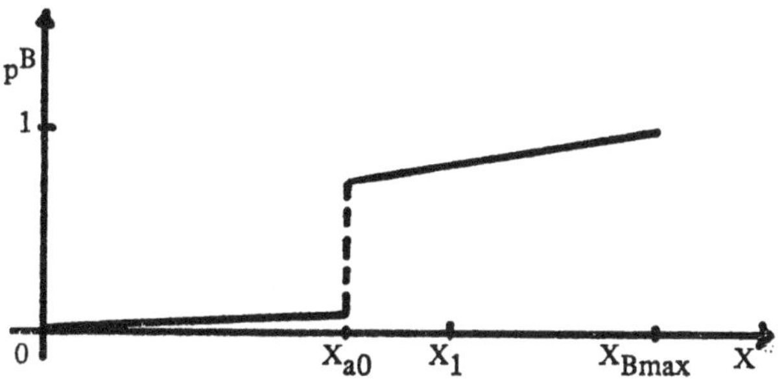

Für die Nutzenerwartungsfunktion der Bürokratie W^B gilt:

$$W^B = p^B(X)\, U^{BA}(X) + (1 - p^B(X))\, U^{BK}(X_{a0}) \; .$$

Dabei sind:

$p^B(X)$: subjektive Wahrscheinlichkeit für die Bürokratie, daß der Verband X akzeptiert

$1 - p^B(X)$: subjektive Wahrscheinlichkeit für die Bürokratie, daß der Verband X nicht akzeptiert und eine Konfliktstrategie verfolgt

$U^{BA}(X)$: bürokratischer Nutzen bei einem realisierten Angebot in Höhe von X

$U^{BK}(X_{a0})$: Nutzen für die Bürokratie bei einer produktionseffizient angebotenen Leistungsmenge X_{a0}

W^B : erwarteter Nutzen für die Bürokratie bei einem Angebot in Höhe von X .

In der Risikosituation maximiert die Bürokratie ihre Nutzenerwartung. Übertragen auf Grafik 4.6. bedeutet dies, daß sie X_{Br} anbieten will:

Grafik 4.6.

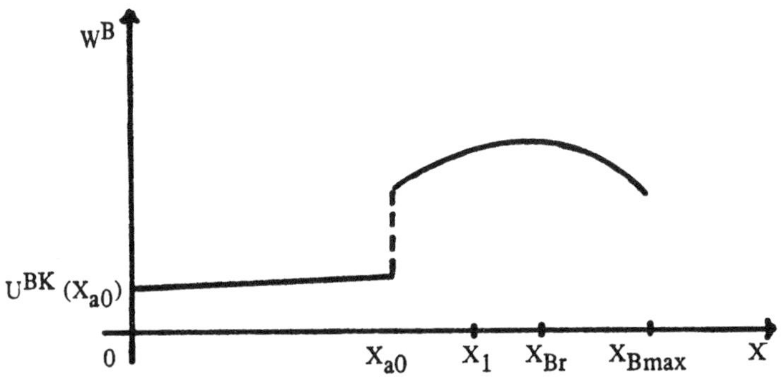

Ob der Verband dieses Ergebnis allerdings akzeptiert, oder ob er die Regierung kostendesillusioniert und ein effizientes Ergebnis bewirkt, hängt von seinem Nutzen-Kosten-Kalkül ab.

II. Wahl der Verbandsstrategie

Eine Konfliktstrategie in $t = 0$ soll zur Folge haben, daß die subjektiven Wahrscheinlichkeiten der Bürokratie in den Perioden $t = 1, \ldots, n$ in bezug auf ein Einverständnis des Verbandes mit ihren Angebotsvorschlägen sinken. In Grafik 4.6. bewirkt dies eine Verschiebung von X_{Br} nach rechts.

Die Nutzenerwartung W^I, die der Verband mit einer Erhöhung der Glaubwürdigkeit seiner Drohungen im Anschluß an eine Konfliktaustragung verbindet, entspricht der Differenz zwischen seiner Nutzenerwartung W^{IK} nach einem Konflikt in $t = 0$ und seiner Nutzenerwartung W^{IA} bei einer Akzeptanz der bürokratischen Verhandlungsposition in $t = 0$:

$$W_t^{IK} = \sum_{i=1}^{m} p_{ti}^{IK}(X_{ti})\, U_{ti}^{I}(X_{ti})$$

$$W_t^{IA} = \sum_{i=1}^{m} p_{ti}^{IA}(X_{ti})\, U^{I}(X_{ti})$$

$$W^{IK} = \sum_{t=1}^{n} W_t^{IK}$$

$$W^{IA} = \sum_{t=1}^{n} W_t^{IA}$$

$$W^{I} = W^{IK} - W^{IA}$$

Dabei sind

X_t : Menge der möglichen Angebotsalternativen der Verwaltung in $t = 1, \ldots, n$

X_{ti} $\in X_t$, $i = 1, \ldots, m$

$U_{ti}^{I}(X_{ti})$: Gegenwartsnutzen für den Verband bei einem bürokratischen Angebot X_{ti}

$p_{ti}^{IK}(X_{ti})$: subjektive Wahrscheinlichkeit des Verbandes, daß die Verwaltung nach einer Konfliktaustragung in $t = 0$ X_{ti} in $t = 1, \ldots, n$ anbietet ($i = 1, \ldots, m$)

$p_{ti}^{IA}(X_{ti})$: subjektive Wahrscheinlichkeit des Verbandes, daß die Verwaltung, deren Verhandlungsposition in $t = 0$ akzeptiert wurde, X_{ti} in $t = 1, \ldots, n$ anbietet ($i = 1, \ldots, m$)

W_t^{IK} bzw. W_t^{IA} : Nutzenerwartung des Verbandes für $t = 1, \ldots, n$ nach einer Konfliktaustragung bzw. Akzeptanz in $t = 0$

n : Planungshorizont des Verbandes.

Für die grafische Darstellung wird, stark vereinfachend, angenommen, daß die Nutzenerwartung W^I unabhängig von der bürokratischen Angebotsmenge X_{Br} in $t = 0$ ist und einen konstanten Wert annimmt:

$$W^I = \overline{W^I} \ .$$

Den in den zukünftigen Perioden anfallenden Nutzen einer Konfliktstrategie stehen Kosten für den Verband in $t = 0$ gegenüber. Zum einen fallen operative Kosten C_1^I an, beispielsweise für die Informationsvermittlung an die Regierung. Zum anderen entstehen bei $X_{a0} < X_{Br} \leqslant \leqslant X_{B\max}$ Opportunitätskosten C_2^I infolge der Angebotskontraktion.

C_1^I soll von X unabhängig sein:

$$C_1^I = \overline{C_1^I} \ .$$

Demgegenüber hängt C_2^I von der bürokratischen Leistungsentscheidung X_{Br} ab:

$$C_2^I = C_2^I(X_{Br}) = U^I(X_{Br}) - U^I(\overline{X}_{a0})$$

mit
$$C_2^I \begin{cases} < 0 \text{ für } 0 \leqslant X_{Br} < X_{a0} \\ = 0 \text{ für } X_{Br} = X_{a0} \\ > 0 \text{ für } X_{a0} < X_{Br} \leqslant X_{B\max} \end{cases}$$

und mit $dC_2^I/dX_{Br} > 0$ sowie $d^2 C_2^I/dX_{Br}^2 < 0$.

Die Gesamtkosten des Verbandes zur Durchführung der Konfliktstrategie betragen somit

$$C^I = C_1^I + C_2^I \; .$$

Grafik 4.7. veranschaulicht das Nutzen-Kosten-Kalkül des Verbandes:

Grafik 4.7.

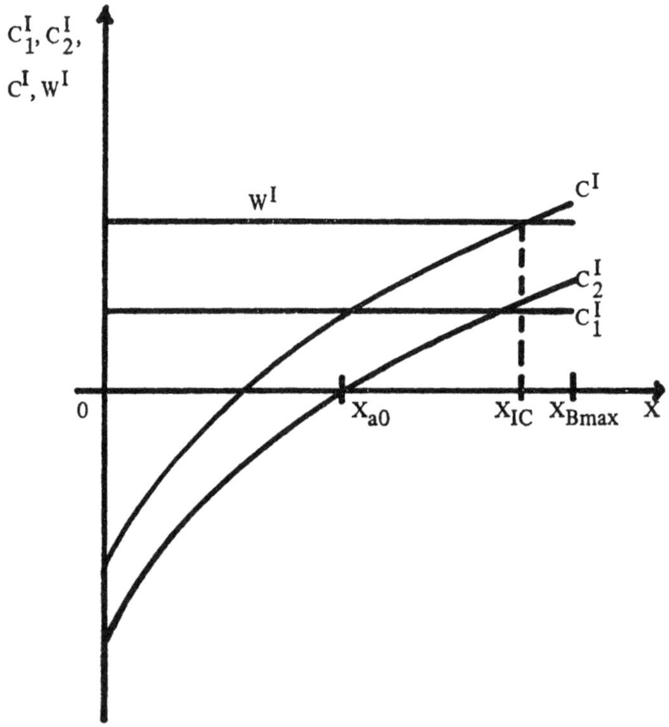

Da der Verband die Strategie einschlägt, die für ihn mit einem positiven Nettonutzen verbunden ist, wird er für $X_{Br} < X_{IC}$ die Konfliktstrategie verfolgen und bei $X_{Br} \geqslant X_{IC}$ das bürokratische Leistungsverhalten tolerieren.

III. Lösungsalternativen

Das Ergebnis des Budgetierungsprozesses unter Berücksichtigung des Verbandseinflusses auf das bürokratische Entscheidungskalkül lautet:

$$(X, B, L) = \begin{cases} (X_{Br}, B_{Br}, L_{Br}) & \text{für} \quad X_{Br} \geqslant X_{IC} \quad (1) \\ (X_{a0}, B_0', 0) & \text{für} \quad X_{Br} < X_{IC} \quad (2) \end{cases}$$

[9]

Ad (1): Der Verband akzeptiert das bürokratische Angebotsverhalten aufgrund eines (teilweisen) Entgegenkommens der Bürokratie beziehungsweise infolge der hohen Opportunitätskosten, die eine Konfliktstrategie für den Verband impliziert. Die „Bürokratielösung“ führt in der Regel zu Produktions- und Allokationsineffizienzen.

Ad (2): Verficht der Verband eine Konfliktstrategie, weil die gegenwärtigen Opportunitätskosten durch zukünftige Nutzenerhöhungen mehr als ausgeglichen werden, so kommt es zu einer „Verbandslösung“. Sie führt in der Konfliktperiode zwar zu einer produktions- und allokationseffizienten Verwaltungstätigkeit. In den Folgeperioden beinhaltet sie aber eine Erhöhung der Allokations- zu Lasten der Produktionsineffizienzen.

---

[9] Vgl. Grafik 3.7.

Zusammenfassende Betrachtung zu den integrierten Ansätzen

Mit der Skizzierung von zwei integrierten Modellansätzen haben wir, ausgehend von der Kritik an den herkömmlichen angebots- und nachfragebezogenen Effizienzbetrachtungen für öffentliche Verwaltungen, den Versuch unternommen, einen kleinen Beitrag zur Weiterentwicklung einer ökonomischen Analyse staatsbürokratischen Verhaltens zu leisten. Zwar konnten und wollten wir dabei nicht das Ziel verfolgen, die einzelnen Elemente der Gesamtproblematik zu einer in sich geschlossenen Theorie des Steuerungsprozesses II zusammenzufassen. Jedoch sind Nahtstellen und Anhaltspunkte für eine wechselseitige Befruchtung der verschiedenen Elemente offensichtlich geworden.

Zunächst wurde das bürokratische Angebotsverhalten bei einer aktiven Regierung, in groben Zügen, abgeleitet. Politische Maßnahmen zur Erhöhung der Verwaltungseffizienz, die um so nachhaltiger ergriffen werden, je größer die potentiellen Ineffizienzen sind, haben in Grafik 3.7. immer dann eine Verschiebung der Kurven $B(X)$ und $L(B)$ nach unten zur Folge, wenn sie sowohl die bürokratische Produktions- als auch Allokationseffizienz umfassen. Eine politisch kontrollierte Verwaltung wird im Budgetierungsprozeß eine Position vertreten, die nach der „Filterung“ durch die budgetbewilligende Instanz eine nutzenmaximale (X, B, L)-Kombination zur Folge hat.

Nicht öffentliche Verwaltungen allein, sondern insbesondere auch Interessengruppen sind, so wurde hieran anschließend festgestellt, an der Durchsetzung überhöhter Budgets und Leistungsmengen interessiert. Unter bestimmten Voraussetzungen beeinflussen sie die bürokratische Position im Budgetprozeß sogar derart[1], daß der Nutzen des Verwaltungsmanagements durch eine Verringerung von Etat und Leistungsmenge erhöht werden könnte!

Zukünftigen Arbeiten bleibt es zum einen vorbehalten, die beiden hier vorgestellten integrierten Modellansätze in einem formalisierten Gesamtmodell so miteinander zu verknüpfen, daß auch das Verhalten einer Verwaltung theoretisch abgeleitet werden kann, die gleichzeitig von einer aktiven Regierung und einem aktiven Verband eingeengt

---

[1] Siehe (X_{Br}, B_{Br}, L_{Br}) in Grafik 3.7.

wird. Zum anderen müssen dann die relevanten Verhaltensparameter empirisch bestimmt werden, um Reaktionen einzelner öffentlicher Verwaltungen auf Variationen in ihrer Umwelt erklären und prognostizieren zu können.[2]

---

[2] Bislang können administrative Anpassungen auf veränderte Umweltbedingungen, beispielsweise auf Ausgabenkürzungen im öffentlichen Bereich, allenfalls mit Hilfe von Plausibilitätsüberlegungen erklärt werden. Vgl. beispielsweise *L. Thürmer*, Comment to W. Z. Hirsch, Efficiency Implications of Revenue Limitation Measures, Paper presented at the 38th Congress of the International Institute of Public Finance, Copenhagen, August 23 - 26, 1982.

Schlußbemerkung

Zusammenfassend läßt sich festhalten, daß die vorliegende Studie, verständlicherweise, keine in sich geschlossene Theorie der „Staatsmängel" formulieren konnte und wollte. Statt dessen wurden die zahlreichen Beiträge der Ökonomischen Theorie der Politik zu Modellansätzen systematisiert und dort, wo es erforderlich schien, erweitert. Auch wurde der Versuch unternommen, bislang weitgehend unverbunden nebeneinander stehende angebots- und nachfragebezogene Überlegungen zusammenzuführen und damit einen bescheidenen Beitrag zur Fortentwicklung der Ökonomischen Theorie der Politik zu leisten.

Im Lichte aller vorgetragenen Modellansätze ist staatliches Handeln in der Regel mit Ineffizienzen verbunden. Hieraus die normative Schlußfolgerung zu ziehen, auf eine öffentliche Bereitstellung von Gütern und Dienstleistungen in toto zu verzichten, wäre jedoch ebenso vorschnell und unkritisch wie eine Übertragung all derjenigen Aufgaben auf den Staat, die der Markt und andere Lenkungssysteme nicht uneingeschränkt zu lösen imstande sind.

Zwar ist die Ansicht, daß der Markt, unter Effizienzaspekten, dem öffentlichen Sektor bei der Versorgung mit einer Vielzahl von ausschließbaren Leistungen überlegen sei, ebenso plausibel wie weit verbreitet.[1] Offensichtlich vermessen wäre jedoch zu unterstellen, der Markt oder ein anderer Koordinierungsmechanismus könne alle (!) bislang öffentlich bereitgestellten Güter und Dienstleistungen produktions- und allokationseffizienter als die Staatswirtschaft anbieten.[2]

---

1 Vgl. beispielsweise *R. M. Spann*, Public Versus Private Provision of Governmental Services, in: T. E. Borcherding, (Hg.), Budgets and Bureaucrats, S. 71 ff. Zu neueren Ansätzen, die Möglichkeiten für eine effiziente Bereitstellung ausschließbarer nichtrivalisierender Güter über den Marktmechanismus erörtern, vgl. insbesondere *H. Hanusch*, Äquivalenzprinzip und kollektive Güter — Allokationstheoretische Aspekte —, in: D. Pohmer, (Hg.), Beiträge zum Äquivalenzprinzip und zur Zweckbindung öffentlicher Einnahmen, Schriften des Vereins für Socialpolitik, Neue Folge, Bd. 121, Berlin 1981, S. 76 ff. Siehe auch *G. Brennan* und *C. Walsh*, A Monopoly Model of Public Goods Provision: The Uniform Pricing Case, in: American Economic Review, Vol. 71 (1981), S. 196 ff., *M. E. Burns* und *C. Walsh*, Market Provision of Price-Excludable Public Goods: A General Analysis, in: Journal of Political Economy, Vol. 89 (1981), S. 166 ff. und *A. Endres*, Neuere Entwicklungen in der Theorie öffentlicher Güter, in: Zeitschrift für die gesamte Staatswissenschaft, Bd. 137 (1981), S. 134 ff.

Auch dürfen die Beschränkungen, die der vorliegenden Studie inhärent sind, nicht außer acht gelassen werden. Insbesondere finden zum einen der gewählte methodische Ansatz und seine Implikationen für die Bewertung staatlichen Handelns keine ungeteilte Zustimmung.[3] Würde man beispielsweise neben der Produktions- und Allokationseffizienz auch distributive und meritorische Dimensionen als zusätzliche Referenznormen berücksichtigen, wäre eine positivere Beurteilung staatsbürokratischen Handelns nicht ausgeschlossen.[4]

Zum anderen mußten vielfältige Interdependenzen zwischen den Akteuren und den beiden Steuerungsprozessen außerhalb der Analyse bleiben. Eine Einbeziehung zusätzlicher Interaktionen im politisch-administrativen Gesamtsteuerungssystem könnte durchaus zur Identifikation kompensierender Abweichungen von der Referenznorm und zur Konstatierung geringerer Ineffizienzen führen.

Schließlich und drittens ist das politisch-administrative System, wie alle anderen sozialen Systeme, einem Wandel unterworfen. Eine intensive Diskussion über mögliche Mängel im öffentlichen Sektor kann dazu beitragen, das allgemeine Problembewußtsein zu steigern und ein Klima zu schaffen, in dem Maßnahmen zur Erhöhung staatsbürokratischer Effizienz ergriffen werden.

Sieht man von Möglichkeiten, die menschliche Eigennutzorientierung zu beeinflussen, einmal ab, muß jede „Effizienzstrategie" einen engeren Zusammenhang zwischen dem Individualinteresse der für die Bereitstellung öffentlicher Leistungen relevanten Akteure und dem Gemein-

---

2 Siehe *A. J. Culyer*, The Quest for Efficiency in the Public Sector: Economists versus Dr. Pangloss, Paper presented at the 38th Congress of the International Institute of Public Finance, Copenhagen, August 23 - 26, 1982 sowie *S. Ruß-Mohl*, Kann der Markt, was der Staat nicht kann? Anmerkungen zur ökonomischen Theorie des Staatsversagens, in: Beilage zu „Das Parlament" vom 5. 4. 1980, S. 17 ff.

3 Siehe *A. Pfaff*, Comment to R. Dinkel. Vgl. in diesem Zusammenhang auch *P. Herder-Dorneich*, Der Beitrag der „Ökonomischen Theorie der Wahlen" zur „Neuen Politischen Ökonomie", in: E. Boettcher, P. Herder-Dorneich und K.-E. Schenk, (Hg.), Neue Politische Ökonomie als Ordnungstheorie, S. 25 ff. Er vertritt die Ansicht, daß die Übertragung des ökonomischen Instrumentariums auf politisch-administrative Prozesse bislang einer gleichgewichtstheoretischen Betrachtungsweise Vorschub geleistet habe. Deren Möglichkeiten zur Erklärung tatsächlicher Vorgänge seien jedoch äußerst begrenzt. In Zukunft müsse daher das Hauptaugenmerk auf die Entwicklung einer Struktur- und Ordnungstheorie für den öffentlichen Sektor gerichtet werden.

4 Vgl. in diesem Zusammenhang auch *V. Tanzi*, Is there a Quest for Public Sector Efficiency in Developing Countries?, Paper presented at the 38th Congress of the International Institute of Public Finance, Copenhagen, August 23 - 26, 1982.

wohl herstellen.[5] Dies kann zum einen über eine erhöhte Transparenz der Vorgänge im öffentlichen Sektor für den Staatsbürger sowie über einen verbesserten Informationsstand der politischen Führungskräfte im Budgetierungsprozeß erreicht werden.[6] Zum anderen scheint eine Reform der institutionalen Tauschcharakteristika bei der Bereitstellung öffentlicher Leistungen unumgänglich zu sein, will man mögliche Ineffizienzen nachhaltig reduzieren.[7] Von herausragender Bedeutung dürften dabei die verstärkte Anwendung von direkt-demokratischen Verfahren bei der Bereitstellung von Kollektivgütern[8], die Finanzierung ausschließbarer, öffentlich angebotener Leistungen über Gebühren[9] und die Implementation von weitreichenden (verfassungsrechtlichen) Beschränkungen für politische Führungskräfte[10] im Steuerungs-

---

5 Vgl. auch *P. Medgyessy*, Effectiveness of Public Expenditure in Hungary, Paper presented at the 38th Congress of the International Institute of Public Finance, Copenhagen, August 23 - 26, 1982.

6 Vgl. *F. Forte*, Monitoring the Productivity of Bureaucratic Behavior, in: H. Hanusch, (Hg.), Anatomy of Government Deficiencies, S. 149 ff., *H. König*, Dynamische Verwaltung. Bürokratie zwischen Politik und Kosten, Stuttgart 1977, S. 49 ff., *K. Reding*, Die Effizienz staatlicher Aktivitäten. Probleme ihrer Messung und Kontrolle, Baden-Baden 1981, S. 171 ff., *B. S. Sahni*, Public Sectors in LDCs: Development Goals and Efficiency, Paper presented at the 38th Congress of the International Institute of Public Finance, Copenhagen, August 23 - 26, 1982 und *H. Zimmermann*, Instrumente der Finanzpolitik, in: Handbuch der Finanzwissenschaft, Bd. 1, 3. Aufl., Tübingen 1977, S. 188 f.

7 Siehe beispielsweise *B. S. Frey*, Economic Policy by Constitutional Contract, in: Kyklos, Vol. 32 (1979), S. 307 ff.

8 Vgl. in diesem Zusammenhang vor allen Dingen die empirischen Untersuchungen von *E. M. Noam*, The Efficiency of Direct Democracy, in: Journal of Political Economy, Vol. 88 (1980), S. 803 ff. sowie von *W. W. Pommerehne* und *F. Schneider*, The Demand for Government Activity: The Role of Referenda, Paper presented at the 38th Congress of the International Institute of Public Finance, Copenhagen, August 23 - 26, 1982, die eine Überlegenheit direkter Abstimmungen gegenüber den Entscheidungen in repräsentativen Demokratien, unter Effizienzgesichtspunkten, für die Schweiz nachweisen.

9 Vgl. insbesondere *A. Seldon*, Enhancement of Public Sector Efficiency by Micro-Economic Control of Public Supply, Paper presented at the 38th Congress of the International Institute of Public Finance, Copenhagen, August 23 - 26, 1982.

10 Vgl. hierzu *V. Ostrom*, Why Governments Fail: An Inquiry into the Use of Instruments of Evil to Do Good, Paper presented at the International Symposium „Anatomy of Government Deficiencies", Dießen am Ammersee, July 22 - 25, 1980. Siehe in diesem Zusammenhang neben dem Sammelband von *C. Hood* und *M. Wright*, (Hg.), Big Government in Hard Times, Oxford 1981 auch die Beiträge von *W. Z. Hirsch*, Efficiency Implications of Revenue Limitation Measures, Paper presented at the 38th Congress of the International Institute of Public Finance, Copenhagen, August 23 - 26, 1982 und *A. Peacock*, Macroeconomic Controls of Spending as a Device for Improving Efficiency in Government. Die beiden zuletzt genannten Autoren identifizieren positive und negative Effizienzeffekte einer Einnahmen- und Ausgabenbegrenzung für den öffentlichen Sektor. Während jedoch bei Peacock, alles

prozeß I sowie die Einführung von wirksameren Leistungsanreizen für einzelne Verwaltungsangehörige ebenso wie für einzelne Verwaltungen[11] im Steuerungsprozeß II sein.

---

in allem, die Vorteile derartiger Maßnahmen überwiegen, vertritt Hirsch die Ansicht, daß Finanzierungsbeschränkungen, insgesamt betrachtet, eher zu allokativen Ineffizienzen denn Effizienzsteigerungen führen würden.

[11] Siehe *P. Eichhorn*, Leistungsanreize zur Verbesserung der Verwaltungseffizienz, in: E. Helmstädter, (Hg.), Neuere Entwicklungen in den Wirtschaftswissenschaften, S. 739 ff. und *W. Z. Hirsch*, Towards a More Productive Municipal Government Sector, Working Paper No. 256, University of California, Los Angeles, July 1982.

Literaturverzeichnis

Abplanalp, P. A. und R. *Hettlage*, Wirtschaftspolitik und kommunikative Umwelt in der „Neuen Politischen Ökonomie": einige soziologische Bedenken, in: Jahrbuch für Sozialwissenschaft, Bd. 30 (1979), S. 293 - 311.

Abrams, R., Foundations of Political Analysis. An Introduction to the Theory of Collective Choice, New York 1980.

Adams, R. D., Tax Rates and Tax Collections: The Basic Analytics of Khaldun-Laffer Curves, in: Public Finance Quarterly, Vol. 9 (1981), S. 415 - 430.

Akin, J. S. und M. J. *Lea*, Microdata Estimation of School Expenditure Levels: An Alternative to the Median Voter Approach, in: Public Choice, Vol. 38 (1982), S. 113 - 128.

Albers, W., Ziele und Bestimmungsgründe der Finanzpolitik, in: Handbuch der Finanzwissenschaft, 3. Aufl., Bd. I, Tübingen 1977, S. 123 - 163.

Albrow, M., Bürokratie, München 1972.

Alchian, A., Corporate Management and Property Rights, in: H. Manne, (Hg.), Economic Policy and the Regulation of Corporate Securities, Washington, D. C. 1969, S. 337 - 360.

Alfano, G. und G. *Marwell*, Experiments on the Provision of Public Goods III: Non-Divisibility and Free Riding in „Real" Groups, in: Social Psychology Quarterly, Vol. 43 (1981), S. 300 - 309.

Amacher, R. C., R. D. *Tollison* und T. D. *Willett*, A Budget Size in a Democracy: A Review of the Arguments, in: Public Finance Quarterly, Vol. 3 (1975), S. 99 - 121.

— The Economic Approach to Social Policy Questions: Some Methodological Perspectives, in: R. C. Amacher, R. D. Tollison und T. D. Willett, (Hg.), The Economic Approach to Public Policy. Selected Readings, Ithaca/London 1976, S. 18 - 37.

— Economists on Governmental and Political Failure, in: R. C. Amacher, R. D. Tollison und T. D. Willett, (Hg.), The Economic Approach to Public Policy. Selected Readings, Ithaca/London 1976, S. 335 - 337.

Andic, S., Public Expenditure Growth, in: Finanzarchiv, N. F., Bd. 39 (1981), S. 148 - 157.

Andic, S. und R. J. *Coa-Garcia*, Regulation in a Democracy: Inefficiency or Efficiency?, Paper presented at the 38th Congress of the International Institute of Public Finance, Copenhagen, August 23 - 26, 1982.

Aranson, P., M. *Hinich* und P. *Ordeshook*, Election Goals and Strategies: Equivalent and Nonequivalent Candidate Objectives, in: American Political Science Review, Vol. 68 (1974), S. 135 - 152.

Aranson, P. H. und P. C. *Ordeshook*, Regulation, Redistribution, and Public Choice, in: Public Choice, Vol. 37, No. 1 (1981), Carnegie Papers on Political Economy, S. 69 - 100.

Arnold, R. D., Congress and the Bureaucracy: A Theory of Influence, New Haven 1979.

— Legislators, Bureaucrats, and Locational Decisions, in: Public Choice, Vol. 37, No. 1 (1981), Carnegie Papers on Political Economy, S. 107 - 132.

Arrow, K. J., Tullock and an Existence Theorem, in: Public Choice, Vol. 6 (Spring 1969), S. 105 - 111.

— Social Choice and Individual Values, 2. Aufl., New York u. a. 1963.

Arzberger, K., M. *Murck* und J. *Schumacher*, Die Bürger. Bedürfnisse — Einstellungen — Verhalten, Königstein, Ts. 1979.

— Beteiligungsverhalten und Gemeindegröße, in: Archiv für Kommunalwissenschaften, 19. Jg. (1980), S. 78 - 92.

Atkinson, A. B. und J. E. *Stiglitz*, Lectures on Public Economics, New York u. a. 1980.

Auster, R. D. und M. *Silver*, The State as a Firm. Economic Forces in Political Development, Boston u. a. 1979.

Avineri, S., Hegel's Theory of the Modern State, Cambridge 1972.

Badelt, C., Sozioökonomie der Selbstorganisation. Beispiele zur Bürgerselbsthilfe und ihre wirtschaftliche Bedeutung, Frankfurt/New York 1980.

— New Concepts for the Supply of Government Services, Paper presented at the 38th Congress of the International Institute of Public Finance, Copenhagen, August 23 - 26, 1982.

Banner, G., Zur politisch-administrativen Steuerung in der Kommune, in: Archiv für Kommunalwissenschaften, 21. Jg. (1982), S. 26 - 47.

Barkume, A. J., Identification of Preference for Election Outcomes from Aggregate Voting Data, in: Public Choice, Vol. 27 (Fall 1976), S. 41 - 58.

— Tax-Prices and Voting Behavior: The Case of Local Educational Financing, in: Economic Inquiry, Vol. 15 (1977), S. 574 - 586.

Barlow, R., Efficiency Aspects of Local School Finance, in: Journal of Political Economy, Vol. 78 (1970), S. 1028 - 1040.

Barro, R. J., The Control of Politicians: An Economic Model, in: Public Choice, Vol. 14 (Spring 1973), S. 19 - 42.

Barry, B. M., Die ökonomische Theorie der Demokratie, in: W. W. Pommerehne und B. S. Frey, (Hg.), Ökonomische Theorie der Politik, Berlin u. a. 1979, S. 227 - 248.

Barton, A. H., A Diagnosis of Bureaucratic Maladies, in: American Behavioral Scientist, Vol. 22 (1979), S. 483 - 492.

Baumol, *W. J.*, Economic Theory and Operations Analysis, 2. Aufl., Englewood Cliffs, N. J. 1965.

— Business Behavior. Value and Growth, New York u. a. 1967.

Baumol, W. J. und W. E. *Oates*, The Theory of Environmental Policy. Externalities, Public Outlays, and the Quality of Life, Englewood Cliffs, N. J. 1975.

Beck, J. H., Budget-Maximizing Bureaucracy and the Effects of State Aid on School Expenditures, in: Public Finance Quarterly, Vol. 9 (1981), S. 159 - 182.

Beer, S. H., A Political Scientist's View of Fiscal Federalism, in: W. E. Oates, (Hg.), The Political Economy of Fiscal Federalism, Lexington/Mass. 1977, S. 21 - 46.

Beetz, M., Sozialökonomische Analyse des Zusammenhangs von Wahlenprozeß und Konjunktur, Dissertation, Köln 1978.

Bendix, R., Über die Macht der Bürokratie, in: R. Mayntz, (Hg.), Bürokratische Organisation, Köln/Berlin 1968, S. 359 - 365.

Bennett, J. T. und M. H. *Johnson*, Paperwork and Bureaucracy, in: Economic Inquiry, Vol. 17 (1979), S. 435 - 451.

— Tax Reduction Without Sacrifice: Private-Sector Production of Public Services, in: Public Finance Quarterly, Vol. 8 (1980), S. 363 - 396.

Bental, B. und U. *Ben-Zion*, A Simple Model of Political Contributions, in: Public Finance Quarterly, Vol. 9 (1981), S. 143 - 157.

Bentley, A. F., The Process of Government, Evanston, Ill. 1949.

Ben-Zion, U. und M. *Spiegel*, Efficiency and Compensation of Public Officials, in: Public Choice, Vol. 35 (1980), S. 85 - 95.

Berger, M., Parteiidentifikation in der Bundesrepublik, in: Politische Vierteljahresschrift, 14. Jg. (1973), S. 215 - 225.

Bergstrom, T. C., Do Governments Spend Too Much?, in: National Tax Journal, Vol. 32, No. 2, Supplement (1979), S. 81 - 86.

— When Does Majority Rule Supply Public Goods Efficiently?, in: Scandinavian Journal of Economics, Vol. 81 (1979), S. 216 - 226.

Bergstrom, T. C. und R. P. *Goodman*, Private Demands for Public Goods, in: American Economic Review, Vol. 63 (1973), S. 280 - 296.

Berle, A. A. und G. C. *Means*, The Modern Corporation and Private Property, New York 1968.

Bernholz, P., Einige Bemerkungen zur Theorie des Einflusses der Verbände auf die politische Willensbildung in der Demokratie, in: Kyklos, 22. Jg. (1969), S. 276 - 288.

— Die Machtkonkurrernz der Verbände im Rahmen des politischen Entscheidungssystems, in: H. P. Widmaier, (Hg.), Politische Ökonomie des Wohlfahrtsstaates. Eine kritische Darstellung der Neuen Politischen Ökonomie, Frankfurt am Main 1974, S. 173 - 196.

— On the Reasons of the Influence of Interest Groups on Political Decision-Making, in: Zeitschrift für Wirtschafts- und Sozialwissenschaften, Bd. 94 (1974), S. 45 - 63.

— Grundlagen der Politischen Ökonomie, 2. Bd., Tübingen 1975.

— Dominant Interest Groups and Powerless Parties. The Mere Fact of Organization as a Reason for the Political Influence of Interest Groups, in: Kyklos, Vol. 30 (1977), S. 411 - 420.

Biel, D., Dezentralisierung als Chance für größere Effizienz und mehr soziale Gerechtigkeit, in: F. Schuster, (Hg.), Dezentralisierung des politischen Handelns (II). Konzeptionen und Positionen, Melle/St. Augustin 1979, S. 85 - 132.

Bish, R. L. und V. *Ostrom*, Understanding Urban Government. Metropolitan Reform Reconsidered, Washington, D. C. 1973.

Black, D., The Theory of Committees and Elections, Cambridge 1958.

Blankart, C. B., Zur ökonomischen Theorie der Bürokratie, in: Public Finance, Vol. 30 (1975), S. 166 - 185.

— Bureaucratic Problems in Public Choice: Why Do Public Goods Still Remain Public?, in: K. W. Roskamp, (Hg.), Public Choice and Public Finance, Proceedings of the 34th Congress of the International Institute of Public Finance, Paris 1980, S. 155 - 167.

— Ökonomie der öffentlichen Unternehmen. Eine institutionelle Analyse der Staatswirtschaft, München 1980.

— Privatisierung öffentlicher Dienstleistungen. Beurteilungs- und Entscheidungsprobleme, in: Wirtschaftswissenschaftliches Studium, 9. Jg. (1980), S. 305 - 310.

Blau, P. M., Exchange and Power in Social Life, 2. Aufl., New York u. a. 1967.

Blümle, E.-B. und W. *Wittmann*, (Hg.), Verbände, Stuttgart/New York 1976.

Böhret, C., Entscheidungshilfen für die Regierung, Opladen 1970.

Bös, D., The Democratic Decision on Fees versus Taxes, in: Kyklos, Vol. 33 (1980), S. 76 - 99.

— Economic Theory of Public Enterprise, Berlin u. a. 1981.

Bohm, P., Estimating Willingness to Pay: Why and How?, in: Scandinavian Journal of Economics, Vol. 81 (1979), S. 142 - 153.

Bohnen, A., Individualismus und Gesellschaftstheorie, Tübingen 1976.

Bonus, H., The Political Party as a Firm, in: Zeitschrift für die gesamte Staatswissenschaft, Bd. 137 (1981), S. 710 - 716.

— Besprechung von P. Herder-Dorneich, Konkurrenzdemokratie — Verhandlungsdemokratie: Politische Strategien der Gegenwart, in: Jahrbücher für Nationalökonomie und Statistik, Bd. 197 (1982), S. 180 - 182.

Boorsma, P. B., Public Sector Productivity and Relative Efficiency: The Netherlands, Paper presented at the 38th Congress of the International Institute of Public Finance, Copenhagen, August 23 - 26, 1982.

Borcherding, T. E., The Sources of Growth of Public Expenditures, 1902 - 1970, in: T. E. Borcherding, (Hg.), Budgets and Bureaucrats: The Sources of Government Growth, Durham, N. C. 1977, S. 45 - 70.

Borcherding, T. E., W. C. *Bush* und R. M. *Spann*, The Effects on Public Spending of the Divisibility of Public Outputs in Consumption, Bureaucratic Power, and the Size of the Tax-Sharing Group, in: T. E. Borcherding, (Hg.), Budgets and Bureaucrats: The Sources of Government Growth, Durham, N. C. 1977, S. 211 - 228.

Borcherding, T. E. und R. T. *Deacon*, The Demand for the Services of Non-Federal Governments, in: American Economic Review, Vol. 62 (1972), S. 891 - 901.

Borcherding, T. E., W. W. *Pommerehne* und F. *Schneider*, Comparing the Efficiency of Private and Public Production: The Evidence from Five Countries, in: D. Bös, R. A. Musgrave und J. Wiseman, (Hg.), Public Production. Zeitschrift für Nationalökonomie, Supplementum 2, Wien/New York 1982, S. 127 - 156.

Boulding, K. E., Economics as a Science, New York 1970.

Bowen, H. R., The Interpretation of Voting in the Allocation of Economic Resources, in: Quarterly Journal of Economics, Vol. 58 (1943), S. 27 - 48.

— Toward Social Economy, Carbondale/Edwardsville 1948.

Braam, G. P. A., Influence of Business Firms on the Government. An Investigation of the Distribution of Influence in Society, The Hague u. a. 1981.

Brennan, G. und J. M. *Buchanan*, Towards a Tax Constitution for Leviathan, in: Journal of Public Economics, Vol. 8 (1977), S. 255 - 273.

— The Power to Tax: Analytical Foundations of a Fiscal Constitution, Cambridge u. a. 1980.

— Revenue Implications of Money Creation under Leviathan, in: American Economic Review, Papers and Proceedings, Vol. 71, No. 2 (1981), S. 347 - 351.

Brennan, G. und C. *Walsh,* A Monopoly Model of Public Goods Provision: The Uniform Pricing Case, in: American Economic Review, Vol. 71 (1981), S. 196 - 206.

Breton, A., The Economic Theory of Representative Government, Chicago 1974.

— Economics of Representative Democracy, in: The Institute of Economic Affairs, (Hg.), The Economics of Politics, London 1978, S. 51 - 64.

Breton, A. und R. *Wintrobe,* The Equilibrium Size of a Budget-Maximizing Bureau: A Note on Niskanen's Theory of Bureaucracy, in: Journal of Political Economy, Vol. 83 (1975), S. 195 - 207.

— Bureaucracy and State Intervention: Parkinson's Law?, in: Canadian Public Administration, Vol. 22 (1979), S. 208 - 226.

— The Logic of Bureaucratic Conduct. An Economic Analysis of Competition, Exchange, and Efficiency in Private and Public Organizations, Cambridge u. a. 1982.

Brito, D. L. und M. D. *Intriligator,* A Game-Theoretic Approach to Bureaucratic Behavior, in: P.-T. Liu, (Hg.), Dynamic Optimization and Mathematical Economics, New York/London 1980, S. 223 - 236.

— Strategic Arms Limitation Treaties and Innovations in Weapons Technology, in: Public Choice, Vol. 57, No. 1 (1981), Carnegie Papers on Political Economy, S. 41 - 59.

Brittan, S., The Economic Contradictions of Democracy, in: British Journal of Political Science, Vol. 5 (1975), S. 129 - 159.

Brown, C. V. und P. M. *Jackson,* Public Sector Economics, Oxford 1978.

Buchanan, J. M., The Pure Theory of Government Finance. A Suggested Approach, in: Journal of Political Economy, Vol. 57 (1949), S. 496 - 505.

— Democracy and Duopoly: A Comparison of Analytical Models, in: American Economic Review, Papers and Proceedings, Vol. 58 (1968), S. 322 - 331.

— The Limits of Liberty. Between Anarchy and Leviathan, Chicago/London 1975.

— Why Does Government Grow?, in: T. E. Borcherding, (Hg.), Budgets and Bureaucrats: The Sources of Government Growth, Durham, N. C. 1977, S. 3 - 18.

— From Private Preferences to Public Philosophy: The Development of Public Choice, in: The Institute of Economic Affairs, (Hg.), The Economics of Politics, London 1978, S. 1 - 20.

— What Should Economists Do?, Indianapolis 1979.

— The Achievement and the Limits of Public Choice in Diagnosing Government Failure and in Offering Bases for Constructive Reform, in: H. Hanusch, (Hg.), Anatomy of Government Deficiencies, Berlin u. a. 1983, S. 15 - 25.

Buchanan, J. M. und M. R. *Flowers,* The Public Finances. An Introductory Textbook, 4. Aufl., Homewood, Ill. 1975.

Buchanan, J. M. und D. R. *Lee*, Some Simple Analytics of the Laffer Curve, Paper presented at the 38th Congress of the International Institute of Public Finance, Copenhagen, August 23 - 26, 1982.

— Tax Rates and Tax Revenues in Political Equilibrium: Some Simple Analytics, in: Economic Inquiry, Vol. 20 (1982), S. 344 - 354.

Buchanan, J. M. und R. D. *Tollison*, (Hg.), Theory of Public Choice. Political Applications of Economics, Ann Arbor 1972.

Buchanan, J. M. und G. *Tullock*, The Calculus of Consent. Logical Foundations of Constitutional Democracy, Ann Arbor 1962.

Buchanan, J. M. und R. E. *Wagner*, Democracy in Deficit. The Political Legacy of Lord Keynes, New York u. a. 1977.

Burns, M. E. und C. *Walsh*, Market Provision of Price-Excludable Public Goods: A General Analysis, in: Journal of Political Economy, Vol. 89 (1981), S. 166 - 191.

Bush, W. C. und A. T. *Denzau*, The Voting Behavior of Bureaucrats and Public Sector Growth, in: T. E. Borcherding, (Hg.), Budgets and Bureaucrats: The Sources of Government Growth, Durham, N. C. 1977, S. 90 - 99.

Busino, Für eine Verbesserung der Theorien über die Verwaltung, in: Cahiers Vilfredo Pareto. Revue europée̋ne des sciences sociales, Nr. 47, T. 17 (1979), S. 85 - 101.

Calhoun, J. C., A Disquisition on Government and Selections from the Discourse, New York 1953.

Campbell, A., P. E. *Converse*, W. E. *Miller* und D. E. *Stokes*, The American Voter, New York 1960.

Campbell, A., G. *Gurin* und W. E. *Miller*, The Voter Decides, Evanston, Ill./White, N. Y. 1954.

Carter, R., Beliefs and Errors in Voting Choices: A Restatement of the Theory of Fiscal Illusion, in: Public Choice, Vol. 39 (1982), S. 343 - 360.

Chadwick-Jones, J. K., Social Exchange Theory: Its Structure and Influence in Social Psychology, London 1976.

Chamberlin, J. R., The Logic of Collective Action: Some Experimental Results, in: Behavioral Science, Vol. 23 (1978), S. 441 - 445.

Chappell, H. W., Campaign Contributions and Voting on the Cargo Preference Bill: A Comparison of Simultaneous Models, in: Public Choice, Vol. 36 (1981), S. 301 - 312.

— Campaign Contributions and Congressional Voting: A Simultaneous Probit-Tobit Model, in: Review of Economics and Statistics, Vol. 64 (1982), S. 77 - 83.

Clausen, L., Tausch. Entwürfe zu einer soziologischen Theorie, München 1978.

Clayre, A., (Hg.), The Political Economy of Cooperation and Participation: A Third Sector, Oxford 1980.

Coase, R. H., The Problem of Social Cost, in: Journal of Law and Economics, Vol. 3 (1960), S. 1 - 44.

Coleman, J. S., Internal Processes Governing Party Positions in Elections, in: Public Choice, Vol. 11 (Fall 1971), S. 35 - 60.

Cook, J. B. und H. G. *Frederickson*, Citizen Participation and the Administration of Public Policy, in: H. G. Frederickson und C. R. Wise, (Hg.), Public Administration and Public Policy, Lexington, Mass./Toronto 1977, S. 99 - 108.

Courant, P. N., E. M. *Gramlich* und D. L. *Rubinfeld*, Public Employee Market Power and the Level of Government Spending, in: American Economic Review, Vol. 69 (1979), S. 806 - 817.

Craswell, R., Self-Generating Growth in Public Programs, in: Public Choice, Vol. 21 (Spring 1975), S. 91 - 97.

Crozier, M., The Bureaucratic Phenomenon, Chicago 1964.

Culyer, A. J., The Quest for Efficiency in the Public Sector: Economists versus Dr. Pangloss, Paper presented at the 38th Congress of the International Institute of Public Finance, Copenhagen, August 23 - 26, 1982.

Cummings, F. J. und W. E. *Ruther*, Some Tests of the Factor-Supplier Pressure Group Hypothesis, in: Public Choice, Vol. 35 (1980), S. 257 - 266.

Cyert, R. M. und J. G. *March*, A Behavioral Theory of the Firm, Englewood Cliffs, N. J. 1963.

Dahl, R. A., A Preface to Democratic Theory, Chicago/London 1956.

— Polyarchie, New Haven 1971.

Dahl, R. A. und C. E. *Lindblom*, Politics, Economics and Welfare, New York 1963.

Dannhauser, W. J., Reflections on Statesmanship and Bureaucracy, in: R. A. Goldwin, (Hg.), Bureaucrats, Policy Analysts, Statesmen: Who Leads?, Washington, D. C. 1980, S. 114 - 132.

Danziger, S., R. *Haveman* und R. *Plotnick*, How Income Transfer Programs Affect Work, Savings, and the Income Distribution: A Critical Review, in: Journal of Economic Literature, Vol. 19 (1981), S. 975 - 1028.

Davies, J. C., Ideologie: Zugleich Symptom und Therapie politischer Angst, in: H. Moser, (Hg.), Fortschritte der Politischen Psychologie, Bd. 1, Weinheim/Basel 1981, S. 176 - 192.

Davis, O. A., M. J. *Hinich* und P. C. *Ordeshook*, An Expository Development of a Mathematical Model of the Electoral Process, in: American Political Science Review, Vol. 64 (1970), S. 426 - 448.

Deacon, R. und P. *Shapiro*, Private Preference for Collective Goods Revealed through Voting on Referenda, in: American Economic Review, Vol. 65 (1975), S. 943 - 955.

De Alessi, L., Implications of Property Rights for Government Investment Choices, in: American Economic Review, Vol. 59 (1969), S. 13 - 24.

— An Economic Analysis of Government Ownership and Regulation: Theory and the Evidence from the Electric Power Industry, in: Public Choice, Vol. 19 (Fall 1974), S. 1 - 42.

DeBartolo, G. und P. *Fortune*, The Demand for Public Services: Inferences from Municipal Bond Referenda, in: National Tax Journal, Vol. 35 (1982), S. 55 - 67.

Demsetz, H., Toward a Theory of Property Rights, in: American Economic Review, Papers and Proceedings, Vol. 57 (1967), S. 347 - 359.

Denison, E. F., Is U. S. Growth Understated Because of the Underground Economy? Employment Ratios Suggest Not, in: Review of Income and Wealth, Series 28 (1982), S. 1 - 16.

Denzau, A. T. und R. J. *Mackay*, A Model of Benefit and Tax Share Discrimination by a Monopoly Bureau, in: Journal of Public Economics, Vol. 13 (1980), S. 341 - 368.

Derlien, H.-U., Comment of F. P. Scioli, Jr., Problems of Improving the Efficiency of Public Administration, Paper presented at the International Symposium „Anatomy of Government Deficiencies", Dießen am Ammersee, July 22 - 25, 1980.

Dettling, W., (Hg.), Macht der Verbände — Ohnmacht der Demokratie? Beiträge zur Theorie und Politik der Verbände, München/Wien 1976.

— Macht der Verbände — Ohnmacht der Demokratie? Zu diesem Band, in: W. Dettling, (Hg.), Macht der Verbände — Ohnmacht der Demokratie? Beiträge zur Theorie und Politik der Verbände, München/Wien 1976, S. 7 - 30.

— Verbände — Strukturelemente einer freiheitlichen Demokratie, Köln 1978.

Dilorenzo, T. J., An Empirical Assessment of the Factor-Supplier Pressure Group Hypothesis, in: Public Choice, Vol. 37 (1981), S. 559 - 568.

— Utility Profits, Fiscal Illusion, and Local Public Expenditures, in: Public Choice, Vol. 38 (1982), S. 243 - 252.

Dinkel, R., Collusion and Spatial Models of Party Competition, in: Public Choice, Vol. 27 (Fall 1976), S. 97 - 99.

— Der Zusammenhang zwischen der ökonomischen und politischen Entwicklung in einer Demokratie. Eine Untersuchung mit Hilfe der ökonomischen Theorie der Politik, Berlin 1977.

— Die Interdependenz von Wahlen und ihre wirtschaftspolitischen Konsequenzen, in: E. Boettcher, P. Herder-Dorneich und K.-E. Schenk, (Hg.), Neue Politische Ökonomie als Ordnungstheorie, Tübingen 1980, S. 66 - 81.

— Imperfect Political Competition in Representative Democracy and the Supply of Public Goods, Paper presented at the International Symposium „Anatomy of Government Deficiencies", Dießen am Ammersee, July 22 - 25, 1980.

Dobelstein, A. W., Politics, Economics, and Public Welfare, Englewood Cliffs, N. J. 1980.

Dole, M., Jr., An Economic Theory of Bureaucracy, Dissertation, Los Angeles 1974.

Downs, A., Why the Government Budget is Too Small in a Democracy, in: World Politics, Vol. 13 (1960), S. 541 - 563.

— Inside Bureaucracy, Boston 1967.

— Ökonomische Theorie der Demokratie, Tübingen 1968.

— Nichtmarktwirtschaftliche Entscheidungssysteme — Eine Theorie der Bürokratie, in: H. P. Widmaier, (Hg.), Politische Ökonomie des Wohlfahrtsstaates. Eine kritische Darstellung der Neuen Politischen Ökonomie, Frankfurt 1974, S. 199 - 207.

Dudley, L. und C. *Montmarquette*, The Demand for Military Expenditures: An International Comparison, in: Public Choice, Vol. 37, No. 1 (1981), Carnegie Papers on Political Economy, S. 5 - 31.

Edgeworth, F. Y., Mathematical Psychics. An Essay on the Application of Mathematics to the Moral Sciences, London 1881, wiederabgedruckt New York 1967.

Edwards, F. R., Managerial Objectives in Regulated Industries: Expense-Preference Behavior in Banking, in: Journal of Political Economy, Vol. 85 (1977), S. 147 - 162.

Eichhorn, P., Leistungsanreize zur Verbesserung der Verwaltungseffizienz, in: E. Helmstädter, (Hg.), Neuere Entwicklungen in den Wirtschaftswissenschaften, Schriften des Vereins für Socialpolitik, N. F., Bd. 98, Berlin 1978, S. 739 - 754.

Eichhorn, P. und P. *Friedrich*, Verwaltungsökonomie I. Methodologie und Management der öffentlichen Verwaltung, Baden-Baden 1976.

Eismeier, T. J., Budgets and Ballots: The Political Consequences of Fiscal Choice, in: D. W. Rae und T. J. Eismeier, (Hg.), Public Policy and Public Choice, Beverly Hills/London 1979, S. 121 - 145.

Ellwein, T., Kontrolle der Bürokratie oder Kontrolle durch die Bürokratie, in: Politische Vierteljahresschrift, 11. Jg. (1970), Sonderheft 2, S. 170 - 179.

Endres, A., Neuere Entwicklungen in der Theorie öffentlicher Güter, in: Zeitschrift für die gesamte Staatswissenschaft, Bd. 137 (1981), S. 134 - 149.

Engelhardt, G., Comment to R. Dinkel, Imperfect Political Competition in Representative Democracy and the Supply of Public Goods, Paper presented at the International Symposium „Anatomy of Government Deficiencies“, Dießen am Ammersee, July 22 - 25, 1980.

Engelhardt, G. und M. *Schürgers*, Politische Entscheidungsprozesse als Erkenntnisobjekt der theoretischen Wirtschafts- und Finanzpolitik — Eine systemanalytische Interpretationsskizze, in: Das Wirtschaftsstudium, 4. Jg. (1975), S. 445 - 449, 495 - 498 und 543 - 546.

Epple, D. und A. *Zelenitz*, The Roles of Jurisdictional Competition and of Collective Choice Institutions in the Market for Local Public Goods, in: American Economic Review, Papers and Proceedings, Vol. 71, No. 2 (1981), S. 87 - 92.

— The Implications of Competition Among Jurisdictions: Does Tiebout Need Politics?, in: Journal of Political Economy, Vol. 89 (1981), S. 1197 - 1217.

Fair, R. C., The Use of Optimal Control Techniques to Measure Economic Performance, in: International Economic Review, Vol. 19 (1978), S. 289 bis 309.

— The Effect of Economic Events on Votes for President, in: Review of Economics and Statistics, Vol. 60 (1978), S. 159 - 173.

— The Effect of Economic Events on Votes for President: 1980 Results, Unpublished paper 1981.

Faith, R. L. und J. M. *Buchanan*, Towards a Theory of Yes-No Voting, in: Public Choice, Vol. 37 (1981), S. 231 - 245.

Feige, E. L., How Big is the Irregular Economy?, in: Challenge, Vol. 22, No. 5 (November/December 1979), S. 5 - 13.

Ferris, J. M., A Theoretical Framework for Surveying Citizens' Fiscal Preferences, in: Public Administration Review, Vol. 42 (1982), S. 213 - 219.

Fest, H. E., Zur gesamtwirtschaftlichen Konsistenz des Entscheidungskriteriums für die Auswahl öffentlicher Investitionen. Ein Beitrag zur theoretischen Grundlegung der gesamtwirtschaftlichen Nutzen-Kosten-Analyse, Berlin 1971.

Filimon, R., T. *Romer* und H. *Rosenthal,* Asymmetric Information and Agenda Control. The Bases of Monopoly Power in Public Spending, in: Journal of Public Economics, Vol. 17 (1982), S. 51 - 70.

Fiorina, M. P., Congress. Keystone of the Washington Establishment, New Haven/London 1977.

Fiorina, M. P. und R. G. *Noll,* Voters, Bureaucrats and Legislators. A Rational Choice Perspective on the Growth of Bureaucracy, in: Journal of Public Economics, Vol. 9 (1978), S. 239 - 254.

— Voters, Legislators and Bureaucracy: Institutional Design in the Public Sector, in: American Economic Review, Papers and Proceedings, Vol. 68 (1978), S. 256 - 260.

Fishburn, P. C., The Theory of Social Choice, Princeton, N. J. 1973.

— Paradoxes of Voting, in: American Political Science Review, Vol. 68 (1974), S. 537 - 546.

Fishburn, P. C. und W. V. *Gehrlein,* The Paradox of Voting. Effects of Individual Indifference and Intransitivity, in: Journal of Public Economics, Vol. 14 (1980), S. 83 - 94.

Fleischmann, G., Ungleichheit unter den Wählern. Zur ökonomischen Perspektive in der Soziologie, in: H. P. Widmaier, (Hg.), Politische Ökonomie des Wohlfahrtsstaates. Eine kritische Darstellung der Neuen Politischen Ökonomie, Frankfurt am Main 1974, S. 140 - 159.

Flowers, M. R., Costs of Collective Decisions, Choice of Tax Base, and Median Voter Equilibrium, in: Public Finance Quarterly, Vol. 6 (1978), S. 305 - 309.

— Agenda Control and Budget Size: An Extension of the Romer-Rosenthal Model, in: Public Choice, Vol. 37 (1981), S. 579 - 584.

— Majority Voting on Tax Shares: A Simple Life-Cycle Model, in: Public Finance Quarterly, Vol. 9 (1981), S. 47 - 59.

Forte, F., Democracy as a Public Good. Efficiency and Effectiveness, Paper presented at the 38th Congress of the International Institute of Public Finance, Copenhagen, August 23 - 26, 1982.

— Monitoring the Productivity of Bureaucratic Behavior, in: H. Hanusch, (Hg.), Anatomy of Government Deficiencies, Berlin u. a. 1983, S. 149 - 160.

Forte, F. und A. di *Pierro,* A Pure Model of Public Bureaucracy, in: Public Finance, Festschrift Paul Senf, Vol. 35 (1980), S. 91 - 100.

Forte, F. und A. *Peacock,* Tax Planning, Tax Analysis and Tax Policy, in: A. Peacock und F. Forte, (Hg.), The Political Economy of Taxation, New York 1981, S. 3 - 28.

Frey, B. S., Models of Perfect Competition and Pure Democracy, in: Kyklos, Vol. 23 (1970), S. 736 - 755.

— Why Do High Income People Participate More in Politics?, in: Public Choice, Vol. 11 (Fall 1971), S. 101 - 105.

— Theorie und Empirie Politischer Konjunkturzyklen, in: Zeitschrift für Nationalökonomie, Bd. 36 (1976), S. 95 - 120.

— Moderne Politische Ökonomie. Die Beziehungen zwischen Wirtschaft und Politik, München/Zürich 1977.

— Politico-Economic Models and Cycles, in: Journal of Public Economics, Vol. 9 (1978), S. 203 - 220.

— Polit-ökonomische Modelle: Übersicht und Stand der Forschung, in: E. Helmstädter, (Hg.), Neuere Entwicklungen in den Wirtschaftswissenschaften, Schriften des Vereins für Socialpolitik, N. F., Bd. 98, Berlin 1978, S. 503 - 517.

— The Political Business Cycle: Theory and Evidence, in: The Institute of Economic Affairs, (Hg.), The Economics of Politics, London 1978, S. 93 bis 108.

— Ansätze zur Politischen Ökonomie, in: W. W. Pommerehne und B. S. Frey, (Hg.), Ökonomische Theorie der Politik, Berlin u. a. 1979, S. 1 - 34.

— Economic Policy by Constitutional Contract, in: Kyklos, Vol. 32 (1979), S. 307 - 319.

— Ökonomie als Verhaltenswissenschaft. Ansatz, Kritik und der europäische Beitrag, in: Jahrbuch für Sozialwissenschaft, Bd. 31 (1980), S. 21 - 35.

— Ökonomische Theorie der Politik, in: Handwörterbuch der Wirtschaftswissenschaft, 5. Bd., Stuttgart u. a. 1980, S. 658 - 667.

— Theorie demokratischer Wirtschaftspolitik, München 1981.

Frey, B. S. und L. J. *Lau*, Towards a Mathematical Model of Government Behavior, in: Zeitschrift für Nationalökonomie, Bd. 28 (1968), S. 355 - 380.

Frey, B. S. und W. W. *Pommerehne*, An Economic Analysis of the Museum, in: W. S. Hendon, J. L. Shanahan und A. J. MacDonald, (Hg.), Economic Policy for the Arts, Cambridge, Mass. 1980, S. 248 - 259.

— How Powerful are Public Bureaucrats as Voters?, in: Public Choice, Vol. 38 (1982), S. 253 - 262.

Frey, B. S. und F. *Schneider*, An Empirical Study of Politico-Economic Interaction in the United States, in: Review of Economics and Statistics, Vol. 60 (1978), S. 174 - 183.

— An Econometric Model with an Endogenous Government Sector, in: Public Choice, Vol. 34 (1979), S. 29 - 43.

Frey, B. S. und W. *Stroebe*, Ist das Modell des Homo Oeconomicus „unpsychologisch"?, in: Zeitschrift für die gesamte Staatswissenschaft, Bd. 136 (1980), S. 82 - 97.

Frey, B. S und H. *Weck*, Bureaucracy and the Shadow Economy: A Macro-Approach, in: H. Hanusch, (Hg.), Anatomy of Government Deficiencies, Berlin u. a .1983, S. 89 - 105.

— What Produces a Hidden Economy? An International Cross Section Analysis, in: Southern Economic Journal, Vol. 49 (1983), S. 822 - 832.

Friedman, M., The Methodology of Positive Economics, in: F. Hahn und M. Hollis, (Hg.), Philosophy and Economic Theory, Oxford 1979, S. 18 - 35.

Friedrich, M., Gleichgewicht der politischen Willensbildung. Ein Beitrag zur Theorie des öffentlichen Gutes, Dissertation, Erlangen-Nürnberg 1979.

Friedrich, P., Ansätze zu einer Wachstumstheorie für einzelne Verwaltungen, Universität Bamberg, Diskussionspapier Nr. 2, Bamberg 1981.

— Comment to A. Peacock, Public X-Inefficiency: Informational and Institutional Constraints, in: H. Hanusch, (Hg.), Anatomy of Government Deficiencies, Berlin u. a. 1983, S. 138 - 145.

Frohlich, N. und J. A. *Oppenheimer*, Modern Political Economy, Englewood Cliffs, N. J. 1978.

Fürst, D., Kommunale Entscheidungsprozesse. Ein Beitrag zur Selektivität politisch-administrativer Prozesse, Baden-Baden 1975.

Furubotn, E. und S. *Pejovich*, Property Rights and Economic Theory: A Survey of Recent Literature, in: Journal of Economic Literature, Vol. 10 (1972), S. 1137 - 1162.

Gäfgen, G., Theorie der wirtschaftlichen Entscheidung. Untersuchungen zur Logik und Bedeutung des rationalen Handelns, 3., erweiterte und ergänzte Aufl., Tübingen 1974.

Gahlen, B., H.-D. *Hardes*, F. *Rahmeyer* und A. *Schmid*, Volkswirtschaftslehre. Eine problemorientierte Einführung, 12., völlig überarb. Aufl., Tübingen 1981.

Galbraith, J. K., The Affluent Society, 2. Aufl., Boston 1969.

Giersch, H., Allgemeine Wirtschaftspolitik, 1. Bd., Grundlagen, Wiesbaden 1961.

Gist, J. R. und R. C. *Hill*, The Economics of Choice in the Allocation of Federal Grants: An Empirical Test, in: Public Choice, Vol. 36 (1981), S. 63 - 73.

Goldstein, G. S. und M. V. *Pauly*, Tiebout Bias on the Demand for Local Public Goods, in: Journal of Public Economics, Vol. 16 (1981), S. 131 - 143.

Greene, K. V. und V. G. *Munley*, Generating Growth in Public Expenditures: The Role of Employee and Constituent Demand, in: Public Finance Quarterly, Vol. 7 (1979), S. 92 - 109.

Gretschmann, K., Steuerungsprobleme der Staatswirtschaft, Berlin 1981.

Groser, M., Sozialökonomische Theorien der Verbände, in: W. Dettling, (Hg.), Macht der Verbände — Ohnmacht der Demokratie? Beiträge zur Theorie und Politik der Verbände, München/Wien 1976, S. 81 - 104.

— Grundlagen der Tauschtheorie des Verbandes, Berlin 1979.

Grossekettler, H., Zur wirtschaftspolitischen Relevanz neoklassischer und verhaltenstheoretischer Ansätze der Volkswirtschaftslehre, in: W. Rippe und H.-P. Haarland, (Hg.), Wirtschaftstheorie als Verhaltenstheorie, Berlin 1980, S. 11 - 57.

Gruner, E., Politik, Politische Ökonomie und Neue Politische Ökonomie, in: Schweizerische Zeitschrift für Volkswirtschaft und Statistik, Bd. 115 (1979), S. 713 - 738.

Grunow, D., Bürger und Verwaltung, Bd. 3, Alltagskontakte mit der Verwaltung, Frankfurt/New York 1978.

Gwartney, J. D. und R. *Stroup*, Macroeconomics: Private and Public Choice, 2. Aufl., New York u. a. 1980.

Häußermann, H., Die Politik der Bürokratie. Einführung in die Soziologie der staatlichen Verwaltung, Frankfurt/New York 1977.

Haffner, S., Überlegungen eines Wechselwählers, München 1980.

Halberstadt, V., B. le *Blanc*, K. *Goudswaard* und D. *Meys*, Budget Cutting Policies: Recent Experiences in the Netherlands, Paper presented at the 38th Congress of the International Institute of Public Finance, Copenhagen, August 23 - 26, 1982.

Hamer, E., Bürokratieüberwälzung auf die Wirtschaft, Hannover 1979.

Hansmeyer, K.-H. und K. *Mackscheidt*, Finanzpsychologie, in: Handbuch der Finanzwissenschaft, 3. Aufl., Bd. 1, Tübingen 1977, S. 553 - 583.

Hanusch, H., Theorie des öffentlichen Gutes. Allokative und distributive Aspekte, Göttingen 1972.

— Verteilung öffentlicher Leistungen. Eine Studie zur personalen Inzidenz, Göttingen 1976.

— (Hg.), Reform öffentlicher Leistungen. Beiträge zur Entstaatlichung, Baden-Baden 1978.

— Tendencies in Fiscal Federalism, in: H. C. Recktenwald, (Hg.), Secular Trends of the Public Sector, Proceedings of the 32nd Congress of the International Institute of Public Finance, Paris 1978, S. 129 - 149.

— Äquivalenzprinzip und kollektive Güter — Allokationstheoretische Aspekte —, in: D. Pohmer, (Hg.), Beiträge zum Äquivalenzprinzip und zur Zweckbindung öffentlicher Einnahmen, Schriften des Vereins für Socialpolitik, N. F., Bd. 121, Berlin 1981, S. 37 - 91.

— Output Measurement of Local Government Services, Paper prepared for a conference on „Measuring the Size and Growth of the Public Sector" at the Wissenschaftszentrum Berlin, June 29 - July 2, 1981.

— Determinants of Public Productivity, in: R. H. Haveman, (Hg.), Public Finance and Public Employment. Proceedings of the 36th Congress of the International Institute of Public Finance, Detroit 1982, S. 275 - 288.

— Public Finance and the Quest for Efficiency, Paper presented at the 38th Congress of the International Institute of Public Finance, Copenhagen, August 23 - 26, 1982.

— (Hg.), Anatomy of Government Deficiencies, Berlin u. a. 1983.

— Inefficiencies in the Public Sector: Aspects of Demand and Supply, in: H. Hanusch, (Hg.), Anatomy of Government Deficiencies, Berlin u. a. 1983, S. 1 - 14.

— Markt- und Bürokratieversagen als Problem der Selbsthilfeförderung, in: E. Dülfer und W. Hamm, (Hg.), Die Genossenschaften zwischen Mitgliederpartizipation, Verbundbildung und Bürokratietendenz, Göttingen 1983, S. 57 - 72.

Hanusch, H. und K.-H. *Weiss,* Polit-ökonomisches Gleichgewicht und Ineffizienz im öffentlichen Sektor. Ein makrotheoretischer Modellansatz, unveröffentlichtes Manuskript, Augsburg 1982.

Harsanyi, J. C., Cardinal Welfare, Individualistic Ethics, and Interpersonal Comparisons of Utility, in: Journal of Political Economy, Vol. 63 (1955), S. 309 - 321.

Hartle, D. G., A Theory of the Expenditure Budgetary Process, Toronto/Buffalo 1976.

Haveman, R. H., The Economics of the Public Sector, New York u. a. 1970.

Head, J. G., Misleading Analogies in Public Goods Analysis, in: Finanzarchiv, N. F., Bd. 36 (1977), S. 1 - 18.

Henderson, D., Limitations of the Laffer Curve as a Justification for Tax Cuts, in: Cato Journal, Vol. 1, No. 1 (Spring 1981), S. 45 - 52.

Henke, K.-D., Comment to F. P. Scioli, Jr., Problems of Improving the Efficiency of Public Administration, in: H. Hanusch, (Hg.), Anatomy of Government Deficiencies, Berlin u. a. 1983, S. 184 - 186.

Herber, B. P., Modern Public Finance, 4. Aufl., Homewood, Ill./Georgetown, Ont. 1979.

— The Demand for Public Goods and Services: Problems of Identification and Measurement in Western Countries, Paper presented at the 38th Congress of the International Institute of Public Finance, Copenhagen, August 23 - 26, 1982.

Herder-Dorneich, P., Politisches Modell der Wirtschaftstheorie, Freiburg i. Br. 1959.

— Problemgeschichte zur ökonomischen Theorie der Demokratie, in: E. Helmstädter, (Hg.), Neuere Entwicklungen in den Wirtschaftswissenschaften, Schriften des Vereins für Socialpolitik, N. F., Bd. 98, Berlin 1978, S. 487 - 502.

— Konkurrenzdemokratie — Verhandlungsdemokratie, Politische Strategien der Gegenwart, Stuttgart u. a. 1979.

— Der Beitrag der „Ökonomischen Theorie der Wahlen" zur „Neuen Politischen Ökonomie", in: E. Boettcher, P. Herder-Dorneich und K.-E. Schenk, (Hg.), Neue Politische Ökonomie als Ordnungstheorie, Tübingen 1980, S. 3 - 29.

— Substitution und Kombination von Ordnungen, in: W. Dettling, (Hg.), Die Zähmung des Leviathan. Neue Wege der Ordnungspolitik, Baden-Baden 1980, S. 107 - 128.

Herder-Dorneich, P. und M. *Groser,* Ökonomische Theorie des politischen Wettbewerbs, Göttingen 1977.

Hettich, W., Bureaucrats and Public Goods, in: Public Choice, Vol. 21 (Spring 1975), S. 15 - 25.

Hibbs, D. A., Jr. und H. *Fassbender,* (Hg.), Contemporary Political Economy. Studies on the Interdependence of Politics and Economics, Amsterdam u. a. 1981.

Hilles, H. U., Ökonomische Theorie der Politik, in: O. W. Gabriel, (Hg.), Grundkurs politische Theorie, Köln/Wien 1978, S. 109 - 142.

Hillinger, C. und M. J. *Holler,* (Hg.), Ökonomische Theorie der Politik. Eine Einführung, München 1979.

Hinich, M. J., Equilibrium in Spatial Voting: The Median Voter Result is an Artifact, in: Journal of Economic Theory, Vol. 16 (1977), S. 208 - 219.

— Voting as an Act of Contribution, in: Public Choice, Vol. 36 (1981), S. 135 - 140.

Hinich, M. J. und R. *Staelin,* Consumer Protection Legislation and the U.S. Food Industry, New York u. a. 1980.

Hirsch, W. Z., The Economics of Shirking and its Implications for the Public Sector, in: H. C. Recktenwald, (Hg.), Secular Trends of the Public Sector. Proceedings of the 32nd Congress of the International Institute of Public Finance, Paris 1978, S. 317 - 331.

— Efficiency Implications of Revenue Limitation Measures, Paper presented at the 38th Congress of the International Institute of Public Finance, Copenhagen, August 23 - 26, 1982.

— Towards a More Productive Municipal Government Sector, Working Paper No. 256, University of California, Los Angeles, Juli 1982.

Hirschman, A. O., Räumliche Dyopole und die Dynamik von Zweiparteiensystemen, in: W. W. Pommerehne und B. S. Frey, (Hg.), Ökonomische Theorie der Politik, Berlin u. a. 1979, S. 249 - 261.

Hirszowicz, M., The Bureaucratic Leviathan. A Study in the Sociology of Communism, Oxford 1980.

Hofmann, J., Erweiterte Nutzen-Kosten-Analyse. Zur Bewertung und Auswahl öffentlicher Projekte, Göttingen 1981.

Holcombe, R. G., The Florida System: A Bowen Equilibrium Referendum Process, in: National Tax Journal, Vol. 30 (1977), S. 77 - 84.

— Concepts of Public Sector Equilibrium, in: National Tax Journal, Vol. 33 (1980), S. 77 - 88.

— An Empirical Test of the Median Voter Model, in: Economic Inquiry, Vol. 18 (1980), S. 260 - 274.

Holcombe, R. G. und E. O. *Price* III, Optimality and the Institutional Structure of Bureaucracy, in: Public Choice, Vol. 33 (1978), S. 55 - 59.

Homans, G. C., Elementarformen sozialen Verhaltens, Köln/Opladen 1968.

— Grundlagen soziologischer Theorie, Opladen 1972.

Hood, C. und M. *Wright*, (Hg.), Big Government in Hard Times, Oxford 1981.

Hotelling, H., Stability in Competition, in: Economic Journal, Vol. 39 (1929), S. 41 - 57.

Huang, D. S., Introduction to the Use of Mathematics in Economic Analysis, New York u. a. 1964.

Inman, R. P., Testing Political Economy's ‚as if' Proposition: Is the Median Income Voter Really Decisive?, in: Public Choice, Vol. 33 (1978), S. 45 - 65.

Jackson, P. M., The Political Economy of Bureaucracy, Oxford 1982.

Jänicke, M., Blauer Himmel über den Industriestädten — Eine optische Täuschung. Zur Kritik der Strategie technologischer Symptombekämpfung, in: M. Jänicke, (Hg.), Umweltpolitik. Beiträge zur Politologie des Umweltschutzes, Opladen 1978, S. 150 - 165.

— Wie das Industriesystem von seinen Mißständen profitiert. Kosten und Nutzen technokratischer Symptombekämpfung: Umweltschutz, Gesundheitswesen, innere Sicherheit, Opladen 1979.

— Zur Theorie des Staatsversagens, in: Beilage zu „Das Parlament" vom 5. 4. 1980, S. 29 - 39.

Johann, H., Theorie der Nachfrage nach öffentlichen Gütern, Frankfurt u. a. 1977.

Johansen, L., Public Economics, Amsterdam/London 1971.

— The Theory of Public Goods: Misplaced Emphasis?, in: Journal of Public Economics, Vol. 7 (1977), S. 147 - 152.

— The Bargaining Society and the Inefficiency of Bargaining, in: Kyklos, Vol. 32 (1979), S. 497 - 522.

Jones, B. D., S. R. *Greenberg*, C. *Kaufman* und J. *Drew*, Bureaucratic Response to Citizen-Initiated Contacts: Environmental Enforcement in Detroit, in: American Political Science Review, Vol. 21 (1977), S. 148 - 165.

Kaltefleiter, W. und P. *Nißen*, Empirische Wahlforschung. Eine Einführung in die Theorie und Technik, Paderborn u. a. 1980.

Kamenka, E. und M. *Krygier*, (Hg.), Bureaucracy, The Career of a Concept, London 1979.

Kau, J. B., D. *Keenan* und P. H. *Rubin*, A General Equilibrium Model of Congressional Voting, in: Quarterly Journal of Economics, Vol. 97 (1982), S. 271 - 293.

Kau, J. B. und P. H. *Rubin*, Self Interest, Ideology, and Logrolling in Congressional Voting, in: Journal of Law and Economics, Vol. 21 (1979), S. 365 - 394.

Kaufman, H., Are Government Organizations Immortal?, Washington, D. C. 1976.

Keim, G. D., Managerial Behavior and the Social Responsibility Debate: Goals versus Constraints, in: Academy of Management Journal, Vol. 21 (1978), S. 57 - 68.

Kiefer, D., The Dynamic Behavior of Public Budgets: An Empirical Study of Australian Local Governments, in: Review of Economics and Statistics, Vol. 63 (1981), S. 422 - 429.

Kirchgäßner, G., Können Ökonomie und Soziologie voneinander lernen? Zum Verhältnis zwischen beiden Wissenschaften, mit besonderem Bezug auf die Theorie des Wählerverhaltens, in: Kyklos, Vol. 33 (1980), S. 420 - 448.

Kirsch, G., Ökonomische Theorie der Politik, Tübingen 1974.

— The Role of Elected Representatives in Parliamentary Forms of Government, Paper presented at the 38th Congress of the International Institute of Public Finance, Copenhagen, August 23 - 26, 1982.

— Comment to A. Niskanen, Bureaucrats between Self Interest and Public Interest, in: H. Hanusch, (Hg.), Anatomy of Government Deficiencies, Berlin u. a. 1983, S. 116 - 119.

Kitterer, W., Politische Ökonomie und institutionelle Ordnung der öffentlichen Finanzwirtschaft, in: Public Finance, Festschrift Paul Senf, Vol. 35 (1980), S. 135 - 154.

Klages, H., Überlasteter Staat — verdrossene Bürger? Zu den Dissonanzen der Wohlfahrtsgesellschaft, Frankfurt/New York 1981.

Klein, B. H., Dynamic Economics, Cambridge/London 1977.

Klein-Benkers, F., Die Belastung von Industrieunternehmen durch administrative Leistungen für den Staat — unter besonderer Berücksichtigung kleiner und mittlerer Unternehmen, Göttingen 1980.

Kleinewefers, H., Die Personalbestände im öffentlichen Dienst der Schweiz 1950 bis 1975, in: Schweizerische Zeitschrift für Volkswirtschaft und Statistik, 114. Jg. (1978), S. 421 - 446.

Knappe, E., Einkommensumverteilung in der Demokratie. Der Beitrag der ökonomischen Theorie der Demokratie zur Analyse der Verteilungspolitik, Freiburg i. Br. 1980.

Knoeber, C. R., Improving the Behavior of Public Officials: Changing the Method of Compensation and Changing Officials, in: Public Choice, Vol. 38 (1982), S. 21 - 33.

König, H., Dynamische Verwaltung. Bürokratie zwischen Politik und Kosten, Stuttgart 1977.

Koford, K., An Optimistic View of the Possibility of Rational Legislative Decisionmaking, in: Public Choice, Vol. 38 (1982), S. 3 - 19.

Kramer, F. A., Dynamics of Public Bureaucracy. An Introduction to Public Administration, Cambridge, Mass. 1977.

Kramer, G. H., On a Class of Equilibrium Conditions for Majority Rule, in: Econometrica, Vol. 41 (1973), S. 285 - 298.

— A Dynamic Model of Political Equilibrium, in: Journal of Economic Theory, Vol. 16 (1977), S. 210 - 334.

Kroker, R., Der Verwaltungsvergleich als Instrument zur Effizienzsteigerung der öffentlichen Verwaltung, Düsseldorf 1981.

Kuhn, A., The Study of Society, London 1966.

Külp, B., Wohlfahrtsökonomik II. Maßnahmen und Systeme, Tübingen/Düsseldorf 1976.

Ladha, K., T. *Romer* und H. *Rosenthal*, If at First You Don't Succeed: Budgeting by a Sequence of Referenda, Paper presented at the 38th Congress of the International Institute of Public Finance, Copenhagen, August 23 - 26, 1982.

Laffer, A. B., Government Exactions and Revenue Deficiencies, in: Cato Journal, Vol. 1, No. 1 (Spring 1981), S. 1 - 21.

Laffer, A. B. und J. P. *Seymour*, (Hg.), The Economics of the Tax Revolt: A Reader, New York u. a. 1979.

Lampert, H., Sozialpolitik, Berlin u. a. 1980.

Lehner, F., Politisches Verhalten als sozialer Tausch. Eine sozialpsychologische Studie zur utilitaristischen Theorie politischen Verhaltens, Bern/Frankfurt 1973.

— Grenzen des Regierens. Eine Studie zur Regierungsproblematik hochindustrialisierter Demokratien, Königstein, Ts. 1979.

— Einführung in die Neue Politische Ökonomie, Königstein, Ts. 1981.

Leibenstein, H., Allocative Efficiency vs. „X-Efficiency", in: American Economic Review, Vol. 56 (1966), S. 392 - 415.

— A Branch of Economics is Missing: Micro-Micro Theory, in: Journal of Economic Literature, Vol. 17 (1979), S. 477 - 502.

— Motivations and Constraints in the Supply-Cost of Government Services: A Game Theoretic Analysis, Paper presented at the 38th Congress of the International Institute of Public Finance, Copenhagen, August 23 - 26, 1982.

Leipert, C., Kompensatorische Ausgaben, Symptombekämpfung und Kontraproduktivität im Staatssektor, in: IFO-Studien, Zeitschrift für empirische Wirtschaftsforschung, 27. Jg. (1981), S. 35 - 51.

Liefmann-Keil, E., Zur Aktivität der Interessenverbände, in: W. W. Pommerehne und B. S. Frey, (Hg.), Ökonomische Theorie der Politik, Berlin u. a. 1979, S. 320 - 346.

Lindblom, C. E., Zur Analysemethode in der staatlichen Wirtschaftspolitik, in: G. Gaefgen, (Hg.), Grundlagen der Wirtschaftspolitik, 3. Aufl., Köln/Berlin 1970, S. 320 - 337.

— Jenseits von Markt und Staat. Eine Kritik der politischen und ökonomischen Systeme, Stuttgart 1980.

Lindsay, C. M., A Theory of Government Enterprise, in: Journal of Political Economy, Vol. 84 (1976), S. 1061 - 1077.

Lipsey, R. G. und K. *Lancaster*, The General Theory of Second Best, in: Review of Economic Studies, Vol. 24 (1956/57), S. 11 - 32.

Locksley, G., The Political Business Cycle: Alternative Interpretations, in: P. Whitely, (Hg.), Models of Political Economy, London/Beverly Hills 1980, S. 177 - 198.

Lovell, M. C., Spending for Education: The Exercise of Public Choice, in: Review of Economics and Statistics, Vol. 60 (1978), S. 487 - 495.

Lowi, T., The End of Liberalism. New York 1969.

Lücke, M., Kollektive Planungs- und Entscheidungsprozesse. Dargestellt an der Steuerung kommunaler Entwicklung, Tübingen 1975.

Luhmann, N., Vertrauen. Ein Mechanismus zur Reduktion sozialer Komplexität, Stuttgart 1968.

Mackay, R. J., Strategic Arms Limitation Treaties and Innovations in Weapons Technology. A Comment, in: Public Choice, Vol. 37, No. 1 (1981), Carnegie Papers on Political Economy, S. 61 - 68.

Mackay, R. J. und C. L. *Weaver*, Monopoly Bureaus and Fiscal Outcomes: Deductive Models and Implications for Reform, in: G. Tullock und R. E. Wagner, (Hg.), Policy Analysis and Deductive Reasoning, Lexington/Toronto 1978, S. 141 - 165.

— Agenda Control by Budget Maximizers in a Multi-Bureau Setting, in: Public Choice, Vol. 37 (1981), S. 447 - 472.

Mackscheidt, K., Grenzen für das Wachstum der Staatsausgaben?, in: W. Rippe und H.-P. Haarland, (Hg.), Wirtschaftstheorie als Verhaltenstheorie, Berlin 1980, S. 155 - 180.

MacRae, D., Jr., Normative Assumptions in the Study of Public Choice, in: Public Choice, Vol. 16 (Fall 1973), S. 27 - 41.

Magaddino, J. P. und R. E. *Meiners*, Bureaucracy and Grants-in-Aid, in: Public Choice, Vol. 34 (1979), S. 467 - 471.

Magaddino, J. P., E. F. *Toma* und M. *Toma*, Proposition 13: A Public Choice Appraisal, in: Public Finance Quarterly, Vol. 8 (1980), S. 223 - 235.

Marglin, S. A., The Social Rate of Discount and the Optimal Rate of Investment, in: Quarterly Journal of Economics, Vol. 77 (1963), S. 95 - 111.

Margolis, J., Comment, in: Journal of Law and Economics, Vol. 18 (1975), S. 645 - 659.

Marris, R., The Economic Theory of ‚Managerial' Capitalism, New York 1964.

Marwell, G. und R. E. *Ames*, Experiments on the Provision of Public Goods I: Resources, Interest, Group Size, and the Free Rider Problem, in: American Journal of Sociology, Vol. 84 (1979), S. 1335 - 1360.

— Experiments on the Provision of Public Goods II: Provision Points, Stakes, Experience and the Free Rider Problem, in: American Journal of Sociology, Vol. 85 (1980), S. 926 - 937.

— Economists Free Ride, Does Anyone Else? Experiments on the Provision of Public Goods, IV, in: Journal of Public Economics, Vol. 15 (1981), S. 295 - 310.

Maskin, E., Voting for Public Alternatives: Some Notes on Majority Rule, in: National Tax Journal, Vol. 32, No. 2, Supplement (1979), S. 105 - 109.

Mayntz, R., Soziologie der öffentlichen Verwaltung, Heidelberg 1978.

Mayntz, R. und F. W. *Scharpf*, Kriterien, Voraussetzungen und Einschränkungen aktiver Politik, in: R. Mayntz und F. W. Scharpf, (Hg.), Planungsorganisation. Die Diskussion um die Reform von Regierung und Verwaltung des Bundes, München 1973, S. 115 - 145.

McFadden, D., The Revealed Preferences of a Government Bureaucracy: Theory, in: Bell Journal of Economics and Management Science, Vol. 6 (1975), S. 401 - 416.

— The Revealed Preferences of a Government Bureaucracy: Empirical Evidence, in: Bell Journal of Economics and Management Science, Vol. 7 (1976), S. 55 - 72.

McGuire, T. E., Budget-Maximizing Governmental Agencies: An Empirical Test, in: Public Choice, Vol. 36 (1981), S. 313 - 322.

McGuire, T., M. *Coiner* und L. *Spancake*, Budget-Maximizing Agencies and Efficiency in Government, in: Public Choice, Vol. 34 (1979), S. 333 - 357.

McKelvey, R. D., Policy Related Voting and Electoral Equilibrium, in: Econometrica, Vol. 43 (1975), S. 815 - 843.

— Intransitivities in Multidimensional Voting Models and Some Implications for Agenda Control, in: Journal of Economic Theory, Vol. 12 (1976), S. 472 - 482.

McKenzie, R. B. und H. H. *Macaulay*, A Bureaucratic Theory of Regulation, in: Public Choice, Vol. 35 (1980), S. 297 - 313.

McKenzie, R. B. und G. *Tullock*, Modern Political Economy. An Introduction to Economics, New York u. a. 1978.

McMillan, J., The Free-Rider Problem: A Survey, in: Economic Record, Vol. 55 (1979), S. 95 - 107.

Medgyessy, P., Effectiveness of Public Expenditure in Hungary, Paper presented at the 38th Congress of the International Institute of Public Finance, Copenhagen, August 23 - 26, 1982.

Meltzer, A. H. und F. R. *Scott*, A Rational Theory of the Size of Government, in: Journal of Political Economy, Vol. 89 (1981), S. 914 - 927.

Meyer-Krahmer, F., Politische Entscheidungsprozesse und Ökonomische Theorie der Politik, Frankfurt/New York 1979.

Michelson, S., The Working Bureaucrat and the Nonworking Bureaucracy, in: American Behavioral Scientist, Vol. 22 (1979), S. 585 - 608.

Migué, J. L. und G. *Bélanger*, Toward a General Theory of Managerial Discretion, in: Public Choice, Vol. 17 (Spring 1974), S. 27 - 43.

Miller, G. J., Bureaucratic Compliance as a Game on the Unit Square, in: Public Choice, Vol. 29 (Spring 1977), S. 37 - 51.

Mirkin, B. G., Group Choice, Washington, D. C. 1979.

Mladenka, K. R., Citizen Demand and Bureaucratic Response. Direct Dialing Democracy in a Major American City, in: R. L. Lineberry, (Hg.), The Politics and Economics of Urban Services, Beverly Hills/London 1978, S. 11 - 28.

Moe, T. M., Toward a Broader View of Interest Groups, in: Journal of Politics, Vol. 43 (1981), S. 531 - 543.

Monsen, R. J., Jr. und A. *Downs*, A Theory of Large Managerial Firms, in: Journal of Political Economy, Vol. 73 (1965), S. 221 - 236.

Moore, T. G., Comments on Aranson & Ordeshook's Regulation, Redistribution, and Public Choice, in: Public Choice, Vol. 37, No. 1 (1981), Carnegie Papers on Political Economy, S. 101 - 105.

Moszer, M., A Comment on the Laffer Model, in: Cato Journal, Vol. 1, No. 1 (Spring 1981), S. 23 - 44.

Mueller, D. C., Public Choice: A Survey, in: Journal of Economic Literature, Vol. 14 (1976), S. 395 - 433.

— Public Choice, New York 1979.

— The Political Economy of Growth and Redistribution, in: D. C. Mueller, (Hg.), The Political Economy of Growth, New Haven/London 1983, S. 261 - 276.

Müller, J., Comment to W. W. Pommerehne und F. Schneider, Does Government in a Representative Democracy Follow a Majority of Voters' Preferences? — An Empirical Examination, in: H. Hanusch, (Hg.), Anatomy of Government Deficiencies, Berlin u. a. 1983, S. 85 - 87.

Müller, J. und I. *Vogelsang*, Ist eine Effizienzsteigerung der öffentlichen Verwaltung durch Anwendung des Instrumentariums der amerikanischen „Public Utility Regulation" möglich?, in: E. Helmstädter, (Hg.), Neuere Entwicklungen in den Wirtschaftswissenschaften, Schriften des Vereins für Socialpolitik, N. F., Bd. 98, Berlin 1978, S. 775 - 793.

Münch, K.-N., Kollektive Güter und Gebühren. Elemente einer Gebührentheorie für Kollektivgüter, Göttingen 1976.

— Gebühren als Mittel zur Lösung staatlicher Finanzprobleme, in: H. Hanusch, (Hg.), Reform öffentlicher Leistungen. Beiträge zur Entstaatlichung, Baden-Baden 1978, S. 43 - 68.

— Productivity in the Local Government Sector — Some Empirical Research on Selected Local Services in the Federal Republic of Germany, Paper presented at the 38th Congress of the International Institute of Public Finance, Copenhagen, August 23 - 26, 1982.

Musgrave, R. A., Finanztheorie, 2. Aufl., Tübingen 1969.

— When is the Public Sector „Too Large"?, Paper prepared for a conference on „Measuring the Size and Growth of the Public Sector", Wissenschaftszentrum Berlin, June 29 - July 2, 19891.

— Comment to W. A. Niskanen, Bureaucrats between Self Interest and Public Interest, in: H. Hanusch, (Hg.), Anatomy of Government Deficiencies, Berlin u. a. 1983, S. 119 - 123.

Narr, W.-D. und F. *Naschold*, Thoerie der Demokratie. Einführung in die moderne politische Theorie, Teil III, Stuttgart u. a. 1971.

Nieswandt, N., Der Beitrag der Ökonomischen Theorie der Politik zur Begründung der These von der „Öffentlichen Armut", Dissertation, Bochum 1976.

Niskanen, W. A., Nonmarket Decision Making. The Peculiar Economics of Bureaucracy, in: American Economic Review, Papers and Proceedings, Vol. 58 (1968), S. 293 - 305.

— Bureaucracy and Representative Government, Chicago 1971.

— Bureaucracy: Servant or Master?, London 1973.

— Bureaucrats and Politicians, in: Journal of Law and Economics, Vol. 18 (1975), S. 617 - 643.

— Competition Among Government Bureaus, in: The Institute of Economic Affairs, (Hg.), The Economics of Politics, London 1978, S. 161 - 170.

— Competition Among Government Bureaus, in: American Behavioral Scientist, Vol. 22 (1979), S. 517 - 524.

— Economic and Fiscal Effects on the Popular Vote for the President, in: D. W. Rae und T. J. Eismeier, (Hg.), Public Policy and Public Choice, Beverly Hills/London 1979, S. 93 - 117.

— Bureaucrats between Self Interest and Public Interest, in: H. Hanusch, (Hg.), Anatomy of Government Deficiencies, Berlin u. a. 1983, S. 111 - 116.

Nißen, P., Das Zusammenwirken von Parteiidentifikation, Issues und Images zur Erklärung politischen Verhaltens, Meisenheim am Glan 1976.

Noam, E. M., The Efficiency of Direct Democracy, in: Journal of Political Economy, Vol. 88 (1980), S. 803 - 810.

— The Valuation of Legal Rights, in: Quarterly Journal of Economics, Vol. 96 (1981), S. 465 - 476.

— Demand Functions and the Valuation of Public Goods, in: Public Choice, Vol. 38 (1982), S. 271 - 280.

— The Choice of Government Level in Regulation, in: Kyklos, Vol. 35 (1982), S. 278 - 291.

Noll, W., Comment to H. C. Recktenwald, Potential Welfare Losses in the Public Sector — Anatomy of the Nature and Causes, Paper presented at the International Symposium „Anatomy of Government Deficiencies", Dießen am Ammersee, July 22 - 25, 1980.

Nordhaus, W. D., Der politische Konjunkturzyklus, in: H. J. Ramser und B. Angehrn, (Hg.), Beschäftigung und Inflation, Stuttgart/New York 1977, S. 133 - 157.

Oates, W. E., On Local Finance and the Tiebout Model, in: American Economic Review, Papers and Proceedings, Vol. 71, No. 2 (1981), S. 93 - 98.

O'Dowd, M. C., The Problem of „Government Failure" in Mixed Economies, in: South African Journal of Economics, Vol. 4 (1978), S. 360 - 370.

Offe, C., Politische Herrschaft und Klassenstrukturen. Zur Analyse spätkapitalistischer Gesellschaftssysteme, in: G. Kress und D. Senghaas, (Hg.), Politikwissenschaft. Eine Einführung in ihre Probleme, Frankfurt 1973, S. 135 - 164.

Olson, M., Jr., Die Logik des kollektiven Handelns, Tübingen 1968.

— The Rise and Decline of Nations. Economic Growth, Stagflation, and Social Rigidities, New Haven/London 1982.

— The Political Economy of Comparative Growth Rates, in: D. C. Mueller, (Hg.), The Political Economy of Growth, New Haven/London 1983, S. 7 - 52.

Opp, K.-D., Individualistische Sozialwissenschaft. Arbeitsweise und Probleme individualistisch und kollektivistisch orientierter Sozialwissenschaften, Stuttgart 1979.

Ordeshook, P. C., Political Disequilibrium and Scientific Inquiry: A Comment on William Riker's „Implications from the Disequilibrium of Majority Rule for the Study of Institutions", in: American Political Science Review, Vol. 74 (1980), S. 447 - 450.

Ordover, J. A. und A. *Schotter*, On the Political Sustainability of Taxes, in: American Economic Review, Papers and Proceedings, Vol. 71, No. 2 (1981), S. 278 - 282.

Orzechowski, W., Labor Intensity, Productivity, and the Growth of the Federal Sector, in: Public Choice, Vol. 19 (Fall 1974), S. 123 - 126.

— Economic Models of Bureaucracy: Survey, Extensions, and Evidence, in: T. E. Borcherding, (Hg.), Budgets and Bureaucrats: The Sources of Government Growth, Durham, N. C. 1977, S. 229 - 259.

Ostrom, V., Why Governments Fail: An Inquiry into the Use of Instruments of Evil to do Good, Paper presented at the International Symposium „Anatomy of Government Deficiencies“, Dießen am Ammersee, July 22 - 25, 1980.

Ostrom, V. und E. *Ostrom*, Public Choice: A Different Approach to the Study of Public Administration, in: Public Administration Review, Vol. 31 (1971), S. 203 - 216.

Ott, M., Bureaucracy, Monopoly, and the Demand for Municipal Services, in: Journal of Urban Economics, Vol. 8 (1980), S. 362 - 382.

Paldam, M., An Essay on the Rationality of Economic Policy: The Test-Case of the Electional Cycle, in: Public Choice, Vol. 37 (1981), S. 287 - 305.

Parkinson, C. N., Parkinson's Law and Other Studies in Administration, New York 1957.

Peacock, A., The Economics of Bureaucracy: An Inside View, in: A. Paecock, (Hg.), The Economic Analysis of Government and Related Themes, Oxford 1979, S. 235 - 242.

— On the Anatomy of Collective Failure, in: Public Finance, Festschrift Paul Senf, Vol. 35 (1980), S. 33 - 43.

— Macroeconomic Controls of Spending as a Device for Improving Efficiency in Government, Paper presented at the 38th Congress of the International Institute of Public Finance, Copenhagen, August 23 - 26, 1982.

— Public *X*-Inefficiency: Informational and Institutional Constraints, in: H. Hanusch, (Hg.), Anatomy of Government Deficiencies, Berlin u. a. 1983, S. 125 - 138.

Peltzman, S., The Growth of Government, in: Journal of Law and Economics, Vol. 23 (1980), S. 209 - 287.

Penrose, E. T., The Theory of the Growth of the Firm, Oxford 1959.

Peters, B. G., The Politics of Bureaucracy. A Comparative Perspective, New York/London 1978.

— The Problem of Bureaucratic Government, in: Journal of Politics, Vol. 43 (1981), S. 56 - 82.

Peters, H.-R., Zur Erklärungsrelevanz der Stamokap-Theorie, in: Wirtschaftswissenschaftliches Studium, 10. Jg. (1981), S. 323 - 329.

Pfaff, A., Comment to R. Dinkel, Imperfect Political Competition in Representative Democracy and the Supply of Public Goods, Paper presented at the International Symposium „Anatomy of Government Deficiencies“, Dießen am Ammersee, July 22 - 25, 1980.

Plott, C. R., A Notion of Equilibrium and its Possibility under Majority Rule, in: American Economic Review, Vol. 57 (1967), S. 787 - 806.

Plott, C. R. und M. E. *Levine,* A Model of Agenda Influence on Committee Decisions, in: American Economic Review, Vol. 68 (1978), S. 146 - 160.

Pommerehne, W. W., Determinanten öffentlicher Ausgaben — Ein einfaches politisch-ökonomisches Modell, in: Schweizerische Zeitschrift für Volkswirtschaft und Statistik, Bd. 110 (1974), S. 455 - 491.

Pommerehne, W. W. und B. S. *Frey,* Bureaucratic Behavior in Democracy: A Case Study, in: Public Finance, Vol. 33 (1978), S. 98 - 112.

— The Museum from an Economic Perspective, in: International Social Science Journal, Vol. 32 (1980), S. 323 - 339.

Pommerehne, W. W. und F. *Schneider,* Wie steht's mit dem Trittbrettfahren? — Eine experimentelle Untersuchung —, in: Zeitschrift für die gesamte Staatswissenschaft, Bd. 136 (1980), S. 286 - 308.

— The Demand for Government Activity: The Role of Referenda, Paper presented at the 38th Congress of the International Institute of Public Finance, Copenhagen, August 23 - 26, 1982.

— Does Government in a Representative Democracy Follow a Majority of Voters' Preferences? — An Empirical Examination, in: H. Hanusch, (Hg.), Anatomy of Government Deficiencies, Berlin u. a. 1983, S. 61 - 84.

Popper, K., Die Zielsetzung der Erfahrungswissenschaft, in: H. Albert, (Hg.), Theorie und Realität, 2. Aufl., Tübingen 1972, S. 29 - 41.

— Die offene Gesellschaft und ihre Feinde, 4. Aufl., München 1975.

Posner, R. A., Taxation by Regulation, in: Bell Journal of Economics and Management Science, Vol. 2 (1971), S. 22 - 50.

— Theories of Economic Regulation, in: Bell Journal of Economics and Management Science, Vol. 5 (1974), S. 335 - 358.

Prest, A. R. und I. G. *Stewart,* Public Sector Productivity and Relative Efficiency in the U. K., Paper presented at the 38th Congress of the International Institute of Public Finance, Copenhagen, August 23 - 26, 1982.

Puchta, D. G., Inflation und Deutsche Bundesbank. Elemente einer politisch-ökonomischen Theorie der schleichenden Inflation mit endogenisiertem Zentralbankverhalten, Freiburg 1981.

Rae, D., An Altimeter for Mr. Escher's Stairway: A Comment on William H. Riker's „Implications from the Disequilibrium of Majority Rule for the Study of Institutions", in: American Political Science Review, Vol. 74 (1980), S. 451 - 455.

Recktenwald, H. C., Ursachen für Unwirtschaftlichkeit im Staatsbereich. Elemente einer Theorie des ökonomischen Staats„versagens", in: H. Hanusch, (Hg.), Reform öffentlicher Leistungen. Beiträge zur Entstaatlichung, Baden-Baden 1978, S. 15 - 24.

— Zur Unwirtschaftlichkeit öffentlicher Einrichtungen, in: Volkswirtschaftliche Korrespondenz der Adolf-Weber-Stiftung, 17. Jg. (1978), Nr. 9, ohne Seitenangabe.

— Zur Theorie des „Staatsversagens", in: Public Finance, Festschrift Paul Senf, Vol. 35 (1980), S. 72 - 78.

— The Public Waste Syndrome. A Comprehensive Theory of State Failures, Paper presented at the 38th Congress of the International Institute of Public Finance, Copenhagen, August 23 - 26, 1982.

— Potential Welfare Losses in the Public Sector — Anatomy of the Nature and Causes, in: H. Hanusch, (Hg.), Anatomy of Government Deficiencies, Berlin u. a. 1983, S. 43 - 58.

Reding, K., Die Effizienz staatlicher Aktivitäten. Probleme ihrer Messung und Kontrolle, Baden-Baden 1981.

— Comment to A. Peacock, Public *X*-Inefficiency: Informational and Institutional Constraints, in: H. Hanusch, (Hg.), Anatomy of Government Deficiencies, Berlin u. a. 1983, S. 145 - 148.

Rees, R., A Reconsideration of the Expense Preference Theory of the Firm, in: Economica, N. S., Vol. 41 (1974), S. 295 - 307.

Richter, R., Probleme des Rationalprinzips, in: Zeitschrift für die gesamte Staatswissenschaft, Bd. 110 (1954), S. 88 - 102.

Richter, W. F., Eine Charakterisierung des Trittbrettfahrerverhaltens, in: E. Helmstädter, (Hg.), Neuere Entwicklungen in den Wirtschaftswissenschaften, Schriften des Vereins für Socialpolitik, N. F., Bd. 98, Berlin 1978, S. 101 - 114.

— Über die Rationalität des Schwarzfahrens, in: Jahrbuch für Sozialwissenschaft, Bd. 30 (1979), S. 328 - 395.

Riker, W. H., The Theory of Political Coalitions, New Haven 1962.

— Implications from the Disequilibrium of Majority Rule for the Study of Institutions, in: American Political Science Review, Vol. 74 (1980), S. 432 bis 446.

— A Reply to Ordeshook and Rae, in: American Political Science Review, Vol. 74 (1980), S. 456 - 458.

Riker, W. H. und P. C. *Ordeshook*, A Theory of the Calculus of Voting, in: American Political Science Review, Vol. 62 (1968), S. 25 - 42.

— An Introduction to Positive Political Theory, Englewood Cliffs 1973.

Ritsert, J., Methodischer Individualismus oder Totalitätsbezug, in: J. Ritsert, (Hg.), Zur Wissenschaftslogik einer kritischen Soziologie, Frankfurt 1976, S. 84 - 112.

Romer, T. und H. *Rosenthal*, Political Resource Allocation, Controlled Agendas and the Status Quo, in: Public Choice, Vol. 33 (1978), S. 27 - 43.

— Bureaucrats versus Voters: On the Political Economy of Resource Allocation by Direct Democracy, in: Quarterly Journal of Economics, Vol. 93 (1979), S. 563 - 587.

— The Elusive Median Voter, in: Journal of Public Economics, Vol. 12 (1979), S. 143 - 170.

— An Institutional Theory of the Effect of Intergovernmental Grants, in: National Tax Journal, Vol. 33 (1980), S. 451 - 458.

— Median Voters or Budget Maximizers: Evidence from School Expenditure Referenda, in: Economic Inquiry, Vol. 20 (1982), S. 556 - 578.

Roppel, U., Ökonomische Theorie der Bürokratie. Beiträge zu einer Theorie des Angebotsverhaltens staatlicher Bürokratien in Demokratien, Freiburg i. Br. 1979.

Rose-Ackerman, S., Inefficiency and Reelection, in: Kyklos, Vol. 33 (1980), S. 287 - 307.

Rourke, F. E., Bureaucracy, Politics, and Public Policy, Boston 1969.

— Bureaucratic Autonomy and the Public Interest, in: American Behavioral Scientist, Vol. 22 (1979), S. 537 - 546.

Roussenov, M. W. und D. *Porjasov*, Bestimmung und Finanzierung der sozialen und kulturellen Bedürfnisse beim Sozialismus, Paper presented at the 38th Congress of the International Institute of Public Finance, Copenhagen, August 23 - 26, 1982.

Rowley, C. K., Market ‚Failure' and Government ‚Failure', in: The Institute of Economic Affairs, (Hg.), The Economics of Politics, London 1978, S. 29 - 43.

Rubinfeld, D. L., Voting in a Local School Election: A Micro Analysis, in: Review of Economics and Statistics, Vol. 59 (1977), S. 30 - 42.

Rühl, F., Bürokratie — wer bremst ihr Wachstum? Materialien zur Bürokratisierung, insbesondere in den USA und in der Schweiz, Bern 1981.

Ruß-Mohl, S., Kann der Markt, was der Staat nicht kann? Anmerkungen zur ökonomischen Theorie des Staatsversagens, in: Beilage zu „Das Parlament" vom 5. 4. 1980, S. 17 - 27.

Sahni, B. S., Public Sectors in LDCs: Development Goals and Efficiency, Paper presented at the 38th Congress of the International Institute of Public Finance, Copenhagen, August 23 - 26, 1982.

Samuels, W. J., Toward Positive Public Choice Theory, in: Review of Social Economy, Vol. 38 (1980), S. 55 - 64.

Sandmo, A., Income Tax Evasion, Labour Supply, and the Equity-Efficiency Tradeoff, in: Journal of Public Economics, Vol. 16 (1981), S. 265 - 288.

Schenk, K.-E., Ökonomische Theorie der bürokratisch organisierten Produktion, in: E. Helmstädter, (Hg.), Neuere Entwicklungen in den Wirtschaftswissenschaften, Schriften des Vereins für Socialpolitik, N. F., Bd. 98, Berlin 1978, S. 591 - 608.

— Marktversagen und Bürokratieversagen, in: E. Boettcher, P. Herder-Dorneich und K.-E. Schenk, (Hg.), Neue Politische Ökonomie als Ordnungstheorie, Tübingen 1980, S. 192 - 199.

— Rationale Ordnungspolitik in bürokratischen Systemen, in: W. Dettling, (Hg.), Die Zähmung des Leviathan. Neue Wege der Ordnungspolitik, Baden-Baden 1980, S. 207 - 225.

Schmid, G. und H. *Treiber*, Bürokratie und Politik. Zur Struktur und Funktion der Ministerialbürokratie in der Bundesrepublik Deutschland, Stuttgart 1975.

Schmidt, K., Entwicklungstendenzen der öffentlichen Ausgaben im demokratischen Gruppenstaat, in: Finanzarchiv, N. F., 25. Jg. (1966), S. 213 - 241.

Schmölders, G., Finanz- und Steuerpsychologie. Das Irrationale in der öffentlichen Finanzwirtschaft, Reinbek bei Hamburg 1970.

— Einführung in die Geld- und Finanzpsychologie, Darmstadt 1975.

Schneider, F., Welchen Einfluß haben die Parolen von Interessengruppen und die wirtschaftliche Entwicklung auf den Ausgang von Volksabstimmungen?, in: Schweizerische Zeitschrift für Volkswirtschaft und Statistik, 118. Jg. (1982), S. 167 - 183.

Schneider, F. und J. *Naumann*, Interest Groups in Democracies — How Influential are They? An Empirical Examination for Switzerland, in: Public Choice, Vol. 38 (1982), S. 281 - 303.

Schneider, F. und W. W. *Pommerehne,* Politico-Economic Interactions in Australia: Some Empirical Evidence, in: Economic Record, Vol. 56 (1980), S. 113 - 131.

— Free Riding and Collective Action: An Experiment in Public Microeconomics, in: Quarterly Journal of Economics, Vol. 96 (1981), S. 689 - 704.

Schofield, N., Instability of Simple Dynamic Games, in: Review of Economic Studies, Vol. 45 (1978), S. 575 - 594.

Schroeder, L. D. und D. L. *Sjoquist,* The Rational Voter: An Analysis of Two Atlanta Referenda on Rapid Transit, in: Public Choice, Vol. 33, No. 3 (1978), S. 27 - 44.

Schultze, C. L., The Role of Incentives, Penalties, and Rewards in Attaining Effective Policy, in: R. H. Haveman und J. Margolis, (Hg.), Public Expenditures and Policy Analysis, Chicago 1971, S. 145 - 172.

Schumpeter, J. A., Kapitalismus, Sozialismus und Demokratie, 2. erweiterte Aufl., Bern 1950.

Schwarting, G., Positive Theorien der Staatsausgaben: Ein kritischer Überblick, in: Schweizerische Zeitschrift für Volkswirtschaft und Statistik, 116. Jg. (1980), S. 67 - 92.

Schwartzenberg, R.-G., Politik als Showgeschäft. Moderne Strategien im Kampf um die Macht, Düsseldorf/Wien 1980.

Scioli, F. P., Jr., Problems of Improving the Efficiency of Public Administration, in: H. Hanusch, (Hg.), Anatomy of Government Deficiencies, Berlin u. a. 1983, S. 165 - 184.

Seldon, A., Charge, London 1977.

— Enhancement of Public Sector Efficiency by Micro-Economic Control of Public Supply, Paper presented at the 38th Congress of the International Institute of Public Finance, Copenhagen, August 23 - 26, 1982.

Selten, R., Anwendungen der Spieltheorie auf die politische Wissenschaft, in: W. W. Pommerehne und B. S. Frey, (Hg.), Ökonomische Theorie der Politik, Berlin u. a. 1979, S. 262 - 283.

Semper, L., Produktivitätsanalysen für kommunale Dienstleistungen — Theoretische Grundlagen und empirische Ergebnisse —, Dissertation, Augsburg 1982.

Sen, A. K., On Optimising the Rate of Saving, in: Economic Journal, Vol. 71 (1961), S. 479 - 495.

— A Possibility Theorem on Majority Decisions, in: Econometrica, Vol. 34 (1966), S. 491 - 499.

— Collective Choice and Social Welfare, San Francisco u. a. 1970.

— Rational Fools: A Critique of the Behavioural Foundations of Economic Theory, in: F. Hahn und M. Hollis, (Hg.), Philosophy and Economic Theory, Oxford 1979, S. 87 - 109.

Sen, A. K. und P. K. *Pattanaik,* Necessary and Sufficient Conditions for Rational Choice and Majority Decision, in: Journal of Economic Theory, Vol. 1 (1969), S. 178 - 202.

Shafer, B. E., Anti-Party Politics, in: Public Interest, No. 63 (Spring 1981), S. 95 - 111.

Shapiro, M. J., Rational Political Man: A Synthesis of Economic and Social-Psychological Perspectives, in: American Political Science Review, Vol. 63 (1969), S. 1106 - 1119.

Shepsle, K. A., Institutional Arrangements and Equilibrium in Multidimensional Voting Models, in: American Journal of Political Science, Vol. 23 (1979), S. 27 - 59.

— The Role of Institutional Structure in the Creation of Policy Equilibrium, in: D. W. Rae und T. J. Eismeier, (Hg.), Public Policy and Public Choice, Beverly Hills/London 1979, S. 249 - 281.

Shepsle, K. A. und B. R. *Weingast,* Structure-Induced Equilibrium and Legislative Choice, in: Public Choice, Vol. 37 (1981), S. 503 - 519.

Shibata, H., Efficiency of a Representative Democracy: A Model of Skewed Representation, Paper presented at the 38th Congress of the International Institute of Public Finance, Copenhagen, August 23 - 26, 1982.

Shubik, M., A Two-Party-System. General Equilibrium and the Voters' Paradox, in: Zeitschrift für Nationalökonomie, Vol. 28 (1968), S. 341 - 354.

Silberman, J. und G. *Yochum,* The Market for Special Interest Campaign Funds: An Exploratory Approach, in: Public Choice, Vol. 35 (1980), S. 75 - 83.

Slutsky, S., A Voting Model for the Allocation of Public Goods: Existence of an Equilibrium, in: Journal of Economic Theory, Vol. 14 (1977), S. 299 bis 325.

Smith, V. L., An Experimental Comparison of Three Public Good Decision Mechanisms, in: Scandinavian Journal of Economics, Vol. 81 (1979), S. 198 - 209.

Sohmen, E., Allokationstheorie und Wirtschaftspolitik, Tübingen 1976.

Sontheimer, K., Grundzüge des politischen Systems der Bundesrepublik Deutschland, 8., völlig überarbeitete Aufl., München 1980.

Spann, R. M., Public versus Private Provision of Governmental Services, in: T. E. Borcherding, (Hg.), Budgets and Bureaucrats: The Sources of Government Growth, Durham, N. C. 1977, S. 71 - 89.

Staaf, R. J., The Growth of the Educational Bureaucracy: Do Teachers Make a Difference?, in: T. E. Borcherding, (Hg.), Budgets and Bureaucrats: The Sources of Government Growth, Durham, N. C. 1977, S. 148 - 168.

Stadler, M., Politische Ökonomie. Ein institutioneller Ansatz, Frankfurt am Main 1981.

Steinberg, R., Die Interessenverbände in der Verfassungsordnung, in: Politische Vierteljahresschrift, 14. Jg. (1973), S. 27 - 65.

Steinkemper, B., Klassische und politische Bürokraten in der Ministerialverwaltung der Bundesrepublik Deutschland. Eine Darstellung sozialstruktureller Merkmale unter dem Aspekt politischer Funktionen der Verwaltung, Köln u. a. 1974.

Stigler, G. J., The Theory of Economic Regulation, in: Bell Journal of Economics and Management Science, Vol. 2 (1971), S. 3 - 21.

— Free Riders and Collectice Action: An Appendix to Theories of Economic Regulation, in: Bell Journal of Economics and Management Science, Vol. 5 (1974), S. 359 - 365.

Stobbe, A., Volkswirtschaftslehre II. Mikroökonomik, Berlin u. a. 1983.

Stockfish, J. A., The Political Economy of Bureaucracy, New York 1972.

Stolz, P., Zum Verhältnis von Demokratie und Rationalität in der Politischen Ökonomie, in: Schweizerisches Jahrbuch für Politische Wissenschaft, Bd. 13 (1973), S. 215 - 232.

Stroebe, W. und B. S. *Frey*, In Defense of Economic Man: Towards an Integration of Economics and Psychology, in: Schweizerische Zeitschrift für Volkswirtschaft und Statistik, 116. Jg. (1980), S. 119 - 148.

Strümpel, B., Subjective Indicators of Well-Being in an Era of Slow Economic Growth, Paper presented at the International Symposium „Anatomy of Government Deficiencies", Dießen am Ammersee, July 22 - 25, 1980.

Sugden, R., The Political Economy of Public Choice. An Introduction to Welfare Economics, Oxford 1981.

Tabb, W. K., Government Regulations: Two Sides of the Story, in: Challenge, Vol. 23, No. 5 (1980), S. 40 - 48.

Tanzi, V., Is there a Quest for Public Sector Efficiency in Developing Countries?, Paper presented at the 38th Congress of the International Institute of Public Finance, Copenhagen, August 23 - 26, 1982.

— (Hg.), The Underground Economy in the United States and Abroad, Lexington, Mass. 1982.

Taylor, M. und M. *Laver*, Government Coalitions in Western Europe, in: European Journal of Political Research, Vol. 1 (1973), S. 205 - 248.

Thompson, E. A., Book Review of W. A. Niskanen, Bureaucracy and Representative Government, in: Journal of Economic Literature, Vol. 11 (1973), S. 950 - 953.

— The Perfectly Competitive Production of Collective Goods, in: Review of Economics and Statistics, Vol. 50 (1968), S. 1 - 12.

Thürmer, L., Comment to W. Z. Hirsch, Efficiency Implications of Revenue Limitation Measures, Paper presented at the 38th Congress of the International Institute of Public Finance, Copenhagen, August 23 - 26, 1982.

— Potential Efficiency Losses of the Law Bureaucracy, Paper presented for the Workshop in Law and Economics at the University of California in Los Angeles, unveröffentlichtes Manuskript, Los Angeles 1982.

— Comment to W. W. Pommerehne und F. Schneider, Does Government in a Representative Democracy Follow a Majority of Voters' Preferences? — An Empirical Examination, in: H. Hanusch, (Hg.), Anatomy of Government Deficiencies, Berlin u. a. 1983, S. 87 - 88.

Thurow, L. C., Die Null-Summen-Gesellschaft. Einkommensverteilung und Möglichkeiten wirtschaftlichen Wandels, München 1981.

Tichy, G. E., Die Allgemeine Theorie der Wirtschaftspolitik und die Neue Politische Ökonomie, in: Jahrbuch für Nationalökonomie und Statistik, Bd. 193 (1978), S. 289 - 307.

Tideman, T. N. und G. *Tullock*, A New and Superior Process for Making Social Choices, in: Journal of Political Economy, Vol. 84 (1976), S. 1145 - 1159.

Tiebout, C., A Pure Theory of Local Expenditures, in: Journal of Political Economy, Vol. 64 (1956), S. 416 - 424.

Tietzel, M., „Annahmen" in der Wirtschaftstheorie, in: Zeitschrift für Wirtschafts- und Sozialwissenschaften, 101. Jg. (1981), S. 237 - 265.

— Die Rationalitätsannahme in den Wirtschaftswissenschaften, in: Jahrbuch für Sozialwissenschaften, Bd. 32 (1981), S. 115 - 138.

Timmermann, M., Die Effizienz des öffentlichen Sektors im Lichte verschiedener Ansätze, in: Schweizerische Zeitschrift für Volkswirtschaft und Statistik, 114. Jg. (1978), S. 269 - 286.

Tollison, R. D., Rent-Seeking: A Survey, in: Kyklos, Vol. 35 (1982), S. 575 - 602.

Toma, E. F. und M. *Toma*, Research Activities and Budget Allocations Among Federal Reserve Banks, unveröffentlichtes Manuskript 1982.

Toma, M., Inflationary Bias of the Federal Reserve System: A Bureaucratic Perspective, in: Journal of Monetary Economics, Vol. 10 (1982), S. 163 - 190.

Townley, P. G. C., Public Choice and the Social Insurance Paradox: A Note, in: Canadian Journal of Economics, Vol. 14 (1981), S. 712 - 717.

Toye, J. F., Economic Theories of Politics and Public Finance, in: British Journal of Political Science, Vol. 6 (1976), S. 433 - 447.

Truman, D. B., The Governmental Process, New York 1958.

Tullock, G., Problems of Majority Voting, in: Journal of Political Economy, Vol. 67 (1959), S. 571 - 579.

— Entry Barriers in Politics, in: American Economic Review, Papers and Proceedings, Vol. 55 (1965), S. 458 - 466.

— The Politics of Bureaucracy, Washington, D. C. 1965.

— Toward a Mathematics of Politics, Ann Arbor 1967.

— Public Decisions as Public Goods, in: Journal of Political Economy, Vol. 79 (1971), S. 913 - 918.

— Review of W. A. Niskanen, Bureaucracy and Representative Government, in: Public Choice, Vol. 12 (Spring 1972), S. 119 - 124.

— Dynamic Hypothesis on Bureaucracy, in: Public Choice, Vol. 19 (Fall 1974), S. 127 - 131.

— Federalism: Problems of Scale, in: R. C. Amacher, R. D. Tollison and T. D. Willett, (Hg.), The Economic Approach to Public Policy. Selected Readings, Ithaca/London 1976, S. 213 - 224.

Ursprung, H. W., Voting Behaviour in a System of Concordant Democracy, in: Public Choice, Vol. 35 (1980), S. 349 - 362.

Usher, D., The Economic Prerequisite to Democracy, Oxford 1981.

Uthoff, H. und W. *Deetz*, (Hg.), Bürokratische Politik, Stuttgart 1980.

Van den Doel, H., Democracy and Welfare Economics, Cambridge u. a. 1979.

Vaubel, R., Wenn Beamte Unternehmer spielen ..., Die ökonomische Theorie des Staatsversagens, in: Die Zeit vom 2. 11. 1979, S. 34.

Vogelsang, I., Comment to H. C. Recktenwald, Potential Welfare Losses in the Public Sector — Anatomy of the Nature and Causes, in: H. Hanusch, (Hg.), Anatomy of Government Deficiencies, Berlin u. a. 1983, S. 59 - 60.

Voggenreiter, D., Verbandsforschung und ökonomische Theorie. Zur Problematik der theoretischen Fundierung der sozialökonomischen Verbandsforschung, Dissertation, Köln 1970.

Von Arnim, H. H., R. *Borell* und G. *Vogt*, Privatisierung öffentlicher Dienstleistungen. Karl-Bräuer-Institut des Bundes der Steuerzahler, Heft 41, Wiesbaden 1978.

Von Beyme, K., Interessengruppen in der Demokratie, München 1970.

Von Hayek, F. A., Drei Vorlesungen über Demokratie, Gerechtigkeit und Sozialismus, Tübingen 1977.

Von Mises, L., Bureaucracy, London 1945.

— Human Action. A Treatise on Economics, New Haven 1949.

Von Rosenstiel, L., Folgewirkungen einer funktionsbezogenen Bezahlung, in: H. Siedentopf, (Hg.), Bewertungssysteme für den öffentlichen Dienst. Zur Problematik einer leistungs- und funktionsgerechten Bezahlung in der öffentlichen Verwaltung, Baden-Baden 1978, S. 141 - 157.

Wade, L. L., Public Administration, Public Choice and the Pathos of Reform, in: Review of Politics, Vol. 41 (1979), S. 344 - 374.

Wagner, R. E., Pressure Groups and Political Entrepreneurs: A Review Article, in: Papers on Non-Market Decision-Making, Charlottesville 1966, S. 161 - 170.

Wanniski, J., The Way the World Works. How Economies Fail and Succed, New York 1978.

Watkins, J. W., The Alleged Inadequacy of Methodological Individualism, in: Journal of Philosophy, Vol. 55 (1958), S. 390 - 395.

— Methodological Individualism: A Reply, in: J. O'Neill, (Hg.), Modes of Individualism and Collectivism, London 1973, S. 179 - 184.

Weber, J., Gefährdung der parlamentarischen Demokratie durch Verbände?, in: H. Oberreuter, (Hg.), Pluralismus. Grundlegung und Diskussion, München 1979, S. 109 - 140.

— Interessengruppen im politischen System der Bundesrepublik Deutschland, 2. Aufl., München 1981.

Weber, M., Staatssoziologie. Soziologie der nationalen Staatsanstalt und der modernen politischen Parteien und Parlamente, Berlin 1966.

— Wirtschaft und Gesellschaft. Grundriß der verstehenden Soziologie, 5., revidierte Aufl., besorgt von J. Winckelmann, Studienausgabe, Tübingen 1972.

Weber, W. und W. *Weigel*, Government Bureaucracy: A Survey in Positive and Normative Theory, in: Acta Oeconomica, Vol. 24 (1980), S. 341 - 356.

Weck, H. und B. S. *Frey*, Tax Financing and the Shadow Economy, Paper presented at the 38th Congress of the International Institute of Public Finance, Copenhagen, August 23 - 26, 1982.

Weidenbaum, M. L., The High Cost of Government Regulation, in: Challenge, Vol. 22, No. 5 (November/December 1979), S. 32 - 39.

Weidenbaum, M. L. und R. *de Fina*, The Cost of Federal Regulation of Economic Activity, Washington 1978.

Weisbrod, B. A., (Hg.), The Voluntary Nonprofit Sector. An Economic Analysis, Lexington/Toronto 1977.

Weiss, C. H., Bureaucratic Maladies and Remedies, in: American Behavioral Scientist, Vol. 22 (1979), S. 477 - 482.

Welch, W. P., The Allocation of Political Monies: Economic Interest Groups, in: Public Choice, Vol. 35 (1980), S. 97 - 120.

— Money and Votes: A Simultaneous Equation Model, in: Public Choice, Vol. 36 (1981), S. 209 - 234.

Weschler, L. F., Public Choice: Methodological Individualism in Politics, in: Public Administration Review, Vol. 42 (1982), S. 288 - 294.

West, E. G. und S. L. *Winer,* Optimal Fiscal Illusion and the Size of Government, in: Public Choice, Vol. 35 (1980), S. 607 - 622.

Wettstein, H., Der Einfluß politischer Images auf das Wahlverhalten. Ein theoretischer und empirischer Beitrag zur Parteiimageforschung, Bern/Stuttgart 1980.

Whiteley, P., Public Choice: A Dissenting View, in: The Institute of Economic Affairs, (Hg.), The Economics of Politics, London 1978, S. 150 - 154.

Whynes, D. K. und R. A. *Bowles,* The Economic Theory of the State, Oxford 1981.

Widmaier, H. P., (Hg.), Politische Ökonomie des Wohlfahrtsstaates. Eine kritische Darstellung der Neuen Politischen Ökonomie, Frankfurt am Main 1974.

Wildavsky, A., The Politics of the Budgetary Process, 2. Aufl., Boston/Toronto 1974.

Wildenmann, R., Partei-Identifikation in der Bundesrepublik, in: O. Stammer, (Hg.), Party Systems, Party Organizations, and the Politics of New Masses. Parteiensysteme, Parteiorganisationen und die neuen politischen Bewegungen, Berlin 1968, S. 234 - 268.

Williams, A., Quality Aspects of Health Care Evaluation, Paper presented at the 38th Congress of the International Institute of Public Finance, Copenhagen, August 23 - 26, 1982.

Williamson, O. E., Hierarchical Control and Optimum Firm Size, in: Journal of Political Economy, Vol. 75 (1967), S. 123 - 138.

— The Economics of Discretionary Behavior: Managerial Objectives in a Theory of the Firm, London 1974.

— Markets and Hierarchies: Analysis and Antritrust Implications. A Study in the Economics of Internal Organization, New York/London 1975.

Wilson, J. Q., The Economy of Patronage, in: Journal of Political Economy, Vol. 69 (1961), S. 369 - 380.

Windisch, R., Staatseingriffe in marktwirtschaftliche Ordnungen, in: E. Streißler und C. Watrin, (Hg.), Zur Theorie marktwirtschaftlicher Ordnungen, Tübingen 1980, S. 297 - 339.

Wittman, D., Parties as Utility Maximizers, in: American Political Science Review, Vol. 67 (1973), S. 490 - 498.

— Candidates with Policy Preferences: A Dynamic Model, in: Journal of Economic Theory, Vol. 14 (1977), S. 180 - 189.

Wössner, J., Die ordnungspolitische Bedeutung des Verbandswesens, Tübingen 1961.

Wolf, C., Jr., A Theory of Non-Market Failures, in: Public Interest, No. 55 (Spring 1979), S. 114 - 133.

— A Theory of Nonmarket Failure: Framework for Implementation Analysis, in: Journal of Law and Economics, Vol. 22 (1979), S. 107 - 139.

— Economic Efficiency and Inefficient Economics, in: Journal of Post Keynesian Economics, Vol. 2 (Fall 1979), S. 71 - 82.

— Government Shortcomings and the Conditions of Demand, Paper presented at the 38th Congress of the International Institute of Public Finance, Copenhagen, August 23 - 26, 1982.

— „Non-Market Failure" Revisited: The Anatomy and Physiology of Government Deficiencies, in: H. Hanusch, (Hg.), Anatomy of Government Deficiencies, Berlin u. a. 1983, S. 27 - 42.

Wolfson, D. J., The Quest for Public Sector Efficiency in Less Developed Countries — Musings on Method —, Paper presented at the 38th Congress of the International Institute of Public Finance, Copenhagen, August 23 - 26, 1982.

Woll, P., American Bureaucracy, 2. Aufl., New York 1977.

Yin, R. K., Decentralization of Government Agencies. What Does it Accomplish?, in: American Behavioral Scientist, Vol. 22 (1979), S. 525 - 536.

Yinger, J., Capitalization and the Median Voter, in: American Economic Review, Papers and Proceedings, Vol. 71, No. 2 (1981), S. 99 - 103.

Zechman, M. J., Dynamic Models of the Voter's Decision Calculus: Incorporating Retrospective Considerations into Rational-Choice Models of Individual Voting Behavior, in: Public Choice, Vol. 34 (1979), S. 297 - 315.

Zimmermann, H., Instrumente der Finanzpolitik, in: Handbuch der Finanzwissenschaft, Bd. 1, 3. Aufl., Tübingen 1977, S. 165 - 192.

Zintl, R., Politik aus ökonomischer Sicht, in: Zeitschrift für die gesamte Staatswissenschaft, Bd. 137 (1981), S. 150 - 156.

Zippelius, R., Die Rolle der Bürokratie im pluralistischen Staat, in: W. Leisner, (Hg.), Das Berufsbeamtentum im demokratischen Staat. Beiträge zum Dienstrecht und zur Dienstrechtsreform, Berlin 1975, S. 217 - 225.

Zohlnhöfer, W., Parteiidentifizierung in der Bundesrepublik und den Vereinigten Staaten, in: E. K. Scheuch und R. Wildenmann, (Hg.), Zur Soziologie der Wahl, 2. Aufl., Köln/Opladen 1968, S. 126 - 168.

— Das Steuerungspotential des Parteienwettbewerbs im Bereich staatlicher Wirtschaftspolitik, in: E. Boettcher, P. Herder-Dorneich und K.-E. Schenk, (Hg.), Neue Politische Ökonomie als Ordnungstheorie, Tübingen 1980, S. 82 - 102.

Zumbühl, M., Privatisierung staatlicher Wirtschaftstätigkeit — Notwendigkeit und Möglichkeiten, Zürich 1978.

FSC
www.fsc.org
MIX
Papier | Fördert
gute Waldnutzung
FSC® C083411

Kolibri 360 GmbH
Ferdinand-Jühlke-Straße 7
99095 Erfurt, Deutschland
produktsicherheit@kolibri360.de

Druck:
CPI Druckdienstleistungen GmbH
im Auftrag der
Kolibri 360 GmbH
Ferdinand-Jühlke-Str. 7
99095 Erfurt